新编采购管理

（第 2 版）

孙铁玉　陈文冬　主　编
黎珍珍　王一方　刘守臣　副主编

南京大学出版社

内 容 简 介

本书紧密结合采购管理发展的新趋势，借鉴、吸收国内外采购管理理论和研究成果，基于采购管理活动的基本工作过程和规律，以"实用、够用"为原则，根据工作岗位和实际工作需要，将全书内容分为 5 个项目 12 个工作任务，系统介绍了采购管理基础、采购准备、采购实施、采购控制和采购评估等采购管理理论和实务，并通过技能训练、案例分析及自我测试（采用"问卷星"在线测评平台实现自我测评），培养并提高学习者的应用能力。

本书集理论与实践于一体，内容丰富、案例经典、易读易学，具有系统性和操作应用性。本书既可作为高职高专物流管理及其相近专业的教学用书，也可为物流和工商企业从业者提供有益的参考和借鉴。

图书在版编目（CIP）数据

新编采购管理 / 孙铁玉，陈文冬主编. -- 2 版. --
南京：南京大学出版社，2017.2
高职高专"十三五"规划教材. 物流管理专业
ISBN 978-7-305-18256-3

Ⅰ. ①新… Ⅱ. ①孙… ②陈… Ⅲ. ①采购－企业管理－高等职业教育－教材Ⅳ. ①F274

中国版本图书馆 CIP 数据核字(2017)第 017708 号

出版发行　南京大学出版社
社　　址　南京市汉口路 22 号邮编　210093
出 版 人　金鑫荣

丛 书 名　高职高专"十三五"规划教材·物流管理专业
书　　名　**新编采购管理（第 2 版）**
主　　编　孙铁玉　陈文冬
策划编辑　胡伟卷
责任编辑　黄园园　蔡文彬　　　　　　　编辑热线　010-88252319

照　　排　北京圣鑫旺文化发展中心
印　　刷　南京人文印务有限公司
开　　本　787×1092　1/16　　印张 14.5　　字数 362 千
版　　次　2017 年 2 月第 2 版　　2017 年 2 月第 1 次印刷
ISBN 978-7-305-18256-3
定　　价　36.00 元

网　　址：http://www.njupco.com
官方微博：http://weibo.com/njupco
官方微信号：njuyuexue
销售咨询热线：（025）83594756

前 言

伴随着企业的全球化发展和信息技术的更新,在采购管理职能变迁的过程中,采购和采购管理的内涵也在发生着变化。为顺应新形势的发展,我们在第1版教材的基础上进行了如下修订。

1. 本次修订在保留原有基本理论框架的基础上,对体例进行了修改,由原先的10项工作任务调整为5个项目12个任务,即在对采购及采购管理认识的基础上,按照采购准备、采购实施、采购控制和采购评估的作业流程展开,使脉络更清晰。

2. 结合采购管理发展的新趋势、最新研究成果、国内企业采购管理的实际情况和采购管理的前沿问题,从强化、培养操作技能出发,对全书内容进行充实、更新和调整,删繁就简。在知识结构上,增加了与物流师考证相关的采购管理知识,保留了大部分的经典案例、技能训练,并采用"问卷星"在线测评平台对课后自我测试题进行测评。

3. 本次修订邀请了既熟悉采购管理教学,又有丰富采购工作经验的"双师型"教师提出了大量宝贵的意见,突出教材"实用、够用"的特色。

本书由海南广播电视大学孙铁玉、广州华商职业学院陈文冬担任主编,广西工业职业学院黎珍珍、河南职业技术学院王一方、福建对外经济贸易职业技术学院刘守臣担任副主编。具体编写分工为:项目2、项目3由孙铁玉编写;项目1由陈文冬编写;项目4由黎珍珍编写;项目5由王一方、刘守臣共同编写。全书由孙铁玉进行体例设计、大纲编写,并做了全书的统稿工作。

本书在编写过程中,希望能在各方面有所突破,却非易事,因而将之作为一个重新学习的过程。期间,借鉴了国内众多专家学者的研究成果和实践经验,吸收了各相关学科的知识和理论,在此向这些作者表示诚挚的感谢。

由于编者水平有限,书中难免存在疏漏之处,恳请广大读者批评指正。

编 者
2016 年 12 月

本书 PPT 下载

目　录

项目 1
采购管理基础

知识目标

1. 了解采购的含义、分类及模式。
2. 熟悉采购的原则与程序。
3. 明确采购的组织设计和结构。
4. 掌握采购管理的内容。
5. 明确采购道德规范的内容。

能力目标

1. 能够准确描述采购管理的内容和流程。
2. 能够遵守和执行采购道德规范要求。
3. 能够根据企业实际设计合适的采购组织。

引导案例　**如何解决 A 电器公司的采购问题**

小李是一名有着 3 年采购工作经验的业务主管,为寻求更广阔的发展空间,应聘到一家刚刚成立不久的连锁家电公司,担任采购部经理。工作一段时间后,小李发现 A 公司的采购作业存在很多问题。

① 公司的采购方式简单,就是卖多少进多少货,断货现象时常发生,店里经常摆着空包装箱充当产品。采购也全靠人力进行,员工填单、领导审批,烦琐的环节、不确定的流程,导致员工出错率高,速度和质量无法保证,因此采购议价能力低,成本高。

② 供应商的数量过多且实力参差不齐,采购重复,物流路线交叉过多。供应商管理不完善,与大供应商没有建立长期战略合作关系。

③ 在规范操作上,如何设计营业员收款、验货,以更方便顾客和有利于商品的流通;在制定进货政策上,进什么样的货,怎么进,进多少,供应商的价格、促销、服务和售后政策如何;在库存商品的管理上,安全存量是多少,哪些商品滞销,为什么滞销,如何脱离滞销;在部门协调上,根据销售商品的流向和趋势,采购部门如何与广宣部、企划部和业务部等不同部门进行协作,等等,都存在着管理上的问题。

问题:

1. A 公司采购管理中存在哪些问题?
2. 结合案例谈谈你对采购工作重要性的认识。

任务 *1* 　认识采购

采购管理总是伴随着企业的全球化和信息技术的更新而发展。现代企业朝着集团化和专业化 2 个方向发展及大量新兴信息技术的涌现,导致新产品、新材料、新技术、新市场快速出现,使得采购管理未知数多、未定数大;技术发展变化快、市场价格变化大、产品研发时限短、产品生命周期短,使得采购管理的反应时限短;信息传播和市场变化迅速、全球性竞争、全方位经营,使得采购管理不易掌握和质量成本要求高。在采购管理职能变迁的过程中,采购和采购管理的内涵也发生着变化。

1.1 　采购的含义

采购有狭义和广义之分。

狭义的采购是指企业根据需求提出采购计划并审核计划,选择供应商,经过商务谈判确定价格、交货及相关条件,最终签订合同并按要求收货、付款的过程。这种以货币换取商品(即购买)的方式,可以说是最普通的采购途径。在狭义的采购中,买方一定要先具备支付能力,才能换取他人的商品来满足自己的需求。

广义的采购是指除了可以用购买的方式占有商品的所有权之外,还可以通过交换、租赁、借贷、外包等方式获取所需要的商品。采购并不一定要求必须获得商品的所有权,它可以仅仅获得商品的使用权;采购获得的对象并不局限于实物(如原料、半成品、零部件、成品、维护和运营部件、生产支持部件等),还可以是服务(如运输、仓储、售后服务等)及信息等非物质对象。

情境提示

外包

外包是指企业为维持核心竞争力或在企业人力不足的情况下,将企业的非核心业务委托给外部的专业公司,以降低营运成本、提高品质、集中人力资源、提高客户满意度。

外包的本质可以用英文单词 arrangement 来界定,即它表明的是对当前业务流程的一种"安排"或另外的一种"诠释",其目的是希望通过引入外部力量来进行一种更加有效率的资源配置。

情境提示

全面理解采购的含义

① 采购是从资源市场获取资源的过程。采购对于生产或生活的意义在于它能提供生产或生活所需要的但自己缺乏的资源。这些资源既包括生活资料,也包括生产资料;既包括物资资源(如原材料、设备、工具等),也包括非物资资源(如信息、软件、技术等)。资源市场

由能够提供这些资源的供应商组成,从资源市场获取这些资源通过采购的方式来进行。采购的基本功能就是帮助人们从资源市场获取所需要的各种资源。

② 采购是商流过程和物流过程的统一。采购的基本作用就是将资源从资源市场的供应者转移到用户。在这个过程中,一是要实现将资源的所有权从供应者转移到用户,二是要实现将资源的物质实体从供应者转移到用户。前者是一个商流过程,主要通过商品交易、等价交换来实现商品所有权的转移;后者是一个物流过程,主要通过运输、储存、包装、装卸和流通加工等手段来实现商品时间和空间位置的转移,使商品实实在在地到达用户手中。采购过程实际上是这 2 个方面的完整结合,缺一不可,只有这 2 个方面都完全实现了,采购过程才算完成了。

③ 采购是一种经济活动。采购是企业经济活动的主要组成部分。经济活动要遵循经济规律,追求经济效益。在整个采购活动过程中,一方面,通过采购获取了资源,保证企业正常生产的顺利进行,这是采购的效益;另一方面,在采购过程中也会发生各种费用,这是采购成本。要追求采购经济效益的最大化,就要不断降低采购成本,以最少的成本去获取最大的效益,而要做到这一点,必须进行科学采购。

思考

采购就是购买商品吗?

1.2 采购的流程和原则

1. 采购的流程

采购流程通常是指企业选择和购买生产所需要的各种原材料、零部件等物资的全过程。在这个过程中,企业首先要寻找相应的供应商,调查其产品在数量、质量、价格和信誉等方面是否满足其购买要求;其次,在选定了供应商之后,要以订单方式传递详细的购买计划和需求信息给供应商并商定结款方式,以便供应商能够准确地按照需求的性能指标进行生产和供货;最后,要定期对采购物资的管理工作进行评价,寻求提高效率的采购流程创新模式。所以,采购作业流程体系涵盖从采购计划的制订、供应商的认证、合同签订与执行,到供应商管理的全部过程。

采购的基本流程会因为采购品的来源(国内采购、国外采购等)、采购的方式(议价、比价、招标等)及采购的对象(物资、工程发包等)不同,而在细节上有若干差异,但每个企业的基本流程都差不多。

采购的基本流程如图 1.1 所示。

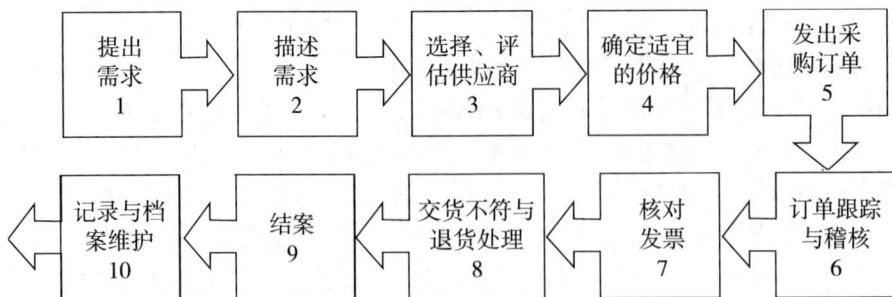

图1.1　采购的基本流程

(1) 提出需求

任何采购都产生于企业中某个部门的确切需求,负责具体业务活动的人应该清楚地知道本部门独特的需求——需要什么、需要多少、何时需要。这样,采购部门就会收到这个部门发出的物料需求单。当然,这类需求也可以由其他部门的富余物资来加以满足。但是企业或早或晚都必然要进行新的物资采购。有些采购申请来自生产或使用部门,有些采购申请来自销售或广告部门,对于各种各样办公设备的采购要求则由办公室的负责人提出。

采购部门还应协助使用部门预测物资需求。采购部经理不仅应要求使用部门在填写请购单时尽可能采用标准化的格式及尽可能少发特殊订单,而且应督促使用部门尽早地预测需求以免出现太多的紧急订单。由于不了解价格变化和整个市场状况,为了避免供应终端的价格上涨,采购部门必须发出一些期货订单。采购部门和供应商早期合作会带来更多信息,从而可以削减或避免相关成本支出,加速产品推向市场的进度并能带来更大的竞争优势。

(2) 描述需求

描述需求即对所需要的商品或服务的特点和数量进行确认。如果采购部门不了解使用部门到底需要什么,采购部门就不可能进行采购。出于这个目的,就必然要对需要采购的商品或服务有一个准确的描述。准确描述所需要的商品或服务是采购部门和使用部门,或跨职能采购团体的共同责任。由于未来的市场情况起着很重要的作用,因此采购部门和提出具体需求的部门在确定需求的早期阶段进行交流就具有重要的意义;否则,轻则由于需求描述不够准确而浪费时间,重则会产生严重的财务后果并导致供应的中断及企业内部关系的恶化。

由于在具体的需求交给供应商之前,采购部门是能见到它的最后一个部门,所以需要对需求进行最后一次检查。如果采购部门的人员对申请采购的商品或服务不熟悉,这种检查就没有实效。任何关于采购事项描述的准确性方面的问题都应该向采购者或采购团队进行咨询,采购部门不能想当然地处理。

(3) 选择、评估供应商

供应商是影响企业生产运作系统的最直接的外部因素,也是保证企业产品的质量、价格、交货期和服务的关键因素。因此,应慎重选择供应商并对其进行评估。

情境链接

美国密歇根州立大学一项全球范围内的采购与供应链研究结果表明:在所有的降低采购成本的方式当中,供应商参与产品开发最具有潜力,成本的降低可达42%,利用供应商的技术与工艺则可降低成本40%,利用供应商开发即时生产可降低成本20%,供应商改进质量可降低成本14%。而另一项调查也得出类似结果:在采购过程中通过采购市场调研比较、优化供应商平均可降低成本3%~10%,通过发展伙伴型供应商并对供应商进行综合改进可降低成本10%~25%,而供应商早期参与产品开发降低成本可达10%~50%。

因此,为充分实现降低采购成本的目标,在产品开发过程中就应充分有效地利用供应商。

资料来源:张碧君,张向阳. 采购管理[M]. 上海:格致出版社,上海人民出版社.2014.

(4)确定适宜的价格

确定了可能的供应商后,就要进行价格谈判,确定适宜的价格。

(5)发出采购订单

对报价进行分析并选择好供应商后,就要发出订单。

(6)订单跟踪与稽核

采购订单发给供应商之后,采购部门应对订单进行跟踪和催货,并进行稽核。企业在采购订单发出时,同时会确定相应的跟踪接触日期。在一些企业中,甚至会设有一些专职的跟踪和催货人员。

对订单例行跟踪,是为了确保供应商能够履行其货物发运的承诺。如果产生质量或发运等方面的问题,采购方就需要对此尽早了解,以便及时采取相应的行动。跟踪需要经常询问供应商的进度,对关键的、大额的和提前期较早的采购事项甚至有必要到供应商处走访。通常为了及时获得信息并知道结果,跟踪是通过电话进行的,现在一些企业也使用由计算机生成的简单表格,以查询有关发运日期和在某一时点采购计划完成的百分比。

催货是对供应商施加压力,以便按期履行最初的发运承诺、提前发运货物或者加快已经延误的订单所涉及的货物发运。如果供应商不能履行发运的承诺,采购部门就会威胁取消订单或者以后可能进行罚款。催货只是采购订单中的一小部分,如果采购部门对供应商能力已经做过全面分析,那么被选中的供应商就应该是能遵守采购合同的可靠的供应商。另外,如果企业对其物资需求已经做了充分的计划工作,若不是特殊情况,就不必要求供应商提前发运货物。

稽核是依据合同规定,对采购的物资予以严格检验入库。

(7)核对发票

供应商交货经验收合格后,要随即开具发票。供应商要求付清货款时,对于发票的内容是否正确,应先经过采购部门核对,然后财务部门才能办理付款。

(8)交货不符与退货处理

如果供应商所交货物与合同规定不符导致验收不合格,应依据合同规定退货,并立即办理重购,予以结案。

(9)结案

无论是对验收合格的货物进行的付款,还是对验收不合格的货物进行的退货,均须办理结案手续,清查各项书面资料有无缺失等,签报高级管理层或权责部门核阅批示。

(10) 记录与档案维护

凡经过结案批示后的采购案件,应列入档案登记编号分类予以保管,以便查阅。档案应该具有一定保管期限的规定。

情境链接

宝洁独到的采购管理流程

作为一家跨国公司,宝洁的采购管理与国内传统采购流程有着不同之处。宝洁包装设备的采购是由几个部门一起做决定的,而不是由一个部门决定的,因为要买一台包装设备考虑的因素很多,如质量、安全性和价格等,所以要由几个部门一起做决定。例如,工程部负责技术,当工程部首肯了这台设备后,采购部才能与供应商谈价格。如果价格谈不下来,采购部再与工程部商量,看能否简化这台包装设备的设计,从而达到期望的价格,期间可能要反复几次。当然,最后还要让操作人员亲身试机,看这台机器操作起来会不会很复杂,因为一台机器的操作难易直接影响到成本的投入,如果操作难,就要聘用高技能的人才,这样成本就增加了。

资料来源:宝洁如何采购包装设备,http://www.3722.cn/listknowhow.asp? articleid=6677.

情境链接

美国福特汽车公司采购流程改造

美国福特汽车公司原有的采购流程可以说是相当传统的。采购部将订单一式三份分送给会计部、厂商和验收单位。厂商将货物送到验收单位,同时将发票送给会计部;验收单位将验收结果填写到验收单上送到会计部;会计部将所持的验收单、订单和发票3种文件相互查验,若都相符,就如数付款给厂商。其过程如图1.2所示。

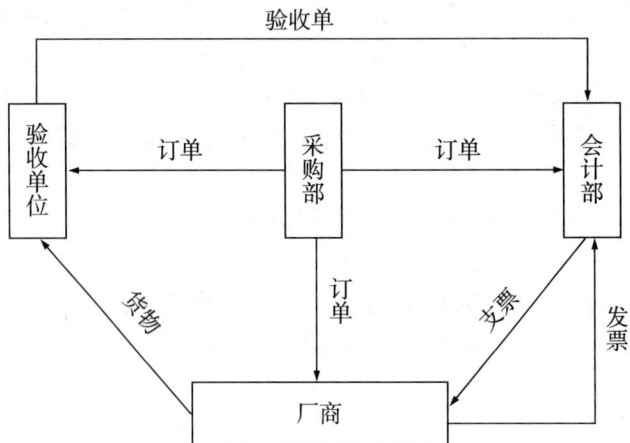

图1.2 福特汽车公司改造前的采购流程

经重新审视并运用计算机网络,福特汽车公司有了全新的采购流程。

　　采购部将订单输入计算机数据库,如果是固定往来厂商,则以电子订货系统(Electronic Ordering System,EOS)自动向厂商下达订单;如果不是固定厂商,则以订单传真和信函通知厂商。厂商交货给验收单位后,验收单位从计算机数据库取出订单资料,再验收所交的物资。如果相符,就将验收合格资料输入计算机,经过一段时间后,计算机数据库中的电子资金转移系统(Electronic Funds Transfer,EFT)自动签发支票给厂商;如果验收不符,同时也将验收结果输入计算机。这样采购部和会计部都可以从计算机中随时查询和了解采购状况。该采购流程如图1.3所示。

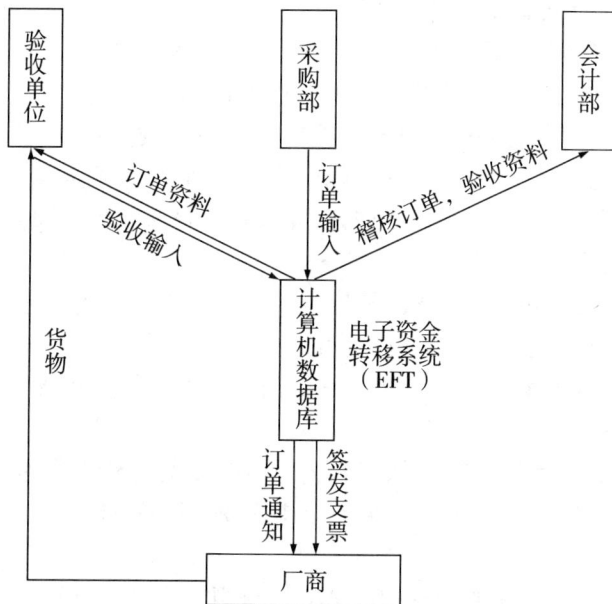

图1.3　福特汽车公司改造后的采购流程

　　由于采用了计算机网络,废除了发票,而且核对和签发支票等改由验收单位负责,因此会计部人员几乎在整个采购流程中不需要投入大量的人力,仅定期做订单、验收等与财务有关的稽核工作即可。会计部在改善前职员超过500人,改善后仅需要125人,这个效应也延伸到其他部门,有的部门人数甚至缩减为原来的1/20。

　　福特汽车公司的验收人员可以利用计算机来取代会计人员对过去厂商的品质评定,以便作出是否签发支票给厂商的判断。同时,借助计算机可以将信息传递给各相关人员,以同步的方式来缩短处理时效。

　　在原有的采购流程下,如果充分授权而没有稽核,将变成弃权或滥权,但是若派人来抽样稽查,又将被视为不被信任,反而带来更大的负面效果。而采用计算机信息技术,任何相关业务人员都可以从计算机提取差异信息、例外分析等资料,及时按统计资料进行分析,从而及时采取对策进行处理,而且被充分授权者也不敢滥用权力。

　　资料来源:http://wenku.baidu.com/view/f8927da1b0717fd5360cdc68.html.

2. 采购的原则

　　企业采购过程中要遵循哪些原则,才能使采购效益最大化? 采购专家提出应用5R原则指导企业采购活动,也就是采购工作必须要围绕"价""质""时""量""地"5个基本要素来展开。

(1) 适价

适价(right price)是指在满足数量、质量和时机的前提下支付最合理的价格。价格永远是采购活动中的焦点,企业在采购中最关心的要点之一就是能节省多少采购资金。一个合适的价格往往要经过以下几个环节的努力才能获得。

1) 自行估价。企业成立估价小组,由采购人员、技术人员和成本会计人员等组成,估算出符合品质要求的、较为准确的底价资料。

2) 多渠道询价。这不仅要求有渠道供应商报价,还应该要求一些新供应商报价。企业与某些现有供应商的合作可能已达数年之久,但它们的报价未必优惠。获得多渠道的报价后,企业就会对该物资的市场价有一个大体了解,并进行比较。

3) 比价。俗话说"货比三家",专业采购的物资价值高,采购人员必须谨慎行事。由于供应商的报价单中所包含的条件往往不同,因此采购人员必须将不同供应商报价中的条件转换一致后才能进行比较。

4) 议价。经过上述环节后,筛选出最适当的两三个报价。随着进一步深入沟通,不仅可以将详细的采购要求传达给供应商,而且可进一步杀价,供应商的第一次报价往往含有水分。但是如果采购物资为卖方市场,即使是面对面地与供应商议价,最后取得的实际效果可能不如预期。

5) 定价。经过上述4个环节后,买卖双方均可接受的价格便作为日后的正式采购价,一般需要保持两三个供应商的报价。这两三个供应商的价格可能相同,也可能不同。

(2) 适质

适质(right quality)是指采购物资的质量应该适当。质量是产品的生命,唯有质量合格的原材料、零部件,才能生产出合格的产品。因此,企业应通过价值分析,使各种采购物资的质量与性质相当,不能低于相应的质量标准。

(3) 适时

适时(right time)是指采购时机不可过早,也不能延迟。

企业已安排好生产计划,若原材料未能如期到达,往往会引起企业内部混乱,即停工待料,当产品不能按计划出货时,会引起客户强烈不满;若原材料提前太长时间买回来放在仓库里等着生产,又会造成库存过多,大量占用采购资金。因此,采购时机不可过早,也不能延迟。

不同采购模式的时间要求不同。一般采购时机的选择依据是仓库管理的订货时点控制、连锁企业的销售时点控制和生产企业的MRP管理等。此外,对季节和市场波动因素的把握也是采购时机选择的重要因素。

(4) 适量

适量(right quantity)是指采购的数量不宜太多或太少。批量采购虽有可能获得数量折扣,但会占用采购资金,太少又不能满足生产需要,所以合理确定采购数量相当关键。

(5) 适地

适地(right place)就是在适当的地方,选择适当的供应商进行采购。

由于供应商的"群聚效应",即在采购企业周边有其所需的大部分供应商,使有的地域构成了良好的采购环境,这样不仅可以货比三家,而且可以节省采购成本,了解市场行情。

因此,寻找和选择合适的供应商,是 5 个基本原则中的首要原则,或者说是 5 个基本要素中的第一要素。企业应加强信息沟通与技术支持,主动参与供应商协调计划,促进供应商的质量改善与质量保证,及时响应个性化需求。同时,企业应建立一种新的、不同层次的供应商网络,并通过逐步减少供应商的数量,实现一种供需双方长期的、互惠互利的合作关系,最终达成战略合作伙伴关系。

情境提示

实际的采购工作中很难将上述 5R 原则统一,即 5R 之间存在"效益悖反"关系。例如,若过分强调品质,供应商就不能以市场最低价供货,因为供应商在品质控制上投入了很多精力,就必然会把这方面的部分成本转嫁到客户身上。因此,采购人员必须综观全局,准确地把握企业对所购物资各方面的要求,以便在与供应商谈判时提出合理要求,从而争取更多机会,获得供应商合理报价。

任务 2　认识采购管理

2.1　采购管理的含义及目标

1. 采购管理的含义

采购管理是指为了保障整个企业物资供应,而对企业采购活动进行的管理。它要求对采购计划下达、采购单生成、采购单执行、到货接收、检验入库、采购发票的收集和采购结算的各个环节状态进行严密的跟踪、监督,以实现对企业采购活动过程的科学管理。

采购管理是企业管理工作中的一个重要方面,只有认清采购管理的工作内容、职能和目标,才能做好企业的采购管理工作。

情境提示

采购和采购管理是 2 个不同的概念。首先,采购属于采购管理,采购是按订单规定指标,在资源市场完成采购任务,它本身也是具体管理工作,而采购管理本身可以直接管理到具体的采购业务的每一个步骤、每一个环节、每一个采购员,二者是相互联系的。其次,二者是相互区别的。采购管理是指为保障企业物资供应而对企业的整个采购活动进行的计划、组织、指挥、协调和控制活动,因而企业采购管理的目的是保证供应,满足生产经营需要。它是企业管理系统的一个重要子系统,也是企业战略管理的重要组成部分,一般由企业的中高层管理人员承担。而采购是一项具体的业务活动,是作业活动,一般由采购人员承担。当然,采购业务活动也需要加强管理,包括采购人员选择、每一具体环节的衔接等。

情境链接

通用电气公司前 CEO 杰克·韦尔奇说过:"采购和销售是公司唯一能'挣钱'的部门,其他任何部门发生的都是管理费用!"诚然,采购管理作为企业管理中的重要环节,在企业运营中,其成本比重高,资金投入大,管理环节多。但采购环节每降低1%,企业利润将增加5%～10%。竞争激烈的环境迫使企业必须在加强和规范采购管理上下足功夫。

此外,随着互联网技术及企业管理的发展,采购管理出现了一些新的趋势,采购管理发展到战略层面,采购中越来越多地使用新技术,电子商务在采购管理中的应用更加广泛,这会给企业的采购带来什么样的影响,采购中又应该如何充分利用新技术,更好地使用电子商务,是新趋势下企业需要考虑的问题。

2. 采购管理的目标

一般情况下,有采购就必须有采购管理。但是不同的采购活动由于其采购环境,采购的数量、品种和规格不同,管理过程的复杂程度也不同,采购管理的目标也有所不同。由于采购是实物转移和价值转移的统一过程,期间容易出现问题,因此为了减少和降低风险,采购管理通常要实现下列目标。

(1) 保证采购业务合法有效

企业采购部门在组织采购活动时必须严格遵守国家法律和企业的规章制度,以保证采购业务合法有效,不走私采购商品;需要办理相关手续的采购业务,必须获得批准才能组织采购。

(2) 保证采购质量、适时适量、费用最省

① 保证质量。保证质量是指保证采购的商品能达到企业生产所需的质量标准,以保证企业的正常运营,同时要求在保证质量的前提下,尽量采购价格低廉的商品。

② 适时适量。这是采购管理非常重要的目的之一。采购不是购进越多越好,也不是购进越早越好。购进过少或过迟会影响生产经营;购进过多或过早,就会占用资金,增加仓储、保管费用。

③ 费用最省。在采购中的每个环节、每个方面都要发生各种各样的费用,如购买时发生购买费用,进货时发生进货费用,在仓库中储存保管时发生保管费用、占用资金的利息等。因此,在采购过程中,要运用各种采购策略,使总的采购费用最低。

(3) 保证采购成本核算正确

企业的成本构成中,采购成本一般占总成本的60%左右。企业要控制采购成本,必须掌握采购成本的实际发生情况。如果采购成本计算不正确,提供的信息不真实,企业将无法运用价值分析法研究如何降低采购成本,也将无法控制采购成本。

(4) 保证采购记录真实完整

采购记录真实完整是企业会计核算的基本要求,也是防止贪污、挪用款项的基本条件。

2.2 采购管理的内容

为了实现采购目标,企业就必须重视和加强采购管理。采购管理的主要任务:一是通过

采购管理,保证企业所需物资的正常供应;二是通过采购管理,能够从市场上获取支持企业进行物资采购和生产经营决策的相关信息;三是与供应商建立长期友好的关系,建立企业稳定的资源供应基地。其中,第一项是最重要、最基本的任务,如果这一项做不好,就不能称之为采购管理。

为了实现采购管理的基本职能,采购管理需要有一系列的业务内容和模式。采购管理的基本内容和模式如图 1.4 所示。

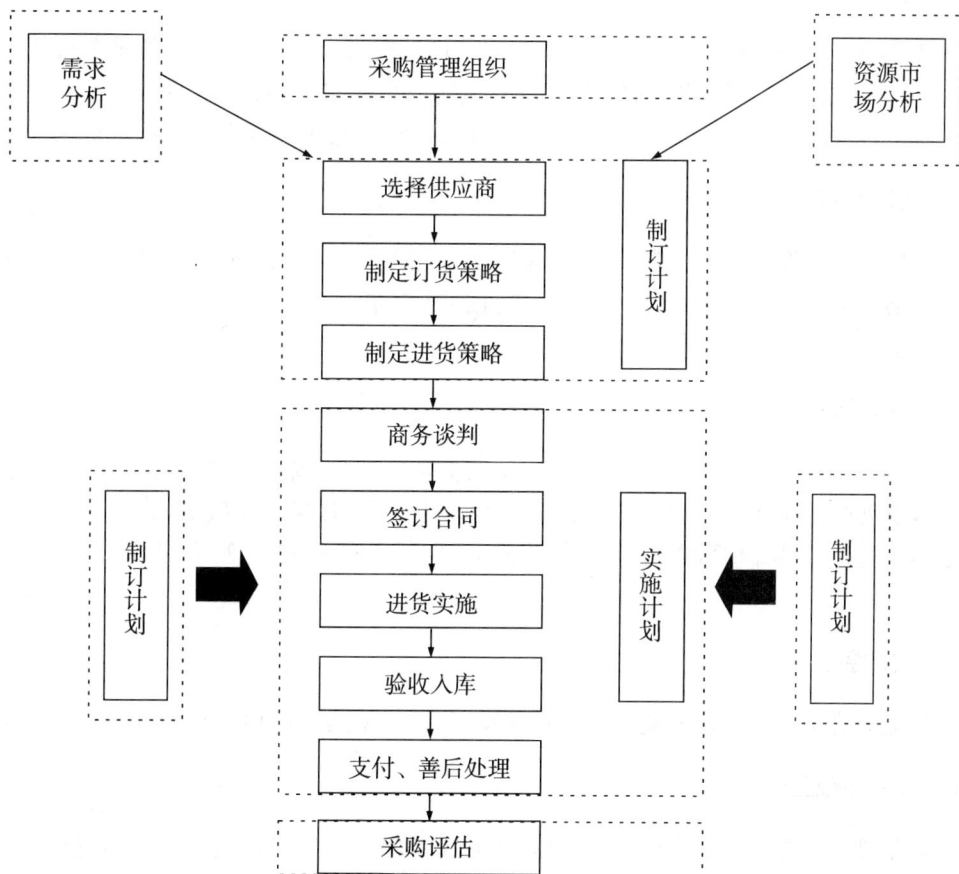

图 1.4 采购管理的基本内容和模式

1. 采购管理组织

采购管理组织是采购管理最基本的组成部分。为了做好企业复杂繁多的采购管理工作,需要有一个合理的管理机制、一个精干的管理组织机构、一些能干的管理人员和操作人员。

2. 需求分析

需求分析就是要弄清楚企业需要采购什么品种、采购多少,以及什么时候需要什么品种、需要多少等问题。作为企业的物资采购供应部门,应当掌握企业的物资需求情况,制订物料需求计划,从而为制订出科学合理的采购订货计划做准备。

3. 资源市场分析

资源市场分析就是根据企业所需求的物资品种,分析资源市场的情况,包括资源分布情况、供应商情况、品种质量情况、价格情况和交通运输情况等。资源市场分析的重点是供应商分析和品种分析。

4. 制订采购计划

制订采购计划是指根据需求品种情况和供应商情况,制订出切实可行的采购订货计划,包括选择供应商、供应品种、具体的订货策略、运输进货策略,以及具体的实施进度计划等。它解决什么时候订货、订购什么、订多少、向谁订、怎样订、怎样支付等一些具体问题。

5. 采购计划实施

采购计划实施就是把上述制订的采购计划分配落实到人,根据既定的进度进行实施。它具体包括联系指定的供应商、进行谈判、签订合同、运输进货、到货验收入库、支付货款,以及善后处理等活动。

6. 采购评估

采购评估就是在一次采购完成以后对这次采购的评估,或月末、季末、年末对一定时期内的采购活动的总结评估。它主要评估采购活动的效果、总结经验教训、找出问题、提出改进方法等。通过总结评估可以肯定成绩、发现问题、制定措施、改进工作,不断提高采购管理水平。

7. 采购监控

采购监控是指对采购活动进行的监控活动,包括对采购人员和采购资金等的监控。

8. 采购基础工作

采购基础工作是指为建立科学、有效的采购系统而做的一些基础建设工作,包括管理基础工作、软件基础工作和硬件基础工作。

从上述分析可以看出采购管理应考虑的问题如图 1.5 所示。

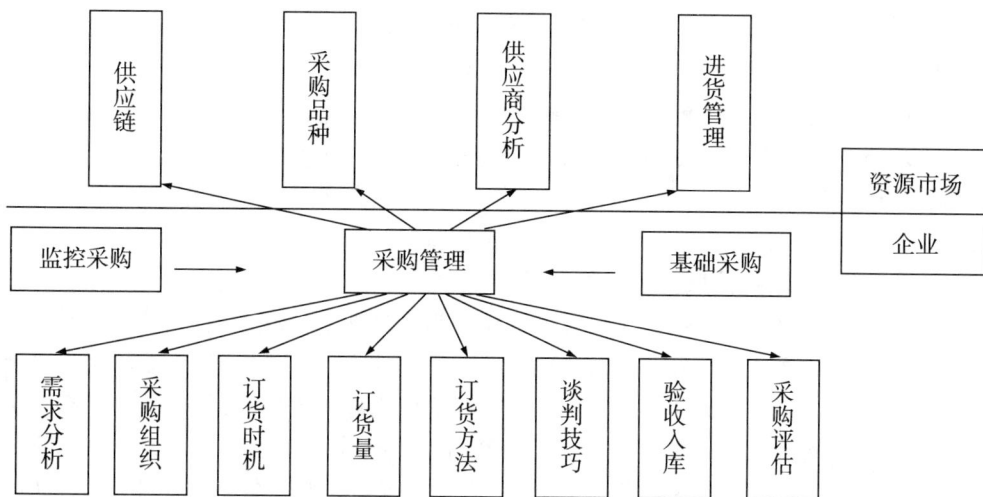

图 1.5　采购管理应考虑的问题

情境提示

采购管理的误区

1. 采购只要保证"货比三家"就行了

很多企业的管理者认为采购管理只要保证"货比三家"就行了,通常要求负责采购的工作人员申报采购方案时提供至少 3 家报价,管理者审批就看有没有 3 家的比价,再选一个价格合适的(绝大多数是选价格最低的那一个)。这个办法很简单,在采购管理上把这种采购方式叫做询价采购或选购。但这样的管理方法有没有问题呢? 其实,很多管理者都可能会发现货比三家的方法经常失灵——这 3 家是怎样选出来的? 中间的代理商算不算数? 同样类别的采购中,这次审批的 3 家和上次的 3 家是不是同样的 3 家? 会不会有申报者通过操纵报价信息影响审批者决策的可能? 为了防备这种情况,企业往往又要求采购人员只提供客观的报价而不能有任何的主观评价,结果上面的问题依然存在,这样不仅屏蔽了可能有用的决策支持信息,还免除了申报者的责任。

为什么货比三家还不管用? 这并不是询价采购方式本身的问题。问题的根本原因是没有配套的合格供应商管理机制。在这种情况下,采购的管理者最终签字选择供应商,表面上拥有绝对的决策权,但由于采购人员可以自由询价,从而拥有实际的决策权。如果这种管理模式不改变,无论怎样货比三家都是徒劳的。

解决这个问题的关键是要给采购人员的询价活动圈定一个范围,这就是"合格供方评审"。合格供方评审本是质量管理的概念,但从更广义和实用的角度就是管理者按照质量、成本等方面的标准,划定一个范围。这个范围可以由企业高层管理者直接决定,也可以由一个委员会决定,总之采购执行人员不能单独决定这个范围,也不能跳出这个范围活动,并对每次采购活动中这个范围内的决策支持信息负责。

2. 招标"一招就灵"

招标采购方式给人以客观、公平、透明的印象,很多管理者认为采取招标方式,可以引入竞争,降低成本,也就万事大吉了。但有时候招标也不是一招就灵。为什么要招标? 什么情况下该招标?什么情况可以采用更合适的采购方式?这涉及采购方式选择的问题。

合理运用多种采购方式,可以实现对供应商队伍的动态管理和优化。例如,对采购内容的成本信息、技术信息不够了解,就可以通过招标来获得信息,扩大供应商备选范围;等到对成本、技术和供应商信息有了足够了解后,就转用询价采购方式,不必再招标;条件成熟后,对这种采购就可以固定一两家长期合作供应商。反过来,如果对长期合作供应商不满意,可以通过扩大询价范围或招标来调整,从而优化供应商。

3. 档案保存好,采购信息就都留下来了

在调研和咨询过程中,有不少管理者很早就意识到采购管理存在问题,但苦于无力改进或来不及改进,于是要求相关人员把所有和采购相关的记录、文件统统存档,以待具备条件时分析信息、改进工作。但实际上,从这些保存完好的采购档案中,往往还是得不到充足有用的信息,甚至有很多必要的信息也永远无法获得了。这在很大程度上就是由于采购工作过程不够规范引起的。例如,在设备采购中,规范的采购管理要求在询价时供应商应对不同规格型号的设备单独报价,但采购人员往往把不同规格型号的设备打包询价,有时甚至把不同类型的设备打包询价,而且每次打包的方法和数量都不一样。这样一来,历次询价信息无法落实到具体产品中,就无从比较,在管理者决策时还是无法判断本次采购价格是高还是低。

可见,采购工作过程管理的改进和采购信息的搜集是相互影响的,要改进采购管理应及早进行。通常想把资料先保存下来等有条件再改进时,相关的信息缺失就已经很严重了。

资料来源:http://baike.baidu.com/view/1079491.htm.

情境链接

某公司采购管理改进前后的状况比较

1. 改进前

一个供应商先接到某公司上海分公司购买10台计算机的询价,接着又收到该公司总部购买100台计算机的询价,以及IT部门询价某型号计算机的配置和价格,并称需要笔记本电脑10台。供应商心想这个公司今年频频添置新设备,肯定有大的项目,于是立刻派员工光顾需求者,投之以"礼"。

对该采购公司而言,整体的采购力被分散、被浪费,价格五花八门,很难有什么优势可言,采购也就无所谓什么技术,至于竞标也就变成了一个形式。该公司的计算机什么牌子都有,还需经常修理、升级,这样就形成了价格无优势、服务低水准、管理混乱、舞弊成风的局面,导致公司形象受损。

2. 改进后

首先,由申请人提出申请,提交需要的数量、型号和报价。所有申请由部门经理根据预算,交公司财务总监批准(计算机金额超过2 000元,属于固定资产项目),然后统一交由IT部门汇总。IT部门根据公司规定和工作需要决定配备的机型(台式机或笔记本)、配置、操作系统、软件及品牌。其次,该公司采购部门根据汇总数量、金额及要求,决定竞标的名单,同时IT部门提交竞标的内容。最后,采购部门组成招标委员会或评标小组,邀请IT经理、工程师参加评审。采购部按照招标流程进行采购活动,与参加投标的供应商一一谈

判：不仅是价格，也包括售后服务、交货条款、索赔条款和升级服务等。评标委员会按照事先商定的评定标准评判参加投标的供应商，推出中标者，并向中标者发出中标通知，向败标者发出感谢信。采购部门与中标方签署合同，监督供应商的执行。

这样，该公司的供应商就会得到一个公平的竞争环境，采购员也能发挥作用。他们的谈判能力及 IT 经理的专业能力也得到了发挥，申请人也得到了需要的工具。同时，该公司也得到了采购部门努力换来的竞争优势——好的价格、好的售后服务、升级承诺，以及供应商的好的反馈。公司的钱被聪明地花出去了，并树立起了好的管理形象。

资料来源：http：//wenku. baidu. com/view/0f6280bd960590c69ec3764a. html.

任务 *3*　采购组织

3.1　采购组织设计

1. 影响采购组织设计的因素

任何组织系统都应有对内外环境的适应性，不能适应环境的组织是没有生命力的，采购组织也是一样。它必须适应外部环境与企业内部条件，并且随着外部环境的变化与企业内部条件的改变而进行相应的调整，这样的组织才会充满活力。

影响采购组织设计的因素有以下几个方面。

（1）企业规模

一般来说，企业采购组织的大小与企业规模成正比。企业规模越大，业务量越大，对生产企业而言，所耗费的原材料数量就越多；就商业企业而言，商品的销售量就越大。无论是为了保证生产企业的生产需要，还是为了满足商业企业的销售需要，都必须完成大批量的采购任务，从而也就需要较为庞大的采购队伍。反之，企业规模越小，业务量越小，采购人员数量也就越少。

（2）采购供应状况

① 市场供求态势。如果市场供不应求，采购较为困难，需要四处求购，采购队伍就应庞大些；反之，如果市场供过于求，货源充足，购买方便，采购队伍就可小些。

② 供应点的分布情况。有些商品产地分散，供应点点多面广，这种采购带有一种"收集"的性质，采购队伍就应庞大些；反之，采购地点集中的商品，采购人员可少些。

（3）经营范围

不同类型的企业对采购组织的要求也有差异。例如，对商业企业而言，经营品种繁多的综合性商场，由于货源来源广泛，采购业务量大，采购机构应该大些；相反，经营品种较为单一的专业商店，由于进货地点较为集中，业务简单，采购机构可小些。

（4）采购人员素质

企业采购人员素质的高低不仅决定了采购工作的质量，也影响着采购机构的大小。一般来说，采购人员素质高，业务熟练，工作能力强，效率高，采购队伍可小些，这也符合精简的原则;反之,如果采购人员素质差,业务生疏,工作责任心差,效率低下,要完成相应的采购工作,只能使用更多的采购人员,采购机构也就较为庞大。

(5) 企业内部各部门的配合程度

采购工作是由一系列相互配合的业务环节所组成的,要使采购工作效率高,采购部门应与企业内的其他部门(如运输、仓库和财务等部门)加强配合,使采购人员集中精力搞好采购工作。相反,如果一个企业采购人员将大量精力放在发货验收、付款上,其工作效率就会非常低,要完成相应的采购任务,需要的采购人员也会较多。

(6) 信息传递形式与速度

市场需求信息是企业采购的依据,它要求企业应有一整套灵敏的信息传输系统,及时把握市场行情的变化。信息传输速度越快,采购决策越及时,效率就越高,采购工作的准确性也就越高,无效劳动就越少,采购人员数量可少些;反之,如果企业没有灵敏的信息传输系统,采购人员满天飞,必然效率低,那么采购队伍就会庞大。

(7) 其他因素

其他影响采购组织设计的因素也很多,如国家相关政策、交通运输条件、通信现代化水平和自然条件等,都从不同方面影响着一个企业采购组织的设立。

2. 采购组织设计原则

① 采购组织的组建同企业的性质和规模相适应。采购组织的组建与企业的性质、产品规模等有直接的关系。有些企业(如石油企业)的原材料需要一些专业人员采购,并往往直接向最高领导汇报;一些小企业可能仅仅设置一个简单的供应部门负责原材料的采购,而大型企业或跨国公司则设有集团采购部或中央采购中心负责采购。

② 采购组织的设计应同企业采购目标、方针相适应。如果企业的产品质量不好,而影响产品质量的主要因素是原材料,那么改进供应商原材料质量的主要责任在采购部门,采购部门就应该配备相应的品质工作室,或者赋予采购部门相应的职责,从而使其指挥相关部门的人员参与到原材料质量的改进上来。

③ 采购组织的设计同企业的管理水平相适应。如果企业导入了 MRP 或 JIT 等管理系统,那么采购需求计划、订单开立和收货跟单等需要通过计算机按 MRP 或 JIT 管理系统操作控制,其采购组织的设置显然有别于一般的企业。

3. 采购组织结构

按照采购组织设计的原则,在充分考虑影响采购组织设计因素的前提下,不同的企业有不同的采购组织结构。

(1) 按业务过程分工划分的组织形式

这种采购组织形式是按照采购业务过程,将采购计划的制订、询价、比价、签订合同、催货、提货和货款结算等工作交给不同人员办理。它要求部门内各成员密切配合,适合采购量大、采购品种较少、交货期长的企业。其具体形式如图 1.6 所示。

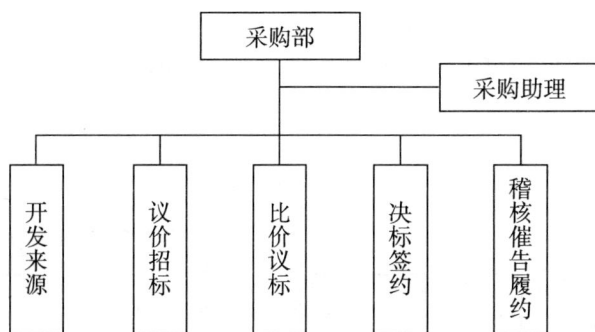

图 1.6　按业务过程分工划分的采购组织

（2）按物资类别划分的组织形式

不同的物资有不同的特点，按物资的类别将采购部门划分为不同的采购小组，每一小组承担物资采购的计划制订、询价、招标、比价、签订合同和货款结算等一系列采购业务。这种形式适合于采购物资繁杂的企业。如图 1.7 所示为某制造企业按物资的类别划分的采购组织形式。

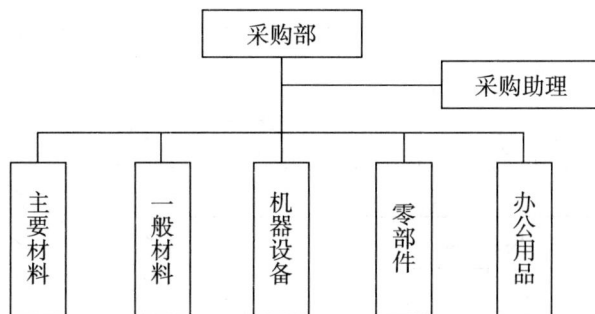

图 1.7　按物资类别划分的采购组织

（3）按采购地区划分的组织形式

企业采购的货源来自不同的地区，可以是本地，也可以是外地；可以是国内，也可以是国外。因此，企业可以按采购地区的不同，将采购组织分为不同的小组，每个采购小组承担一系列的采购业务。其具体形式如图 1.8 所示。

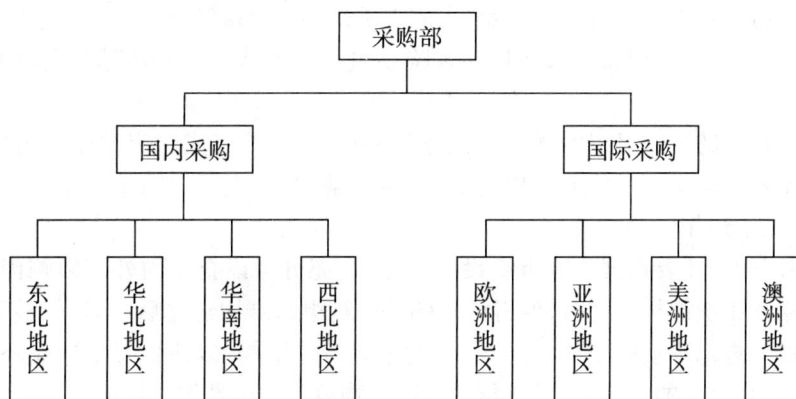

图 1.8　按采购地区划分的采购组织

（4）按采购职能设置划分的组织形式

按采购职能设置的采购组织是指根据采购过程中的不同职能来设置的组织结构,如图1.9所示。

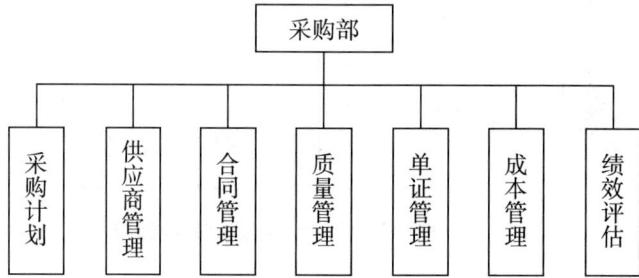

图1.9　按采购职能设置的采购组织

（5）按临时需求设置划分的组织形式

按临时需求设置的采购组织通常表现为矩阵制的联合组织结构,它是围绕给定的任务（一般是临时性的）,由各方面人员临时组合起来的一个组织,如图1.10所示。

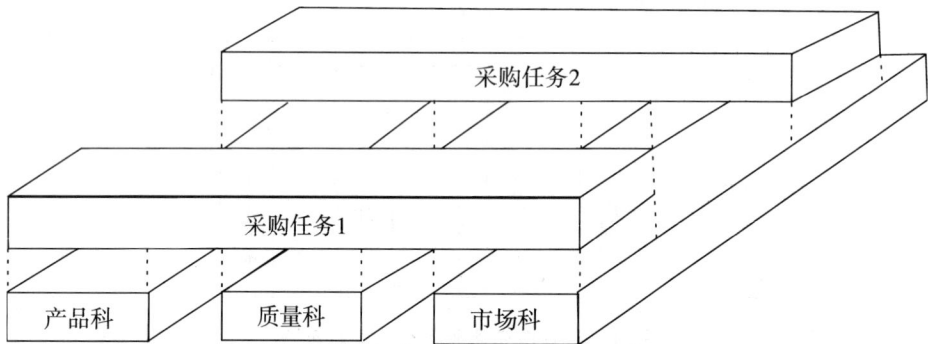

图1.10　按临时需求设置的采购组织

例如,一个公司同时承接了2项工程。为了工程管理的方便,每项工程单独建立一个采购管理组织。采购任务1和采购任务2分别组成采购管理小组,这个小组的成员都是公司的各个职能科室或部门临时抽上来组成的,采购小组全权负责本项目任务的采购管理工作。在采购任务执行过程中,来自各个职能科室的人员受小组直接领导,同时也受原科室的职能业务指导和协助。本项目完成后,项目的采购小组任务也结束,小组解散,人员各自回原来的部门。

临时需求设置的采购组织的优点是任务目的性很强,为完成给定的任务组成一个高效率运作且非常精干的组织。任务完成之后,又可以解散,实现了组织柔性化,提高了企业的运作效率,降低了运作成本。

总之,不同的企业要根据采购组织设计的原则,充分考虑企业内外部影响因素,建立适合本企业的采购组织结构。同时,值得注意的是采购组织结构建立后不是一成不变的,随着企业所面临的内外部环境的变化,它要不断调整自身的结构,以便更好地适应环境,完成采购任务,最终实现企业的目标。但就短期而言,采购组织结构是相对稳定的。

思考

有人说,现在一些企业没有采购部门也可以运行得很好,你如何理解这句话?

4. 采购管理部门的职责

采购管理部门的职责主要表现在 2 个方面:一方面是对外职能,即选择和管理供应商,控制并保证价格优势;另一方面是对内职能,即控制和保证采购流程的实施,保证采购质量和交货周期能够满足需求。下面详细介绍采购管理部门的职责。

① 选择与评价供应商。它主要包括供应商的筛选、鉴别、评价、认证、培养、审核、考察、评审和资料备案等具体工作。它是采购工作的起点和重点,没有对供应商的了解和管理,就没有对行业专业性的了解,供应商的产品和服务就很难满足企业的需要。对供应商做的工作越多,采购工作就会越有效率,管理问题就会越少。

② 保证企业在采购价格上的优势。采购部门应及时了解市场行情,保证企业在采购价格上的优势,在市场状况发生变化时能够妥善利用供应商的资源,采取适当策略降低风险和取得竞争优势。

③ 制定采购制度和设计合理的采购流程。采购部门应制定符合本企业质量控制和财务制度的采购控制流程,确保企业的采购活动能够满足各部门的采购要求。

④ 提高采购效率。采购部门应努力降低采购运作成本,提高采购效率,提高客户满意度。

⑤ 控制采购风险。采购部门应通过人员培训和组织调整,控制合同风险和法律风险,杜绝不法行为,提高采购部门的廉洁性。

情境链接

根据美国《采购世界》杂志一项对 128 个采购部门所做的调查显示,采购部门的职责按其重要性来排列,前 9 种重要工作的顺序如下。

① 评估现有的供应商。

② 选择及开发新的供应商。

③ 安排采购及交货日期。

④ 谈判采购合约。

⑤ 从事价值分析的工作。

⑥ 采购的决策。

⑦ 运输方式。

⑧ 控制存货。

⑨ 租赁或买断的决策。

由此可以知道,采购部门仍是以寻求合格的供应商及维持物资的充分供应为最重要的职责。当然,除了这些固有的职责之外,根据美国一家采购杂志的一项调查,采购部门将增加下列几项新的职责(按其重要性排列)。

① 策略规划。

② 产品开发。

③ 运输。

④ 新产品评估。

⑤ 购买固定设备。

⑥ 出差。

⑦ 行销规划。

⑧ 提供经济指标。

⑨ 期货操作。

⑩ 现金流量计划。

总之,采购部门的职责已经逐渐从传统的作业性的工作,提升为策略性的工作,显示采购部门已参与到企业长期发展的决策中,这也证明了采购部门在企业的地位正"步步高升"。

5. 采购管理机制

采购管理机制主要是解决采购管理的权限范围、采购机制和决策程序问题,也就是采购管理由谁管、管什么、怎样管的问题。

采购管理机制的基础是市场机制,通过市场进行采购。但同在市场机制下,不同的企业由于管理机制不一样,也会出现不同的采购管理机制,而不同的采购管理机制带来的效果也会大不一样。

(1) 生产导向的采购管理机制

生产导向的采购管理机制就是为了生产的需要而设立的采购管理组织,这通常是在生产企业中设立的采购管理组织。一个生产企业的每个车间的生产都需要原材料、零部件、设备和工具等,而需要的品种、数量、时间都各不相同。由于每个车间都只对自己的产品和工艺熟悉,对别的车间的生产不太了解,如果让它们各自提供采购需求计划表,则难免会遗漏或互相冲突。但是如果由采购部门通过研究各个车间的需求规律,为各个车间统一制订订货计划,这样就可能更全面,更能满足生产的需要。

生产导向的采购管理机制的基本特点,就是采购管理组织不是简单地管理采购,它还要管生产,要站在生产全局的角度来管理采购。这种采购管理组织的权限范围宽,要综合考虑生产的需要和整体效益最大化来制定采购决策。

(2) 销售导向的采购管理机制

销售导向的采购管理机制是为了满足企业销售的需要而设立的采购管理组织。

例如,一个零售企业在多个地点设有多个零售店进行销售,但是商品却都由公司采购部统一采购。公司采购部要随时掌握各个门店的销售动态和库存变化动态,及时组织采购订货、进货。一旦采购部组织得不好,就会出现2种情况:一是商品卖空了,采购的货物却还没有到,造成缺货损失;二是门店的商品还没有卖完,新采购的货物就已经到达,造成资金占用和库存积压。这种企业采购管理工作直接关系到企业的整体经济效益。因此,企业采购管理组织的采购决策要着眼于销售来制定。

销售导向的采购管理机制的特点是立足于企业的销售情况来制定采购决策,以销定供或以销定产再定供,以实现企业产、供、销的整体效益最大化。

（3）采购导向的采购管理机制

采购导向的采购管理机制就是为采购而设立专门的采购管理组织。这种组织的特点是采购任务明确，包括采购什么、采购多少，甚至到哪里采购都已经规定好。这种采购管理组织的工作就是把收到的采购任务单整理一下，然后分配落实到各个采购人员，督促他们按时执行，并把采购回来的货物送到各个需求者处。

这是一种最简单、最基本，也是最落后的采购管理机制。这种采购管理组织不需要进行资源市场分析，不需要进行货品选择、供应商选择，也不需要考虑物流优化、库存量控制和降低采购成本等一系列问题。这样在采购管理和需求者之间就没有形成一种利益共享的关系。

传统的采购管理大多数是属于这种机制。例如，一个物资公司由几个经营部组成，各个经营部专门进行货物销售。货物销售完毕需要采购时，就制定采购任务单。采购任务单规定了采购的品种、数量，甚至供应商，送交公司的采购管理科。采购管理科收到各个经营部送来的采购任务单后汇总，然后分配各个采购人员去采购，采购货物回来入库就完成任务了。

在现实中，企业设计自己的采购管理机制时要针对企业自身情况而定。例如，对小企业而言，采购导向的采购管理机制不失为低成本、高效率、简单灵活的采购管理机制，但随着企业的壮大，它可能就要转变为生产或销售导向的采购管理机制。

情境链接

打造高水平采购部门的成功要素

采购成本每降低 1 美元，相当于销售收入增加 5 美元。因此，对企业而言，很少有哪个业务部门扮演着比采购部门更重要的角色。企业盈利能力、成长与竞争优势基于前瞻的采购部门。

1. 企业内跨部门合作

如果说采购部门的新任务是提高企业的决策水平，那么采购部门必须具备相关的流程和技能，了解企业关键业务部门的运作。这就要求采购部门必须对业务部门的需求有足够的了解，而且要采取主动——主动为业务部门提供想法和商业案例，而不是等业务部门上门来找自己。如果采购部门想充分挖掘自身的商业潜能，就必须将自己从一个支持部门转变为价值创造部门，而要实现这一转变，它应当尽可能地向业务部门靠拢。采购部门应当把注意力放在业务上，而非供应关系上——它要向企业提供自己的分析能力，站在整个企业的角度看问题并处理好供应关系，从而帮助企业确定关键的战略方向。

例如，某公司有一个市场情报小组，这个小组的任务是通过与各大业务部门的合作，寻找提高效率的机会。在调查企业的钢铁采购项目时，他们发现：公司在世界各地拥有 100 多名钢铁采购人员，一年开支超过 7.5 亿美元，但他们之间却没有建立真正的合作关系。通过设立市场情报小组，公司提高了整个企业搜集信息的能力，改善了企业内部的合作状况，从而给企业创造了数百万美元的价值。

2. 建立可信赖的供应商关系

在传统观念里，企业与供应商之间存在着严格的界线，这种内外有别的观念会对采购改革造成严重阻碍，因为供应商正是采购合作的外部对象。精通采购的企业之所以能够与它们的供应商建立密切可靠的关系，一方面是因为它们拥有深厚的业务知识功底，另一方面是因为它们意识到，价值链每个环节的正常运行对于企业整体绩效都是不可或缺的。

曾担任迪尔公司和本田汽车公司美国制造部门首席采购官的德福·尼尔森(Dave Nelson)，讲述了一个发生在供应商公平委员会中的故事。这个实例体现了美国汽车企业与日本汽车企业之间的差异。

尼尔森说："有个听众请美国委员会解释，在什么情况下他们会终止同供应商的合作？与会的美国公司都表示，他们每个月都会根据供应商的表现发布一份报告。如果根据这份报告，某个供应商在很长一段时间里的表现都不能让人满意，最后它就会从名单中除名。

"随后是日本代表的发言——我们从来没有抛弃过一个供应商，如果某个供应商达不到我们的预期，这说明我们自身也存在问题。所以我们会与他们联系，看他们有什么要求，是需要别的技术能力，还是需要改善流程。如果是的话，我们会帮助他们发展或改善这些技术和流程，让它们最终达到我们的预期。"

尼尔森总结说："这种强调企业整体能力，包括商业伙伴和供应商的理念虽然不是日本企业超过美国企业，成为世界领先的汽车制造商的全部原因，但至少也是一个重要因素。"

3. 采用外包形式，拓展采购的潜在价值

另一种流行的拓展采购价值创造能力的合作形式是外包。对于不具备高水平的专业采购能力的企业而言，外包会是一个特别重要的选择。在整个采购流程中，从订单管理、客户服务到类别管理再到货物接收，精通采购的企业比一般的企业更倾向于发挥外包服务商的作用。

因此，准备改革采购部门的企业首先必须作出一个重要决定：它们是否愿意为了成为世界级的采购高手而去学习先进的管理经验和分类专业技能？它们是否打算建设属于自己的采购系统，用来处理不同地区、不同国家和不同业务种类的采购活动？这些企业需要根据自身情况，把握是需要培养内部采购能力，还是采用外包形式？

4. 整合流程优势与技术创新

流程优势相当重要，它是实现采购价值最大化的关键。如果做到了这一点，采购部门只要控制好不同的市场和供应商，就能大幅削减成本。

既然采购本身在发展，那么用来经营和管理采购的技能也需要同步提高，这样才能创造令人满意的商业绩效。

5. 重视人才培养

让那些有发展潜力的员工到各个业务部门(包括采购部)轮流任职，是很多企业常用的方法。例如，某企业选出20%最优秀的年轻经理，把他们分成几组，然后让他们在不同的业务部门轮流任职，尽量让最出色的采购人员到业务部门去体验18个月的换岗工作。相应地，其他业务部门也会把它们最好的员工派到采购部待上同样一段时间。每个新岗位需要学习的东西几乎完全不同，但这也正是刺激和挑战所在，这些年轻经理从中获得的经验是无价的。初步分析显示：员工知道得越多，了解得越多，就越愿意留在企业，因为他们的敬业度比以前高了。

资料来源:百度文库.

3.2 采购人员的道德规范

1. 职业道德标准

采购过程中离不开采购人员的操作,因为不同的采购道德水准,会使相同的采购行为产生不同的结果。

采购人员必须遵循必要的道德规范,在与供应商打交道的时候,一个合乎道德规范的采购人员会以一种公正、公平、诚实、恰当的方式来对待供应商。只有这样,才能确保采购部门的高绩效。当然,企业也必须直接或间接制定一系列制度,宣扬采购道德规范,进行采购道德建设。

① 爱岗敬业。爱岗敬业是采购人员做好任何一项工作的出发点,也是采购人员首先应当具备的最基本的职业道德。采购人员只有热爱本职岗位工作,并在本职岗位上尽心尽力、尽职尽责,才能全身心投入采购工作。同时,采购从业人员要认真钻研采购业务,干好本职工作。

② 诚实守信。诚实守信是采购人员做好采购工作的根本前提,是他们做人、做事、干工作的基本准则。具体来说,采购人员只有具备了言行一致、不弄虚作假、不欺上瞒下,才能在具体的采购工作中,严格地履行好自己的权利和义务,才能自觉地避免各种欺诈、串通、隐瞒等不法行为的滋生,从而切实地保障各有关方面的正当权益。

③ 廉洁自律。采购人员应自我约束,自我规范,自我控制,自觉树立高尚的觉悟、良知和道德水准,自觉增强抵制不正之风的能力。

④ 客观公正。客观公正是采购人员的职业灵魂,它要求采购人员在实际工作中要公平正直、没有偏袒。

⑤ 坚持原则。坚持原则就是要求采购人员在其采购活动中,要严格依照规定的操作程序进行操作,不以自己的主观或他人强加的意志为转移。

⑥ 优质服务。采购人员应时刻树立优质服务的工作态度,对任何供应商都要做到态度温和、语言文明、尊重事实、谦虚谨慎。

情境链接

CIPS 职业道德准则

引言

本学会会员承诺努力工作,以出色地达到下列职业道德准则要求,并将该职业道德准则作为采购与供应职业的最佳行为基础。

1. 会员应当寻求他们的雇主采纳该职业道德标准并设法使之在他们的同事中普遍接受。

2. 如果适当,不管在该职业道德准则中是否明确地阐明,会员都应该向其直接领导或其他上级同事提出任何职业道德有关事项。

原则

3．会员应当始终设法支持和提升采购与供应职业地位，并始终职业化地、无私地按下列规范行事。

（1）在所有商务关系中，无论是本组织内部的还是本组织外部的，都应当保持可能的最高诚信标准。

（2）拒绝任何可被认为是不适当的商业做法，决不使用他们的权力谋取个人私利。

（3）获取和保持与时俱进的技术知识和最高道德行为标准，提高业务水平和技能。

（4）在他们所负责的人员中培养可能的最高业务能力标准。

（5）优化他们所能影响和所负责的资源的利用，以便为他们所在的组织谋求最大收益。

（6）遵守下列规章和精神。

① 所在国家的法律。

② 学会关于专业实践的行为指南。

③ 合同义务。

4．会员决不允许自己偏离这些原则。

行为指南

5．在应用这些原则时，会员应当遵循下列行为指南。

（1）利益申报——可能影响或被他人视为影响会员在履行其职责时公正性的任何个人利益都应当申报。

（2）情报的保密性和准确性——在履行职责的过程中所得到的情报应当保密，决不用于个人私利。在履行职责的过程中所提供的情报应当诚实而清晰。

（3）竞争——与供应商的合同和商务关系的特性和持续时间可能根据具体情况而发生变化。应当避免那些从长远观点来看可能会妨碍公平竞争的行为。

（4）商业礼物——除了价值很小的物品，如商业日记本或日历之外，不应当接受任何商业礼物。

（5）款待——接受者不应该由于接受款待而在商业决策中受到影响或被他人视为受到了影响。所接受款待的频率和规模应当公开地、慎重地进行管理，不应当大于会员雇主所能酬谢的频率和规模。

决策与咨询

6．如果很难决定什么是可接受的和什么是不可接受的，这时应当从自己的上司、其他的上级同事或本学会寻求咨询。关于该职业道德准则的任何方面，本学会都可以提供咨询。

2．规范采购人员职业行为的策略

企业应制定出明确采购人员职业行为的策略，这些策略包括面对复杂情况时采购管理层对道德和诚实的行为许诺。一些商业行为在技术上并不违法，但它们可能存在着潜在的不良后果或给公司带来麻烦。正因如此，采购主管必须制定在这些不明确领域中起指导作用的策略。由于采购人员是企业的合法代理或代表，因此他们必须遵循行政策略和法律所定义的最高道德标准。

（1）道德规范策略

大多数企业，尤其是大中型企业，都有书面策略来描述管理人员对于采购道德行为的保证。后面会较为详细地讨论采购的道德规范。

（2）互惠策略

企业通常存在着一项正式策略，说明管理人员反对互惠采购协议。当采购合同的一个条件是供应商被迫购买采购员所在公司的产品或服务时，就出现了互惠。互惠策略通常说明管理人员对互惠惯例的反对，并且列出了采购人员要避免发生的行为类型。员工不应参与以下行为。

第一，采购人员优先选择那些向采购员所在企业购买产品的供应商。

第二，采购人员希望将供应商购买自己公司的产品作为采购合同的一个条件。

第三，采购人员对购买自己公司产品的供应商提出的报价更为青睐。

因为在这个问题上存在争论，所以需要一项行政管理策略。一旦管理人员就这个问题制定了策略，控制互惠活动就更容易一些。

（3）与供应商联系和进行访问

公司应对供应商或潜在供应商进行直接访问或通过其他方式进行沟通联系。与供应商进行联系的策略不仅应该涉及采购人员，而且应该涉及其他访问或联系供应商的部门。采购部门需要控制未经授权的或非正常的与供应商的联系或访问，因为这可能使供应商增加不必要的负担。并且，与供应商进行主要的商业接触是采购部门的合法权利，非采购人员进行的未经授权的供应商访问或联系，会影响这一权利的行使。采购部门要避免以下情况的发生：供应商将非采购部门人员的意见或选择看成是采购方公司的承诺。

（4）公司的前雇员跳槽至供应商的管理

有时，从前的员工可能会为供应商服务。这是一个敏感问题，因为先前的雇员可能对商业计划或其他机密信息有所了解，这使得该供应商与其他供应商相比，具备了不公平优势。解决这个问题的一种方式就是建立一种策略，在一段时间内禁止与这样的供应商进行商业交易：这些供应商雇用公司以前的老员工，而且这些员工知晓内部或机密信息。禁止期限在几个月到几年之间，这决定于员工和具体情况。另一种方法是在员工的最初雇用合同中增加一个条款，该条款声明员工在离开公司后在特定时期内不得受雇于公司的竞争者或供应商。这可以抵消员工由于原先工作所带来的优势。

（5）汇报与供应商之间的异常商业行为

这种策略可以为采购人员或其他员工就异常商业交易建立一种汇报机制。异常交易的事例包括接受供应商的贿赂、任用亲信、接受后期出价，以及其他不正当的商业行为。该策略包括指定专门的机构来汇报不正常的事务，采取适当的安全措施来保护汇报方，尽快汇报可疑的异常情况。这种策略表明了管理层无法忍受采购员工进行不正常商业行为。

情境提示

防止采购中的暗箱操作

暗箱操作将会一直伴随着采购活动，虽然企业不可能完全杜绝这种行为的发生，但是可以采取措施减少此类现象的出现。下面就有一些采购行业总结出来的经验。

1. 三统一分

"三统"是指所有外购物资要统一采购验收、统一审核结算、统一转账付款。"一分"则是指费用要分开控制。统一采购、统一管理,既保证需要,又避免漏洞;既保证质量,又降低价格;既维护企业信誉,又不至于上当受骗。各部门要对费用的超支负责并有权享有节约所带来的收益,有权决定采购计划和采购项目。这样,采购管理部门和使用单位自然形成了一种以减少支出为基础的相互制约的机制。

2. 三分一统

"三分"是指3个分开,即市场采购权、价格控制权和质量验收权要做到三权分离、各自负责、互不越位。"一统"即合同的签约特别是结算付款一律统一管理。物资管理人员、检验人员和财务人员都不能够与客户见面,实行严格的封闭式管理。财务部依据合同规定的质量标准,对照检验单和数量测量结果,认真核算后付款。这样就可以形成一个以财务管理为核心,最终以降低成本为目的的制约机制。

3. 三公开、两必须

"三公开"是指采购品种、数量和质量指标公开,供应商和价格竞争程序公开,采购完成后的结果公开。"两必须"是指必须在货比三家后采购,必须按程序、法规要求签订采购合同。

4. 五到位、一到底

所谓"五到位"是指采购的每一笔物资都必须有五方的签字,即只有采购人、验收人、证明人、批准人和财务审查人都在凭证上签字,才被视为手续齐全,才能报销入账。"一到底"就是负责到底,谁采购谁负责并且要一包到底,包括价格、质量和使用效果等都要记录在案,什么时候发现问题什么时候处罚。

5. 全过程、全方位的监督制度

全过程监督是指采购前、采购过程中和采购完成后都要有监督。从采购计划的制订开始到采购物资使用的结束,共有9个需要进行监督的环节,它们是计划、审批、询价、招标、签合同、验收、核算、付款和领用。

虽然每一个环节都有监督,但重点在于计划、签合同、验收和付款4个环节。计划监督主要是保证计划的合理性和准确性,使其按正常渠道进行;合同监督主要监督其合法性和公平程度,保证合同的有效性;质量监督是保证验收过程不降低标准,不弄虚作假,每一个入库产品都符合要求;付款监督是确保资金安全,所有付款操作都按程序、按合同履行。如果能够把监督贯穿于采购活动的全过程,就可以建立确保采购管理规范和保护企业利益的第二道防线。

所谓全方位的监督是指行政监察、财务审计和制度考核三管齐下,方方面面没有遗漏,形成严密的监督网。

6. 责任追究

监督机制的生命在于责任追究。仅拥有严格完备的监督机制而没有相应的惩罚措施,所有的努力都将化为泡影。因此,监督的关键还在于及时进行重罚。科学规范的采购机制、严格完备的采购控制不仅可以降低企业的采购价格,提高采购质量,还可以保护采购人员不受外部利益的诱惑。

资料来源:http://www.telewiki.cn/myweb/baike/WordContent.aspx?id=1244275714.

技能训练

连锁企业商品采购调查

1. 目的

（1）了解采购在连锁企业经营管理中的重要作用。

（2）掌握连锁企业商品采购流程及其内容。

（3）明确连锁企业商品采购组织结构。

2. 方式

（1）将教学班按 5 人一组成立项目学习小组，实地调查、搜集当地连锁企业的相关资料。

（2）各项目小组相互交流，选出代表进行成果展示。

3. 要求

（1）正确描述所调查的连锁企业商品采购的内容、流程、组织结构。

（2）分析存在的问题，并提出改进建议。

案例分析

沃尔玛与家乐福 2 种采购模式各得其所

沃尔玛的直接利润百分之百来自于商品毛利，这决定了它对供应链的掌控要求极为严格。一直以来，沃尔玛固执地坚持"营采分离"，它的零售体系与采购体系是 2 个完全独立的体系。对规模经济和制度的依赖，一直是沃尔玛成本领先的一大法宝。沃尔玛不断加强直接采购，目的正是希望将规模经济的优势更大限度地发挥出来。

当然，在中国市场，尽管通过收购好又多，沃尔玛在中国市场的门店数量有了一个飞跃，但它的采购规模经济的优势还是很难体现。除了双方在整合层面面临一些阻碍外，中国市场的地区差别巨大，消费者不成熟，物流信息系统不发达，都是造成沃尔玛庞大采购计划难以执行的原因。

而作为沃尔玛在中国市场的强劲对手，家乐福在中国建立了 5 个采购中心，对于区域差别不大的商品实施集中采购。但同时对各个店又授予了一定的采购权限，可以根据地方文化特色进行自由组合。然后，公司通过严格的目标控制和绩效考核来约束采购人员。家乐福采取"营采合一"的经营方式，可以随时针对地区差异进行策略调整，被业内认为是其在中国市场取得巨大成功的一个重要因素。

资料来源：http：// www. chaoshi168. com/hydt/Shownews. asp? NewsID = 18401.

问题：试分析沃尔玛和家乐福的采购模式的利弊。

自我测试

一、选择题

1. 采购管理的目标包括（　　　　　　　）。

    A. 保证采购业务合法有效

    B. 保证采购质量、适时适量、费用最省

    C. 保证采购成本核算正确   D. 保证采购记录真实完整

2. 采购管理中最重要、最基本的任务是(   )。

    A. 保证企业所需物资的正常供应

    B. 获取支持企业物资采购和生产经营决策的相关信息

    C. 与供应商建立长期友好的关系

    D. 控制采购成本

3. 规范采购人员职业行为的策略包括(   )。

    A. 道德规范策略   B. 互惠策略

    C. 与供应商的联系和访问   D. 汇报与供应商之间的异常商业行为

4. 采购部门隶属于总经理,其主要职责是(   )。

    A. 降低成本,使采购部门成为企业创造利润的另一种来源

    B. 兼顾产销利益均衡,获得较佳的价格和付款方式,达到财务目标

    C. 配合生产制造与仓储部门,达到物资整体的补给

    D. 协助生产工作顺利进行

5. 下列(   )不是采购作业遵循的基本原则。

    A. 合理的价格   B. 合适的物资   C. 大量采购   D. 适当的数量

6. 采购是指除了可以用购买的方式占有商品的所有权,还可以通过(   )等方式获取所需要的商品。

    A. 交换   B. 租赁   C. 借贷   D. 外包

7. 影响采购组织设计的因素包括(   )。

    A. 企业规模   B. 采购供应状况   C. 经营范围   D. 采购人员素质

8. 采购管理机制有(   )。

    A. 生产导向的采购管理机制   B. 销售导向的采购管理机制

    C. 采购导向的采购管理机制   D. 服务导向的采购管理机制

9. 采购组织机构的形式有(   )。

    A. 按业务过程分工划分的组织形式   B. 按物资类别划分的组织形式

    C. 按采购地区划分的组织形式   D. 按采购职能设置划分的采购组织形式

10. 采购道德要求(   )。

    A. 爱岗敬业   B. 诚实守信   C. 廉洁自律   D. 客观公正

二、判断题

1. 外包可以降低营运成本、提高品质、集中人力资源、提高顾客满意度。   (   )

2. 采购就是采购管理。   (   )

3. 采购管理的根本目标就是使企业具有充足的库存。因此只要在企业资金允许的情况下,采购部门就一定要多采购。   (   )

4. 采购是企业经营活动的重要组成部分,因此企业设置采购组织时,应多设采购机构以保证特殊需要。   (   )

5. 一个合乎道德规范的采购人员能够确保采购部门的高绩效。   (   )

6. 生产导向的采购管理机制是最简单、最基本,也是最落后的采购管理机制。   (   )

7. 采购中的适地原则就是在适当的地方,选择适当的供应商进行采购。 （ ）

8. 采购是商流过程和物流过程的统一。 （ ）

9. 分散采购具有采购流程长,时效性差的缺点。 （ ）

10. 采购部的职能主要表现为对外职能和对内职能。 （ ）

在线测试

项目 2

采购准备

知识目标

1. 了解采购需求分析的方法。
2. 熟悉采购数量确定的依据。
3. 掌握采购计划编制的程序及影响因素。
4. 明确采购预算的内容、流程和要点。
5. 了解供应商开发的步骤和选择的种类。
6. 掌握供应商选择的标准和方法。
7. 了解企业与供应商的关系模式。
8. 理解供应商管理的内涵,对供应商的激励与监控。
9. 掌握供应商评价指标。

能力目标

1. 能够在实践中编制采购计划。
2. 能够编制采购预算。
3. 能够根据企业需求的实际情况确定采购数量。
4. 能够正确选择供应商。
5. 能够对供应商进行正确的评价。
6. 能够对供应商关系进行有效管理。

任务 1　采购计划管理

引导案例　如何改进西陆公司的采购计划

　　西陆直升机有限公司(以下简称西陆公司)是英国一家直升机制造商。全球有18 个国家在使用西陆公司的直升机,而且销售数量还在不断增长,这使得西陆公司对零部件采购需求也在不断增长。但是西陆公司与供应商仍然是传统的采购关系,远远无法满足需求,同时客户支持服务也存在问题。例如,在可靠性和快速修理上,客户满意度不高。

　　问题:西陆公司如何通过制订周密而详细的采购计划,保证采购活动的顺利进行,进而满足客户的需求?

采购计划管理是指对企业的采购计划进行制订和管理,为企业提供及时准确的采购计划和执行路线。

1.1　采购需求

1. 采购需求分析

采购研究普遍表明,提高采购价值的机会 70% 在于发现需求和描述需求这 2 个阶段。

企业要采购,首先要分析物资需求者们需要什么、需要多少、什么时候需要的问题,从而明确应当采购什么、采购多少、什么时候采购以及怎样采购的问题,得到一份确实可靠、科学合理的采购任务清单。这个环节的工作就叫做采购需求分析。

采购需求分析是采购工作的第一步,是制订采购计划的基础和前提。

一般而言,在单次、单一品种需求的情况下,需要什么、需要多少、什么时候需要的问题非常明确,不需要进行复杂的采购需求分析。

在较复杂的采购情况下,需求分析是十分必要的。例如,一个汽车制造企业有上万个零部件,有很多的车间、很多的工序,每个车间、每个工序生产这些零部件,都需要不同品种、不同数量的原材料、工具、设备、用品,在各个不同的时间需要各个不同的品种。在这种情况下,什么时候需要什么材料,需要多少;哪些品种要单独采购,哪些品种要联合采购;哪些品种先采购,哪些品种后采购;采购多少;这些问题不进行认真的分析研究,就不可能进行科学的采购工作。

情境提示

在实际日常采购活动中,应当明确的需求内容如下。

① 确切的需求是什么(质量、型号、尺寸、性能等)。

② 如何检测质量(物资检验标准)。

③ 需要多少(数量)。

④ 什么时候需要(采购交货期)。

⑤ 什么地方交货(交货地点)。

⑥ 以何种方式运输(运输条件)。

⑦ 供应商需要客户支持的性质及程度。

⑧ 供应商还需要履行的其他义务并提供所需信息。

究竟购买多少物资才算合适?什么时候下单最好?要想很好地解决这个问题,采购管理人员就必须认真分析需求的变化规律,进行采购需求分析。

采购需求分析有多种方法,如物料需求计划法、物资消耗定额法和需求预测法等。下面重点介绍采购需求分析常用的 2 种方法,即物料需求计划法和物资消耗定额法。

（1）物料需求计划

物料需求计划(Material Requirement Planning, MRP),是生产企业最常用的采购需求分析方法。它的基本原理就是根据 MPS(Master Production Schedule, 主生产计划)和 BOM(Bill of Materials,物资清单文件或产品结构文件)以及主产品及其零部件的库存量,逐步计算出主产品的各个零部件、原材料的投产时间、投产数量,或者订货时间、订货数量,也就是制订出所有零部件、原材料的生产计划和采购计划,然后按照这个采购计划进行采购。

编制物料需求计划的数据来源有以下3个。

① 主产品需求计划。所谓主产品,是指企业提供给社会的主要产成品,可以理解为最终出厂产品。例如,汽车制造厂的主产品就是汽车,电视机厂的主产品就是电视机。主产品的生产计划是企业接受社会订货,或者提供给社会的主产品的数量和进度计划。它包括数量和时间2个要求,即生产多少和什么时候生产。

同时,企业生产和采购还有另外一个次要依据,就是社会维修,即企业对社会上处于使用状态的主产品进行维修保养所需要的零部件的需求计划。这些零部件的生产或采购也需要企业承担。例如,电视机厂商不仅要生产整台的电视机,还要生产维修电视机所需的常用维修零件。

② 主产品的结构文件。主产品的结构文件就是求出装配主产品需要哪些零件、部件和原材料,各需要多少,哪些要自制,哪些要外购,自制或外购需要多长时间(即生产提前期或采购提前期),这样逐层分解一直到最底层的原材料。

③ 库存文件。所谓库存文件,就是主产品以及主产品所属的所有零部件、原材料的现有库存量清单文件,即主产品零部件库存一览表。

物料需求计划的计算过程如下。

1)总需求量的计算。

$$总需求量 = 项目要求的物资数量$$

2)净需求量的计算。

$$净需求量 = 总需求量 - 现有库存量 - 计划到库量$$

3)确定下达订单日期和订单数量计划。

$$下单日期 = 要求到货日期 - 认证周期 - 订单周期 - 缓冲时间$$
$$下单数量 = 净需求量$$

式中,订单周期为订单执行时间,它包括从订单制作到物资入库时间。对于一些稳定供应的物资,可把库存设置到供应商库房里,要货时供应商直接送货,这样可大大缩短订单周期。

物料需求计划的编制步骤如下。

1)决定采购前置时间与制造前置时间。

2)拟订生产日程总表。

3)编制零件结构表。

4)设定现有库存量。

5)由生产日程总表与零件结构表的展开,加上杂项需求,得到物资毛需求,并从中考虑损耗数量,求出合理的需求量。

6)合理的毛需求量扣除现有库存数量,得到净需求量。

7)净需求量扣除现有采购量,得到计划采购量。

8)计划采购量大于0,即开具请购单交采购部门进行采购事宜;计划采购量小于0,即分析并设法消耗此项多余物资。

9）当现有采购数量不能充分满足生产计划的需要时，应提供信息促请采购部门调整供应商的送货时间与送货数量。

下面以一个简单产品为例说明使用物料需求计划法进行采购需求分析的过程。其产品结构如图 2.1 所示。图中，A 是最终产品，共有 4 个等级层次。第一层次，A 产品由 3 个 B 和 1 个 F 部件组成；第二层次，B 部件由 4 个 C 和 1 个 D 零件组成；F 部件由 6 个 G 和 1 个 H 零件组成；第三、四层次依此类推。其中，E 零件是 G 和 H 零件的通用件。零件分解是根据企业在规定的时期内应生产的品种和数量，分析计算这些产品所需各种零部件的种类和数量，并计算出每一种零部件所需准备、加工及采购过程的时间。

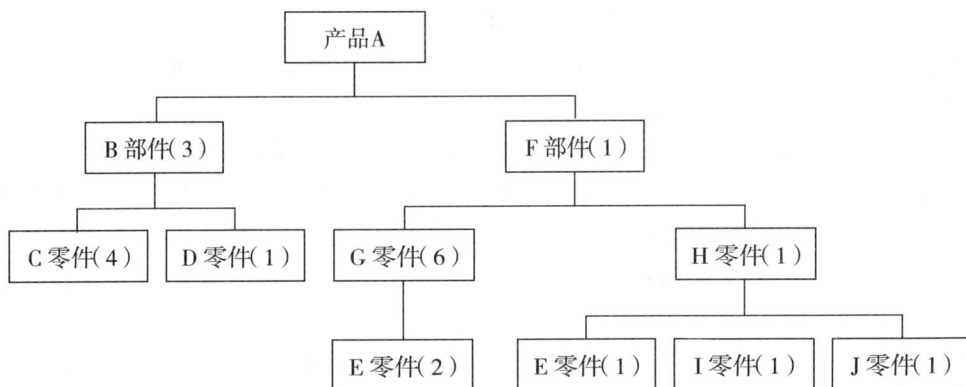

图 2.1　某产品的产品结构

零部件需求量的计算方法以图 2.1 的产品结构为例。已知 A 是最终产品，属于独立需求，其需求量由客户或市场决定。已知 A 需求量为 100 个。其他各种零部件都属于相关需求，其需求量受 A 产品的数量影响，根据所有产品及零部件的库存量，可以计算出它们的实际需求量，计算结果如表 2.1 所示。

表 2.1　某产品及零部件的需求量计算

名　称	库　存　量	总　需　求　量	实际需求量
A	0	100	100 − 0 = 0
B	250	3 × 100 = 300	300 − 250 = 50
C	14	4 × 50 = 200	200 − 14 = 186
D	20	50	50 − 20 = 30
E	40	(2 × 30) + (1 × 74) = 134	134 − 40 = 94
F	16	1 × 100 = 100	100 − 16 = 84
G	54	6 × 84 = 504	504 − 54 = 450
H	10	1 × 84 = 84	84 − 10 = 74
I	6	1 × 74 = 74	74 − 6 = 68
J	40	1 × 74 = 74	74 − 40 = 34

当需求量计算确定之后，就要进一步明确各种货物的进货总需求量，每次订货批量是多

少,以及订货周期是多长,一般可用表格计算确定,如表2.2所示。

表2.2　每种数量的计算

时间/周	1	2	3	4	5	6	7	8	9	10
总需求量	20	28	25	16	18	19	20	6	2	20
计划到货量		40		40		40				40
库存量	15	27	2	26	8	29	9	3	1	21
计划订货量	40		40				40			

表2.2中,第1行表示间隔时间为1周。第2行为总需求量,如果是最终产品,主要根据客户和市场需求确定;如果是零件或物资,应区分需求零件与相关零件。需求零件按市场预测确定,相关零件由最终产品数量确定。本例中每周总需求量是不等的,因此它的订货时间和到货时间应根据需求量的变化而变化。

第3行为计划到货量,一般是根据实际需要时间来确定。第2周到货40件,因订货周期为3周,因此它是上期发出订货到期进厂的零件;第4周到货40件,是第1周订货到期进厂的零件;第6周和第10周各到货40件,分别是第3周和第7周订货到期进厂的零件。

第4行为库存量,第1周的库存量是上期库存时的35 – 20 = 15;第2周库存量是15 + 40 – 28 = 27,即:

每周库存量 = 本周收货量 + 上周库存量 – 本周需求量(本例不考虑最高和最低库存量)

第5行为计划订货量,它主要是根据计划到货期决定。本例按每次计划到货期提前3周发出采购通知单,定量不定期,而在实际工作中,也可定期不定量。

（2）物资消耗定额

物资消耗定额是在一定的生产技术组织条件下,生产单位产品或完成单位工作量所需要消耗的物资的标准量,通常用绝对数表示。例如,制造一台机床或一个零件消耗多少钢材、生铁。

制定物资消耗定额的方法有以下3种。

① 技术分析法。这种方法比较科学,但需要精确计算,工作量较大,适用于生产企业制定产品的物资消耗定额。技术分析法的基本步骤如下。

1）根据产品装配图求出产品的所有零部件。

2）根据每个零部件的加工工艺流程求出每个零部件的加工工艺。

3）对于每个零件,考虑从下料切削开始一直到最后形成零件净尺寸 Q 为止的所有各道切削加工的切削尺寸 q_i。每个零件的净尺寸 Q 加上所有各道切削尺寸留量之和,就是这个零件的物资消耗定额 G。

$$G = Q + \sum q_i$$

其中,切削消耗留量尺寸 q 包括如下尺寸。

q_1——加工留量。选择材料直径、长度时,总是要比零件的净直径、净长度要大,超过的部分就是加工切削的尺寸留量。加有加工尺寸留量的零件材料就叫零件的毛坯。

q_2——下料切削留量。下料时,每一个零件的毛坯都是从一整段原材料上切断而得的,切断每一段毛坯都要损耗一个切口宽度的材料,这就是下料切削留量。一个零件的毛坯尺寸加上切口尺寸,就是零件的工艺尺寸。

　　q_3——夹头损耗。

　　q_4——残料损耗。一整段材料可能要切成多个零件毛坯。在切削多个毛坯时,总是需要用机床夹具夹住一头。如果最后一个毛坯不能掉头切削,则这个材料夹头部分就不能再利用而成为一种损耗,就是夹头损耗。也可能出现 n 个工艺尺寸不能刚好平分一整段材料而剩余一小部分不能利用,这就是残料损耗。夹头损耗和残料损耗都要分摊到每个零件上去计算物资消耗定额。

　　② 统计分析法。这是一种根据以往生产中物资消耗的统计资料,经过分析研究并考虑到计划期内生产技术组织条件的变化等因素而制定定额的方法。采用这种方法时,需要有详细可靠的统计资料。例如,要制定某种产品的物资消耗定额,可以根据过去一段时间的仓库的领料记录和同期间内产品的产出记录进行统计平均,就可以求出平均每个产品的材料消耗量。这个平均消耗量就可以看成是该产品的物资消耗定额。

　　③ 经验估计法。这是根据技术人员、工人的实际生产经验,参考有关的技术文件和考虑到企业在计划期内生产条件的变化等因素制定定额的一种方法。这种方法简单易行,但科学性较差。

　　下面举例说明使用物资消耗定额法进行采购需求分析。

　　一个锤子,由铁榔头和一个檀木木柄装配而成,檀木木柄净尺寸为 $\phi30$ mm × 250 mm,由 435 mm 的圆木加工而成,平均每个木柄下料切削损耗 5 mm、长度方向切削损耗 5 mm、外圆切削损耗 2.5 mm、夹头损耗 30 mm、平均残料损耗 10 mm。铁榔头由 $\phi50$ 的 A4 钢材切成坯料经锻压加工而成。加工好的铁榔头净重 1 000 g,锻压加工损耗 200 g,柄孔成型加工损耗 200 g、下料损耗 200 g、夹头损耗为 0,残料损耗为 0。求这种锤子的物资消耗定额。如果下个月需要加工 1 000 个锤子,问需要采购多少物资?

　　计算资料和结果如表 2.3 所示。

表 2.3　物资消耗定额计算

产品名称			锤子	下月生产计划				1 000	
材料名称	规格	计算单位	净重	下料损耗	加工切削损耗	夹头损耗	残料损耗	物资消耗定额	采购需求量
檀木圆木	$\phi35$	m	0.25	0.005	0.005	0.03	0.01	0.3	300
圆钢 A4	$\phi50$	kg	1	0.2	0.2 + 0.2	0	0	1.6	1 600

　　根据表 2.3 相关数据求出锤子的物资消耗定额为:$\phi35$ 檀木 0.3 m,A4$\phi50$ 圆钢 1.6 kg。月产 1 000 个锤子,采购需求量为:$\phi35$ 檀木 300 m,A4$\phi50$ 圆钢 1 600 kg。

2. 确定采购数量

　　采购数量的确定是做好一个采购计划的关键,采购数量应与实际生产需要相符合,不能过多或过少。采购数量过多,就会造成物资积压,占用大量资金;而采购数量过少,又会因物资不能满足生产所需,而影响生产活动的正常进行。因此,在编制采购计划时,计划人员一定要认真研究企业的生产计划,分析市场情况,选择科学的计算方法确定合理的采购数量。

（1）确定采购数量的依据

① 年度销售计划。销售计划是各项计划的基础,年度销售计划是在参考过去年度企业本身和竞争对手的销售实绩,列出的销售量及平均单价的计划,它表明各种产品在不同时间的预期销售数量和单价。要想制订准确的采购计划,必须对销售因素进行准确预测及准确制订销售计划。

② 生产计划。对于制造企业来说,原材料的采购数量要依据生产计划来确定。生产计划主要根据销售数量,加上预期的期末存货减去期初存货来拟订。因此,在确定采购数量之前,一定要对企业的生产计划进行认真分析。

③ 用料清单。生产计划只列出生产产品的数量,无法直接知道某一产品需用哪些物资,以及数量多少,因此确定采购数量必须借助用料清单。用料清单可以精确计算出制造某一种产品的用料需求数量。用料清单所列的耗用量(即通称的标准用量)与实际用量相互比较作为用料管制的依据,如表2.4所示。

表2.4　生产企业用料清单

工程编号:　　　　　字　　第　　号
用料单日期:　　　　年　　月
工程名称:

材料名称	规　格	单　位	数　量	单　价	金　额	备　注

④ 存量记录卡。一个记载正确的存量记录卡是采购计划准确性的重要保证。企业产品若有库存,则生产数量不一定等于销售数量;若物资有库存数量,则物资采购数量也不一定等于根据用料清单所计算的物资需求量。因此必须建立物资的存量记录卡,以表明某一物资目前的库存状况,再依据用料需求数量,并考虑购料的作业时间和安全存量水准,计算出正确的采购数量,然后开具请购单,进行采购活动。存量记录卡如表2.5所示。

表2.5　存量记录卡

品名		料号			请购点		安全存量				
规格		存放	库号: 架位:		一次 请购量		采购前 置时间				

日期	凭证号码	摘要	入库		出库		结存数量	请(订)购记录					
			收	欠收	发	欠发		订购量	订购单号	订购日	请求交货日	实际交货日	交货量	备注

（2）计算采购数量

采购数量表示某一物资在某时期应订购的总量。适当的材料采购数量和时间对于满足企业生产的用料需求有着直接的影响。采购数量的确定主要包括以下 4 个方面的内容：计算生产需求、计算库存数量、计算剩余订单数量和确定采购数量。

① 将生产需求和市场需求综合后转变成生产计划。首先要把综合后的需求量减去已存在产品的数量。为保证及时供应突发的产品销售，应该对畅销产品做一个仓库需保底留存数量，然后再换算分解成原材料，这样才能较准确地确定生产所需原材料的数量。产品生产需求数量公式为：

$$产品生产需求数量 = 生产计划数量 - 现已存产品数量 + 仓库需保底留存数量$$

② 计算可用库存数量。在计算库存数量的时候，要注意考虑物资的库存状态：是否可用，是否待处理，尤其是对于待处理的物资必须要从可用的库存数量中扣除。其计算公式为：

$$可用库存数量 = 总库存数量 - 报废数量 - 待处理数量$$

③ 计算剩余订单数量，即要计算订单在执行后剩余的数量。一份订单从发出到执行完毕要经历数周乃至数月的时间，在此期间只有部分物资可能已经收到。针对这些情况，应该从订单总量中将已收到的物资数扣除，从而确保对订单的执行情况进行有效监控。其计算公式为：

$$剩余订单数量 = 订单总数 - 已到货数$$

④ 初步确定采购的数量和资金安排。在掌握了生产需求数量、可用库存数量和剩余订单数量的基础上，就可以得出需要采购物资的数量了。另外，做好资金计划就能让财务及企业领导知道年度的资金统筹。其公式为：

$$采购数量 = 生产需求数量 - 可用库存数量 - 剩余订单数量$$
$$每种原材料金额 = 每种原材料采购数量 × 单价$$

综合以上内容，采购数量的确定如表 2.6 所示。

表 2.6　某年度生产计划与原材料采购安排

产品名称	生产计划数量	已存产品数量	仓库保底数量	产品生产需求数量	原材料名称	原材料数量	已存原材料数量	报废和待处理数量	订单总数	已到货数	采购数量	单价	金额
a	5 000	200	300	5 100	aa	1 500	100	20	500	200	1 080		
b	2 000	100	50	1 950	bb	1 300	50	10	300	300	1 240		
c	1 000	20	10	990	cc	1 000	30	0	300	300	970		
小　计				8 040	小　计						3 290		

说明：最终的采购数量 = 原材料数量 -（已存原材料数量 + 报废和待处理数量）-（订单总数 - 已到货数）。

1.2　采购计划

采购计划是企业管理人员在了解市场供求情况，认识企业生产经营活动过程及掌握物资消耗规律的基础上,对计划期内的采购活动所做的预见性安排和部署。它包括两方面的内容:一是采购计划的制订;二是采购订单的制定。

广义的采购计划是指为了保证供应各项生产经营活动的物资需求量而编制的各种采购计划的总称。

狭义的采购计划是指每个年度的采购计划,即对企业计划年度内生产经营活动所需采购的物资的数量和采购的时间等所做的安排和部署。

1. 采购计划编制程序

目前公认的采购计划编制的主要环节包括准备认证计划、评估认证需求、计算认证容量、制订认证计划、准备订单计划、评估订单需求、计算订单容量和制订订单计划。

(1) 准备认证计划

准备认证计划是采购计划编制的第一步,也是非常重要的一步,包括4个方面的内容。

① 接收开发批量需求。开发批量需求是能够启动整个供应程序流动的牵引项,要想制订比较准确的认证计划,首先要做的就是熟悉开发需求计划。目前,开发批量需求通常有两种情形:一种是在以前或者是目前的采购环境中就能够挖掘到的物资供应,如果以前所接触的供应商的供应范围比较大,就可以从这些供应商的供应范围中找到企业需要的批量物资需求;另一种情形就是企业需要采购新物资,若在原来形成的采购环境中不能提供,则需要企业的采购部门寻找新物资的供应商。

② 接收余量需求。随着企业规模的扩大,市场需求也会变得越来越大,旧的采购环境容量不足以支持企业的物资需求;或者采购环境有了下降的趋势,从而导致物资的采购环境容量逐渐缩小,这样就无法满足采购的需求。以上这两种情况都会产生余量需求,这就产生了对采购环境进行扩容的要求。采购环境容量的信息一般是由认证人员和订单人员来提供。

③ 准备认证环境资料。通常来讲,采购环境的内容包括认证环境和订单环境2个部分。有些供应商的认证容量比较大,但是其订单容量比较小;有些供应商的情况恰恰相反,其认证容量比较小,但是订单容量比较大。产生这些情况的原因是认证过程本身就是对供应商样件的小批量试制过程,这个过程需要强有力的技术力量支持,有时甚至需要与供应商一起开发。但是订单过程是供应商规模化的生产过程,其突出表现就是自动化机器流水作业及稳定的生产,技术工艺已经固化在生产流程之中,所以订单容量的技术支持难度比起认证容量的技术支持难度要小得多。因此可以看出认证容量和订单容量是2个完全不同的概念,企业对认证环境进行分析的时候一定要分清这2个概念。

④ 制定认证计划说明书。制定认证计划说明书也就是把认证计划所需要的材料准备好,主要内容包括认证计划说明书(物资项目名称、需求数量和认证周期等),同时附有开发需求计划、余量需求计划和认证环境资料等。

(2) 评估认证需求

评估认证需求是采购计划的第2个步骤,它主要包括分析开发批量需求、分析余量需求和确定认证需求3个方面的内容。

① 分析开发批量需求。要做好开发批量需求的分析不仅需要分析量上的需求,而且要掌握物资的技术特征等信息。开发批量需求的样式是各种各样的,按照需求的环节可以分为研发物资开发认证需求和生产批量物资认证需求;按照采购环境可以分为环境内物资需

求和环境外物资需求;按照供应情况可以分为可直接供应物资和需要定做物资;按照国界可以分为国内供应物资和国外供应物资等。对于如此复杂的情况,计划人员应该对开发物资需求做详细的分析,必要时还应与开发人员、认证人员一起研究开发物资的技术特征,按照已有的采购环境及认证计划经验进行分类。从以上可以看出,认证计划人员需要兼备计划知识、开发知识和认证知识等,具有从战略高度分析问题的能力。

② 分析余量需求。分析余量需求首先要求对余量需求进行分类,前面已经说明了余量认证的产生来源:一是市场销售需求的扩大,另一种情况是采购环境订单容量的萎缩。这两种情况都导致了目前采购环境的订单容量难以满足用户的需求,因此需要增加采购环境容量。因市场需求原因造成的,可以通过市场及生产需求计划得到各种物资的需求量及时间;因供应商萎缩造成的,可以分析现实采购环境的总体订单容量与原订单容量之间的差别。这 2 种情况的余量相加即可得到总的需求容量。

③ 确定认证需求。要确定认证需求可以根据开发批量需求及余量需求的分析结果来确定。认证需求是指通过认证手段,获得具有一定订单容量的采购环境。

(3)计算认证容量

计算认证容量是采购计划的第 3 个步骤,它主要包括 4 个方面的内容:分析项目认证资料、计算总体认证容量、计算承接认证量和确定剩余认证容量。

① 分析项目认证资料。分析项目认证资料是计划人员的一项重要任务,不同的认证项目其过程及周期也是千差万别的。机械、电子、软件、设备和生活日用品等物资项目,它们的加工过程各种各样,非常复杂。作为从事某行业的实体来说,需要认证的物资项目可能是上千种物资中的某几种。熟练分析几种物资的认证资料是可能的,但是对于规模比较大的企业,分析上千种甚至上万种物资其难度则要大得多。

② 计算总体认证容量。在采购环境中,供应商订单容量与认证容量是 2 个不同的概念,有时可以互相借用,但绝不是等同的。一般在认证供应商时,要求供应商提供一定的资源用于支持认证操作,或者一些供应商只做认证项目。总之,在供应商认证合同中,应说明认证容量与订单容量的比例,防止供应商只做批量订单,而不愿意做样件认证。计算采购环境的总体认证容量的方法就是把采购环境中所有供应商的认证容量叠加,但对有些供应商的认证容量需要加以适当的系数。

③ 计算承接认证量。供应商的承接认证量等于当前供应商正在履行认证的合同量。一般认为认证容量的计算是一个相当复杂的过程,各种各样的物资项目的认证周期也是不一样的,一般是要求计算某一时间段的承接认证量。最恰当、最及时的处理方法是借助电子信息系统,模拟显示供应商已承接的认证量,以便认证计划决策时使用。

④ 确定剩余认证容量。某一物资所有供应商群体的剩余认证容量的总和,称为该物资的认证容量,可以用下面的公式简单地进行说明。

$$物资认证容量 = 物资供应商群体总体认证容量 - 承接认证量$$

这种计算过程也可以被电子化,一般物料需求计划系统不支持这种算法,因而可以单独创建系统。认证容量是一个近似值,仅作为参考,认证计划人员对此不可过高估计,但它能指导认证过程的操作。

采购环境中的认证容量不仅是采购环境的指标,而且也是企业不断创新,维持持续发展的动力源。源源不断的新产品问世是基于认证容量价值的体现,也由此能生产出各种各样的产品新部件。

（4）制订认证计划

制订认证计划是采购计划的第4个步骤,它的主要内容包括对比需求与容量、综合平衡、确定余量认证计划和制订认证计划。

① 对比需求与容量。认证需求与供应商对应的认证容量之间一般都会存在差异,如果认证需求小于认证容量,则没有必要进行综合平衡,直接按照认证需求制订认证计划;如果认证需求大大超出供应商容量,就要进行认证综合平衡,对于剩余认证需求需要制订采购环境之外的认证计划。

② 综合平衡。综合平衡就是指从全局出发,综合考虑生产、认证容量和物资生命周期等要素,判断认证需求的可行性,通过调节认证计划来尽可能地满足认证需求,并计算认证容量不能满足的剩余认证需求部分,这部分剩余认证需求需要到企业采购环境之外的社会供应群体之中寻找容量。

③ 确定余量认证计划。确定余量认证计划是指对于采购环境不能满足的剩余认证需求,应提交采购认证人员分析并提出对策,与之一起确认采购环境之外的供应商认证计划。采购环境之外的社会供应群体如果没有与企业签订合同,那么制订认证计划时要特别小心,并由具有丰富经验的认证计划人员和认证人员联合操作。

④ 制订认证计划。制订认证计划是认证计划的主要目的,是衔接认证计划和订单计划的桥梁。只有制订好认证计划,才能根据该认证计划做好订单计划。下面是认证物资数量及开始认证时间的确定方法。

$$认证物资数量 = 开发样件需求数量 + 检验测试需求数量 + 样品数量 + 机动数量$$
$$开始认证时间 = 要求认证结束时间 - 认证周期 - 缓冲时间$$

（5）准备订单计划

准备订单计划也主要分为4个方面的内容:接收市场需求、接收生产需求、准备订单环境资料和制定订单计划说明书。

① 接收市场需求。首先要弄明白什么是市场需求,市场需求是启动生产供应程序流动的牵引项,要想制订比较准确的订单计划,首先必须熟知市场需求计划,或者是市场销售计划。市场需求的进一步分解便得到生产需求计划。企业的年度销售计划一般在上年的年末制订,并报送至各个相关部门,同时下发到销售部门、计划部门和采购部门,以便指导全年的供应链运转。一般根据年度计划来制订季度、月度的市场销售需求计划。

② 接收生产需求。生产需求对采购来说可以称为生产物资需求。生产物资需求的时间是根据生产计划产生的,通常生产物料需求计划是订单计划的主要来源。为了便于理解生产物资需求,采购计划人员需要熟知生产计划及工艺常识。

③ 准备订单环境资料。准备订单环境资料是准备订单计划中一个非常重要的内容。订单环境是在订单物资的认证计划完成之后形成的,订单环境的资料主要包括:订单物资的供应商消息;订单比例信息(对多家供应商的物资来说,每一个供应商分摊的下单比例称为订单比例,该比例由认证人员产生并维护);最小包装信息;订单周期,它是指从下单到交货的时间间隔,一般以日为单位。

订单环境一般使用信息系统管理。订单人员根据生产需求的物资项目,从信息系统中查询并了解该物资的采购环境参数及其描述。

④ 制定订单计划说明书。制定订单计划说明书也就是准备好订单计划所需要的资料,主要内容包括:订单计划说明书,如物资名称、需求数量和到货日期等;市场需求计划、生产需求计划和订单环境资料等。

(6)评估订单需求

评估订单需求是采购计划中非常重要的一个环节,只有准确地评估订单需求,才能为计算订单容量提供参考依据,以便制订出好的订单计划。它主要包括3个方面的内容:分析市场需求、分析生产需求和确定订单需求。

① 分析市场需求。市场需求和生产需求是评估订单需求的两个重要方面。订单计划不仅仅来源于生产计划,一方面,订单计划首先要考虑的是企业的生产需求,生产需求的大小直接决定了订单需求的大小;另一方面,制订订单计划还得兼顾企业的市场战略及潜在的市场需求等。此外,制订订单计划还需要分析市场要货计划的可信度,必须仔细分析市场签订合同的数量与还没有签订合同的数量(包括没有及时交货的合同)的一系列数据,同时研究其变化趋势,全面考虑要货计划的规范性和严谨性,还要参照相关的历史要货数据,找出问题的所在。只有这样,才能对市场需求有一个全面的了解,才能制订出一个满足企业远期发展与近期实际需求相结合的订单计划。

② 分析生产需求。分析生产需求是评估订单需求首先要做的工作。要分析生产需求,首先就需要研究生产需求的产生过程,然后再分析生产需求量和要货时间。这里不再做详细的阐述,仅通过一个企业的简单例子做一下说明。

某企业根据生产计划大纲,对零部件的清单进行检查,得到零件的毛需求量。在第1周,现有的库存量是80件,毛需求量是40件,那么剩下的现有库存量为 80 – 40 = 40(件)。

到第3周时,库存为40件,此时预计入库120件,毛需求量70件,那么新的现有库存为 40 + 120 – 70 = 90(件)。

每周都有不同的毛需求量和入库量,于是就产生了不同的生产需求,因此对企业不同时期产生的不同生产需求进行分析是很有必要的。

③ 确定订单需求。根据对市场需求和对生产需求的分析结果,就可以确定订单需求。通常来讲,订单需求的内容是通过订单操作手段,在未来指定的时间内,将指定数量的合格物资采购入库。

(7)计算订单容量

计算订单容量是采购计划中的重要组成部分。只有准确地计算好订单容量,才能对比需求和容量,经过综合平衡,最后制订出正确的订单计划。计算订单容量主要有4个方面的内容:分析项目供应资料、计算总体订单容量、计算承接订单容量和确定剩余订单容量。

① 分析项目供应资料。众所周知,在采购过程中物资和项目是整个采购工作的操作对象。对于采购工作来讲,在目前的采购环境中,所要采购物资的供应商信息是非常重要的一项信息资料。如果没有供应商供应物资,那么无论是生产需求还是紧急的市场需求,一切都无从谈起。可见,有供应商的物资供应是满足生产需求和满足紧急市场需求的必要条件。例如,某企业想设计一套隔音系统,隔音玻璃棉是完成该系统的关键材料,经过项目认证人员的考察,该种材料被垄断在少数供应商手中。在这种情况下,企业的计划人员就应充分

利用好这些情报,在下达订单计划时就会有的放矢了。

②计算总体订单容量。总体订单容量是多方面内容的组合。一般包括两方面内容:一是可供给的物资数量,另一方面是可供给物资的交货时间。例如,A供应商在12月31日之前可供应5万个特种按钮(i型3万个,ii型2万个),B供应商在12月31日之前可供应8万个特种按钮(i型4万个,ii型4万个),那么12月31日之前i和ii两种按钮的总体订单容量为13万个,其中ii型按钮的总体订单容量为6万个。

③计算承接订单容量。承接订单容量是指某供应商在指定的时间内已经签下的订单量。但是,承接订单容量的计算过程较为复杂。例如,A供应商在12月31日之前可以供给5万个特种按钮(i型3万个, ii型2万个),若是已经承接i型特种按钮2万个,ii型2万个,那么对i型和ii型物资已承接的订单量就比较清楚,即2(万个i型)+2(万个ii型)=4(万个)。

④确定剩余订单容量。剩余订单容量是指某物资所有供应商群体的剩余订单容量的总和,可以用下面的公式表示。

$$物资剩余订单容量 = 物资供应商群体总体订单容量 - 已承接订单量$$

(8)制订订单计划

制订订单计划是采购计划的最后一个环节,也是最重要的环节。它主要包括3个方面的内容:对比需求与容量、综合平衡和确定余量认证计划。

①对比需求与容量。对比需求与容量是制订订单计划的首要环节,只有比较出需求与容量的关系才能有的放矢地制订订单计划。如果经过对比发现需求小于容量,即无论需求多大,容量总能满足需求,则企业要根据物资需求来制订订单计划;如果供应商的容量小于企业的物资需求,则要求企业根据容量制订合适的物料需求计划,这样就产生了剩余物资需求,需要对剩余物资需求重新制订认证计划。

②综合平衡。综合平衡是指综合考虑市场、生产和订单容量等要素,分析物资订单需求的可行性,必要时调整订单计划,计算容量不能满足的剩余订单需求。

③确定余量认证计划。在对比需求与容量的时候,如果容量小于需求就会产生剩余需求,对于剩余需求,要提交认证计划制订者处理,并确定能否按照物资需求规定的时间及数量交货。为了保证物资及时供应,此时可以通过简化认证程序,并由具有丰富经验的认证计划人员进行操作。

订单计划做好之后就可以按照计划进行采购工作了。一份订单包含的内容有下单数量和下单时间两个方面,可用下面的公式表示。

$$下单数量 = 生产需求量 - 计划入库量 - 现有库存量 + 安全库存量$$
$$下单时间 = 要求到货时间 - 认证周期 - 订单周期 - 缓冲时间$$

情境链接

某企业采购计划编制工作流程如图2.2所示。

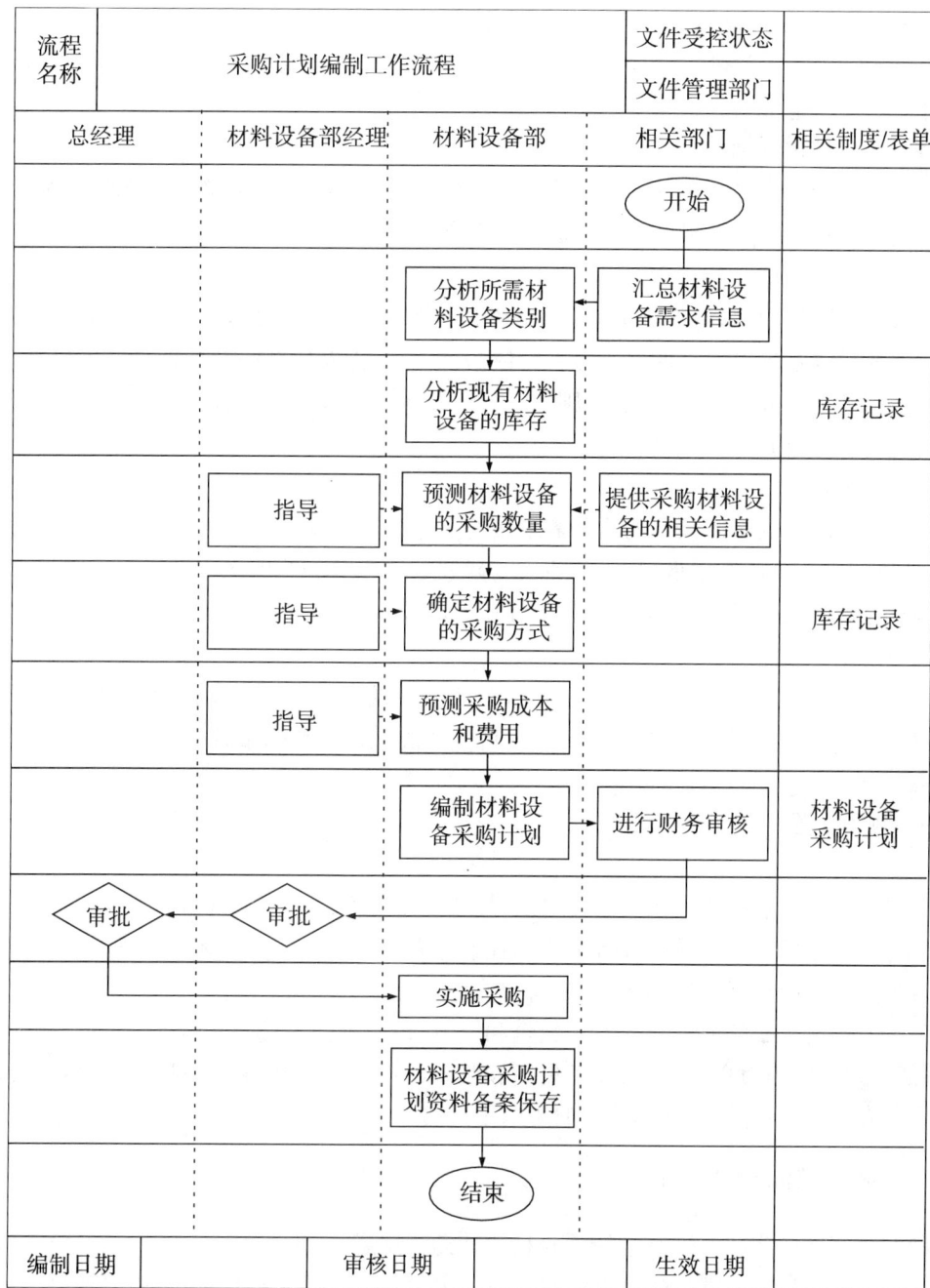

图2.2　某企业采购计划编制工作流程

2. 采购计划编制影响因素

影响采购计划编制的因素有很多,不同的企业有不同的表现,但总体而言主要有以下几个方面。

（1）采购环境

采购环境主要包括外界的不可控因素(如国内外经济发展状况、人口增长、政治体制、文化及社会环境、法律环境、技术发展和竞争状况等)和内部的可控因素(如财务状况、技术水准、厂房设备、原料零件供应情况、人力资源及企业声誉等)。这些因素的变化都会对企业的采购计划产生一定影响。

（2）年度销售计划

企业经营计划多以销售计划为起点,而销售计划的拟定又受到销售预测的影响。影响销售预测的因素也包括外界的不可控因素和内部的可控因素。

（3）物资标准成本的设定

在编制采购计划时,对将来拟购物资的价格不容易预测,故多以标准成本替代。如果该标准成本的设定缺乏以过去的采购资料为依据,也无工程人员严密精确地计算其原料、人工及制造费用等组合或生产的总成本,则其正确性会降低。因此,标准成本与实际购入价格的差额,就会影响采购计划的准确性。

（4）生产效率

生产效率的高低将使预计的物资需求量与实际的耗用量产生误差。产品的生产效率降低,会导致物资的单位耗用量提高,而使采购计划中的数量不够生产所需。当生产效率有降低趋势时,采购计划必须将这部分额外的耗用率计算进去,才不会发生物资短缺的现象。

（5）价格预期

在编制采购计划时,常对物资价格涨跌幅度、市场景气与否等加以预测。但是由于个人主观的判定与事实的演变常有差距,所以也可能造成采购计划的偏差。

1.3 采购预算

采购预算是指采购部门在一定计划期间(年度、季度或月度)编制的物资采购的用款计划。采购部门可以凭采购预算进行采购和控制采购用款支出,并使财务部门据此筹措和安排所需要资金,协调采购与财务部门之间的关系。

列入采购预算的各种物资的采购数量和金额,以企业进行生产和经营维修所需的原材料、零部件和备件等为主。其中,设备更新和基本建设所需的机器设备和工程材料,则应另编单项采购预算,不包括在计划期间的采购预算内。

1. 采购预算编制的依据

（1）计划期生产和经营维修所需材料的计划需用量

计划期生产和经营维修所需材料的计划需用量由生产计划管理部门在销售计划的基础上,根据所编制的生产计划以及前期材料消耗资料和材料清单计算确定。

（2）预计本期期末库存量

预计本期期末库存量由编制预算之日起至本期末止这一期间的预计进入量,再减去同期预计发生量来确定。预计本期期末库存量为计划期期初库存量。

（3）计划期期末结转库存量

计划期期末结转库存量由仓管和采购部门根据各种材料的安全储备量和提前订购期共同确定。

（4）材料计划价格

材料计划价格由采购部门根据材料的当前市场价格以及其他各种影响因素（如国际政治经济因素、主要供应厂商的劳资关系和劳动力市场资源情况）来确定。

2. 采购预算的内容

（1）原材料预算

原材料预算的主要目的是确定用于生产既定数量的成品或者提供既定水平的服务的原材料的数量和成本。原材料预算的时间通常是 1 年或更短。预算的金额是基于生产或销售的预期水平及来年原材料的估计价格来确定的,这就意味着实际有可能偏离预算,这使得在很多组织中详细的年度原材料预算不是很切合实际。因此,很多组织采用灵活的预算来调整实际的生产和实际的价格。

（2）资产预算

固定资产的采购通常是支出较大的部分。好的采购活动和谈判能为企业节省很多费用。通过研究可能的来源及与关键供应商建立密切的关系,可以建立既能对需求作出积极响应又能刚好满足所需要花费的预算。固定资产采购的评估不仅要根据初始成本,还要根据包括维护、能源消耗及备用部件成本等的生命周期总成本。由于这些支出的长期性质,通常用净现值算法进行预算和作出决策。

（3）MRO（保养、维修和运营物资）预算

MRO 预算包括设备运行所需要的物资,但是不包括构成产成品的原材料那部分。MRO 采购包含在生产过程中。MRO 项目的例子有:办公用品、润滑油和机器修理零部件等。MRO 项目的数量可能很多,对每一项单独预算并不可行。MRO 预算通常由以往的比例来确定,然后根据库存和一般价格水平中的预期变化来调整。

（4）采购运作预算

采购运作预算包括采购职能业务中发生的所有花费。通常这项预算根据预期的业务和行政的工作量来制定,这些花费包括工资、电费、电话费、邮政费、办公设施、办公用品、技术花费和差旅等费用。

3. 采购预算的编制方法

采购预算常用的方法有固定预算、滚动预算、弹性预算、零基预算和概率预算 5 种。

（1）固定预算

固定预算又称静态预算,是指企业按照预算期内预定的经营活动水平,不考虑预算内经营活动水平可能发生的变动而编制的一种预算。

固定预算简便易行、较为直观,但也存在着机械呆板、可比性差,不利于正确地控制、考核和评价采购预算的执行情况的缺点。

固定预算适用于在一定范围内相对稳定的采购项目,如采购金额变化很小,或者金额固定的采购项目。

（2）滚动预算

滚动预算又称永续预算或连续预算,是指在预算的执行过程中自动延伸,使预算期永远保持在一定时期（一般为 1 年）,每过 1 个月（或季度）就根据新的情况进行调整和修订后几

个月(或季度)的预算。

滚动预算有助于根据前期预算的执行情况及时调整和修订近期预算,保证采购支出的连续性和完整性,能够充分发挥预算的指导和控制作用。但是滚动预算操作复杂,工作量大,适用于规模较大、时间较长的工程类或大型设备采购项目的预算。

(3) 弹性预算

弹性预算是指在编制预算时,考虑到计划期间采购业务量可能发生变化,根据固定成本、变动成本与经营活动水平的关系而编制出一套能适应多种采购业务量的财务预算,以便分别反映各业务量所应开支的费用水平。弹性预算的公式如下。

$$弹性预算 = 单位变动成本 \times 业务量水平 + 固定成本预算数$$

弹性预算克服了传统预算编制方法的缺陷,扩大了预算的适用范围,有利于客观地对预算执行情况进行控制、考核和评价,避免了由于业务量发生变化而对预算的频繁修订。但是弹性预算操作复杂,工作量大,因此适合于采购数量随着业务量变化而变化的采购或者是用于市场价格及市场份额不确定的采购。

(4) 零基预算

零基预算是指不考虑过去的预算项目和收支水平,以零为基点编制的预算。零基预算的基本特征是不受以往预算安排和预算执行情况的影响,一切预算收支都建立在成本效益分析的基础上,根据需要和可能来编制预算。

零基预算能够确保重点采购项目的实现,有利于合理配置资源,切实提高采购资金的使用效益,适用于各种采购预算。当然,这种预算工作量大,需要投入大量的人力资源。

(5) 概率预算

概率预算是指对在预算期内不确定的各预算构成变量,根据客观条件,作出近似的估计——估计它们可能变动的范围及出现在各个变动范围的概率,再通过加权平均计算有关变量在预期内的期望值的一种预算编制方法。

由于在编制预算过程中,涉及的变量较多,如业务量、价格成本等,采购管理人员不可能在编制预算时就十分精确地预见到这些因素在将来会发生何种变化,以及变化到何种程度,而只能在大体上估计出它们发生变化的可能性,从而近似地判断出各种因素的变化趋势、范围和结果,然后对各种变量进行调整,计算其可能值的大小。

概率预算属于不确定预算,一般适用于难以准确预测变动趋势的预算项目,如开拓新业务等。

概率预算必须根据不同的情况来编制,大体上可分两种情况:①销售量的变动与成本的变动没有直接联系时,只要利用各自的概率分别计算销售收入、变动成本和固定成本的期望值,然后即可直接计算利润的期望值;②销售量的变动与成本的变动有直接联系时,需要用计算联合概率的方法来计算利润的期望值。

4. 编制采购预算的步骤和要点

(1) 编制采购预算的步骤

采购预算的编制步骤如图 2.3 所示。

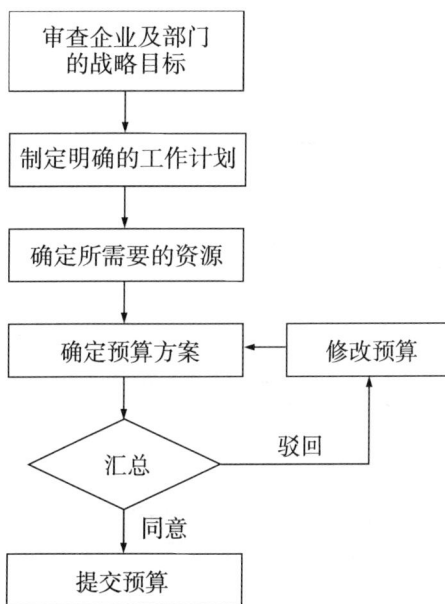

图 2.3   采购预算的编制步骤

1）审查企业及部门的战略目标。预算的最终目的是保证企业目标的实现,企业在编制部门预算前首先要审视本部门和企业的目标,以确保它们之间的相互协调。

2）制订明确的工作计划。管理者必须了解本部门的业务活动,明确它的特性和范围,制订出详细的计划表,从而确定该部门实施这些活动所带来的产出。

3）确定所需要的资源。有了详细的工作计划表,管理者可以对支出作出切合实际的估计,从而确定为实现目标所需要的人力、物力和财力资源。

4）确定预算方案。方案提出的数字应当保证其最大准确性。可以通过以往的经验作出准确判断,也可以借助数学工具和统计资料通过科学分析提出准确方案。

5）汇总。汇总各部门、各分单元的预算,最初的预算总是来自每个分单元,而后层层提交、汇总,最后形成总预算。

6）提交预算。采购预算通常是由采购部门会同其他部门共同编制的,采购预算编制后要提交给企业财务部门及相关管理部门,为企业资金筹集和管理决策提供支持。

情境链接

制造企业采购预算编制流程

某制造企业业务部门的行销计划是年度经营计划的起点,随之制订生产计划。而生产计划包括采购预算、直接人工预算及制造费用预算。由此可见,采购预算是采购部门为配合年度销售预测或生产数量,对需求的原料、物资和零部件等的数量及成本做翔实的估计,以利于整个企业目标的达成。换句话说,采购预算如果单独编定,不但缺乏实际的应用价值,而且失去了其他部门的配合,所以采购预算的编订,必须以企业整体预算制度为依据。该企业采购预算编制的流程如图2.4所示。

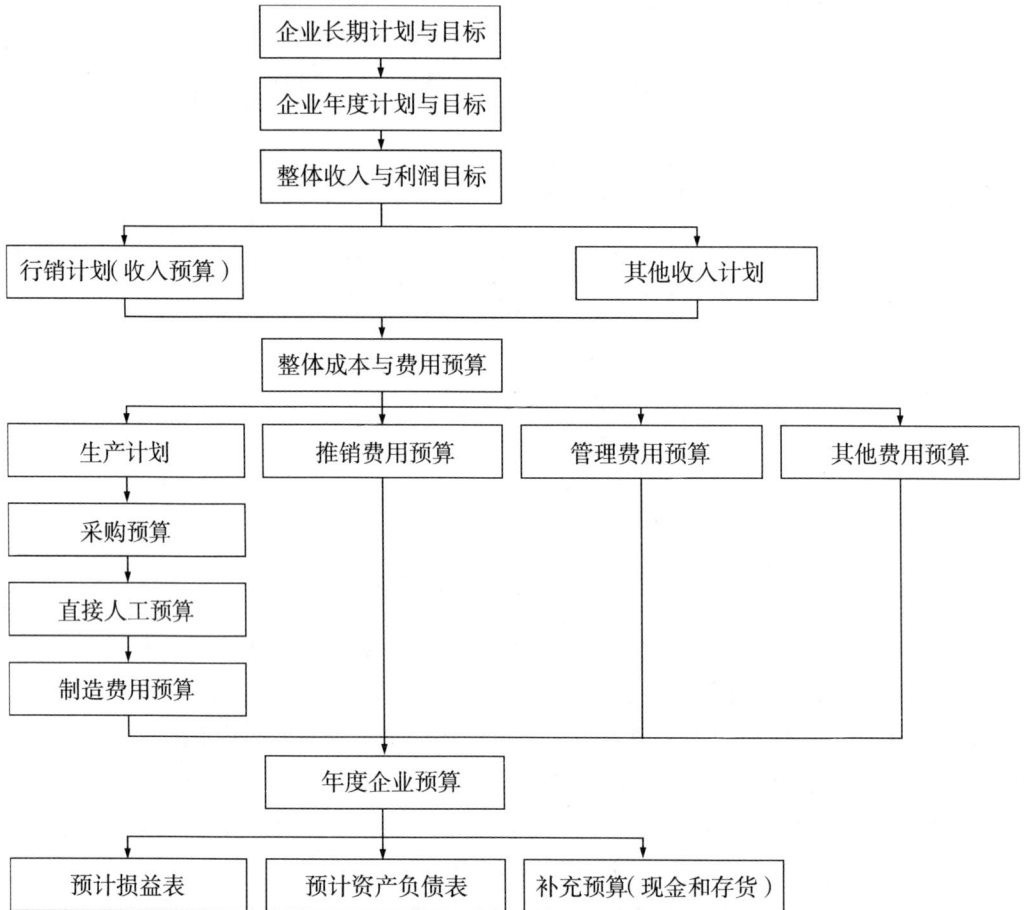

```
┌─────────────────┐
│ 企业长期计划与目标 │
└─────────────────┘
         ↓
┌─────────────────┐
│ 企业年度计划与目标 │
└─────────────────┘
         ↓
┌─────────────────┐
│ 整体收入与利润目标 │
└─────────────────┘
```

图2.4 某制造企业采购预算编制的流程

2. 编制采购预算的要点

① 企业中的采购预算通常指原材料预算部分。传统的采购预算只代表当期应支付的采购资金,而非真正的采购现金支出预算(非现金流),这种预算对财务人员的资金筹划,并无太大益处。按此进行预算,有时会误导财务人员进行错误的资金筹划。

② 采购预算是企业整体预算中的重要一项,采购预算要将现金使用预算和应付款预算分开进行。

③ 采购预算应以本期付款的金额为基础进行编制,而不用本期采购金额为基础进行编制。

④ 目前,国内外的采购大多以延期付款的方式进行支付,如承兑汇票、银行本票和信用证等方式。若将采购预算分为到期和新购两部分,这样的预算将对资金需求计划的确定有实际的贡献。一些企业针对重要商品制订长期的战略采购计划,这对指导重要的采购活动有所帮助。

⑤ 编制预算前要进行深入的市场调研,广泛搜集相关信息,包括采购品的价格、市场供求状况、国家的经济动态、汇率变化和费用限额等。

⑥ 应制定切实可行的预算编制流程、修改预算的方法以及预算执行情况的分析监管办法等,以提高采购预算编制的科学性。

⑦ 设定必要的假定,使预算指标建立在一些未知而又合理的假定因素的基础之上,以利于采购预算编制工作的顺利进行。

⑧ 每项预算应尽量具体化、数量化。

⑨ 应鼓励各方积极参与采购预算编制工作。

技能训练①

采购计划和采购预算的编制

1. 目的

(1) 了解采购计划和采购预算在企业整个采购流程中的重要作用。

(2) 熟悉采购计划和采购预算的编制过程。

2. 方式

(1) 将教学班按 5 人一组成立项目学习小组,实地调查、搜集当地某企业的相关资料和数据。

(2) 各项目小组总结出采购计划与采购预算编制的一般流程,并写出总结报告。

3. 要求

(1) 正确描述所调查企业采购计划与采购预算编制的流程。

(2) 分析存在的问题,提出改进建议。

案例分析①

国美的采购计划

为备战国庆黄金周,国美电器与数百家国内外知名厂商签订了 300 亿元的采购订单,涵盖全部品牌家电产品。国美于 2010 年 9 月 21 日在全国范围内率先启动"十一"黄金周。

据悉,此次采购由国美集团旗下国美电器、永乐电器、大中电器和三联商社等品牌联合采购,与海尔、LG、夏普、三星、索尼、联想和海信等分别签订了数十亿元的采购大单。此外,配套支持 300 亿元的促销资源也在本次采购招标中充分得到体现,国美和厂家着重于商品专供特价,让利消费者的礼品、赠品等已基本到位。国美集团副总裁李俊涛表示,国美集团旗下全国各门店在 2010 年 9 月 21 日率先启动"十一"黄金周销售,打造家电行业的集体让利活动,为消费者提供最大的优惠。

依据国美未来 5 年的战略规划,在二级市场将实施新的供应链整合系统,并着力有效地对二级市场进行渗透。为此,在"十一"黄金周 300 亿元的采购大单中,国美特地为二级市场独立采购 70 亿元,其中家电下乡产品 10 亿元。

资料来源:http://www.pipe360.cn/new_view.asp?id=22174.

问题:

1. 国美在进行采购计划编制之前要搜集哪些主要数据?

2. 可供国美选择的采购预算编制方法有哪些?

3. 在编制采购预算时应注意哪些问题?

自我测试①

一、选择题

1. 下面哪些是采购需求分析的方法?(　　　　　)
   A. 物料需求计划法　　　　　　　　B. 物资消耗定额法
   C. 需求预测法　　　　　　　　　　D. 定量预测法

2. 物料需求计划的基本原理是根据(　　　　)求出的。
   A. 主产品生产计划　　　　　　　　B. 主产品的结构文件
   C. 库存文件　　　　　　　　　　　D. 销售文件

3. (　　　　　)属于物资消耗定额法。
   A. 技术分析法　　　B. 统计分析法　　　C. 市场预测法　　　D. 经验估计法

4. (　　　　)是影响采购计划编制的因素。
   A. 采购环境　　　　　　　　　　　B. 价格预期
   C. 年度销售计划　　　　　　　　　D. 物资标准成本的设定

5. 采购预算常用的方法除了固定预算外,还包括(　　　　　)。
   A. 滚动预算　　　B. 弹性预算　　　C. 概率预算　　　D. 零基预算

6. 采购预算的内容包括(　　　　)。
   A. 原材料预算　　　　　　　　　　B. 资产预算
   C. MRO 预算　　　　　　　　　　　D. 采购运作预算

7. 制订订单计划是采购计划的最后一个环节,也是最重要的环节。它的主要内容包括有(　　　　　)。
   A. 对比需求与容量　　　　　　　　B. 综合平衡
   C. 确定余量认证计划　　　　　　　D. 制订订单计划

8. 评估订单需求是采购计划中非常重要的一个环节,它的主要内容包括(　　　　　)。
   A. 分析市场需求　　　　　　　　　B. 分析生产需求
   C. 确定订单需求　　　　　　　　　D. 分析服务需求

9. 制订认证计划是采购计划的第4个步骤,它的主要内容包括(　　　　)。
   A. 对比需求与容量　　　　　　　　B. 综合平衡
   C. 确定余量认证计划　　　　　　　D. 制定认证计划

10. 可以将(　　　　)作为确定采购数量的依据。
    A. 年度销售计划　　　B. 生产计划　　　C. 用料清单　　　D. 存量记录卡

二、判断题

1. 需求分析是采购工作的第一步,是制订采购计划的基础和前提。　　　　　　　(　　　)

2. 所谓库存文件,就是主产品以及主产品所属所有零部件、原材料的现有库存量清单文件,即主产品零部件库存一览表。　　　　　　　　　　　　　　　　　　　　　(　　　)

3. 经验估计法比较科学,但需要精确计算,工作量较大。　　　　　　　　　　(　　　)

4．企业产品若有库存，则生产数量等于销售数量。　　　　　　　（　　）

5．用料清单可以精确计算制造某一种产品的用料需求数量。　　　（　　）

6．MRO 预算包括设备运行所需的物资，也包括构成产成品的原材料部分。　（　　）

7．采购数量的确定主要包括以下 4 个方面的内容：计算生产需求、计算库存数量、计算剩余订单数量和确定采购数量。　　　　　　　　　　　　　　　（　　）

8．采购运作预算包括采购业务中发生的所有花费。　　　　　　　（　　）

9．准备认证计划是采购计划的第一步，也是非常重要的一步。　　（　　）

10．弹性预算操作复杂，工作量大，适用于规模较大、时间较长的工程类或大型设备采购项目的预算。　　　　　　　　　　　　　　　　　　　　　　　（　　）

在线测试

任务 2　供应商管理

引导案例　**某电子公司的困惑**

　　某电子公司的采购经理刚刚获悉，在提供给客户的设计方案中用到的一款 IC 器件在 3 个月前供应商就已经停产了，但制造部门已经利用该器件的库存进行了生产，并开始陆续交货。现在有新的客户订单进来，采购部门却无法获得之前所采用的 IC 器件，而且这一器件的库存也已全部用完。采用新的器件需要重新设计方案，然后给客户确认，这一过程至少需要一个多月的时间，可是新订单却要求下周交货。采购部门未能在第一时间获得供应商变化的关键信息，由此给公司造成了重大损失。

　　资料来源：从三个案例看如何建立适宜的供应商管理战略［OL］. http：//www. esmchina. com.

　　问题：在采购管理中，究竟哪个环节出现了差错？采购部门在与供应商打交道的过程中，如何把握主动，适应快速变化的市场，以制定正确的决策？

　　供应商管理，就是对供应商的开发、调查、选择、评审、激励、监控、建档和关系管理等综合性管理工作的总称。由于采购是从供应商处获得所需各种物资的过程，因此供应商管理是采购管理的一项重要工作。企业应做好供应商管理工作，拥有一支稳定可靠的供应商队伍，从而保证生产经营所需物资的及时供应。

2.1　供应商开发与调查

1．供应商开发

供应商开发，就是寻找、发现新的供应商，以建立适合企业需要的供应商队伍的过程。

企业开发新供应商通常有两方面的原因:一是现有供应商的综合服务水平不能满足企业的要求,需要开发新供应商来取代现有供应商或给现有供应商施加压力;二是企业不断开发新产品,现有供应商不能提供新产品所需的原材料或零部件,或者现有供应商的生产能力不足。

一般来说,供应商开发大体上要经过以下步骤。

(1)物资分类

物资分类,一方面,将主生产物资和辅助生产物资等按采购金额比重分成 A、B、C 这 3 类,找出关键物资和重点物资,并对这些物资的供应商实行重点管理,从而与供应商建立紧密关系;对于非重点物资的供应商则实行一般管理。另一方面,根据材料成分或性能分类,如塑胶类、五金类、电子类、化工类和包装类等,以确定资源市场的类型。

(2)搜集供应商信息

为了找到合适的供应商,企业必须了解供应市场,想方设法通过各种渠道尽可能多地获知供应商的来源。供应商信息的主要来源包括:国内外采购指南、产品发布会、新闻传播媒体、产品展销会、行业协会会员名录、产品公报、各种厂商联谊会或同业协会、政府相关统计调查报告或刊物、各类出版物的厂商名录、网络搜寻、电话黄页和销售代表来访等。将各类产品的供应商初步筛选确定 5～10 家,以供进一步调查。

(3)供应商调查

供应商调查的目的是了解潜在供应商的基本状况、资源市场的基本情况和性质,为选择合适的供应商做准备。供应商调查包括初步调查、资源市场调查和深入调查。

(4)报价

在初步掌握供应商的一些基本情况后,采购人员会要求供应商报价,即供应商能够以什么价位提供产品。在供应商报价前,采购人员最好发一份询价单,让供应商以相同的条件(如币种、价格术语、交货地点、付款条件等)进行报价,这样对采购人员比价非常有利,从而为其议价、还价提供了方便。

(5)分析评估

进行分析评估,首先应成立供应商评估小组,由副总经理任组长,采购部门、品质管理部门、技术部门的经理、主管和工程师组成评估小组对供应商资料进行分析比较和综合评估,各部门人员的侧重点是不一样的。采购人员侧重于生产能力、付款方式和交货方式等;品质管理人员则注重品质系统、检验人员、检测器具及权威计量检测部门的检测报告;工程技术人员关心的则是设备、加工精度及工程能力等方面。

(6)样品认证和批量试产

如果供应商通过了评估小组的评估,则要求供应商提供适当数量的样品以供检验与装配,并据此确定供应商的产品是否能够被接受。供应商在提供样品的同时,还应根据产品类别提交材质证明、安全证明、检验报告和符合证明书等全部或部分资料。采购人员收到供应商提供的样品后,一般需将供应商名称及样品的一些基本信息填入样品认证表中,并及时把样品在检测、装配中发现的问题反馈给供应商,以便让供应商对产品做进一步改进,有时甚至要把双方的工程技术人员召集在一起进行沟通讨论改善方案。

样品通过评审并不意味着供应商产品的质量就通过了,供应商的样品通常是经过细致打磨的,因此采购方应向供应商索要或订购适当数量的物资来进行批量试产。当大量的样品通过试产检测达到相关要求后,样品评估这个环节才算结束。用于试产的第一批订货数量不宜太大,具体数量根据行业和企业情况而定。

（7）价格谈判

如果通过了采购方的样品认证和批量试产,就进入价格谈判阶段。对于小批量产品,谈判的核心是交货期;对流水线、连续生产的产品,谈判的核心是价格,但一定要保证供应商有合理的利润空间。

价格谈判是一个持续的过程,每个供应商都有其对应的学习曲线,即在供货一段时间后,其成本会持续下降。在后续的供应商关系管理中,通过与这些表现优秀的供应商达成战略联盟,可促使供应商提出合理的改进供应方案,以最大限度地节约成本。

（8）正式接纳

如果新供应商通过了采购方的上述评审和谈判,就可以接纳该供应商,将其加入到合格供应商清单中。

情境链接

某企业供应商开发进度表

为了满足供应需求,某企业通过供应商开发进度表来改善供应商运营状况能力,如表 2.7 所示。

表 2.7 某企业的供应商开发进度表

项目负责人：　　　　　　　　　　　　　　　　　　　　　　　　　　日期：

序号	开发步骤	WK1	WK2	WK3	WK4	WK5	WK6	WK7	WK8	WK9	WK10	WK11	WK12
1	寻找新供应商的资料	→											
2	联系,初步会谈		→										
3	初步访厂			→									
4	报价			→									
5	工厂单核及整改				→	→	→						
6	制作样品							→	→				
7	评估样品								→				
8	小批量生产									→	→	→	→
9	中批量生产										→	→	→
10	价格谈判												

资料来源：杨国才,王红. 现代物流采购管理［M］. 合肥：安徽大学出版社,2009.

2. 供应商调查

采购方在供应商开发的过程中,需要对供应商进行调查。事实上,不仅在开发阶段需要进行供应商调查,在供应商管理的其他环节也离不开供应商调查。供应商调查是供应商管理的基础和重要组成部分,其结果的好坏直接影响供应商管理的效率和效果。

供应商调查,根据调查内容划分大致可以分为3种。

(1)初步供应商调查

初步供应商调查主要是对供应商的基本情况进行的调查,包括了解供应商的名称、地址、生产能力、产品种类、产量、价格、品质、市场份额和运输进货条件等情况。

初步供应商调查的特点:一是调查内容浅,只需要了解一些简单的、基本的情况;二是调查面广,最好能够对资源市场中所有供应商都能有所调查、有所了解,从而全面掌握资源市场的基本状况。

企业应使用适当的方法与供应商取得联系,达到初步调查的目的。①第一次尽可能采用电话联系,应向相关业务人员明确表达自己的目的、需求,并初步了解该供应商的产品。②和供应商电话联系后,应根据供应商所在地的远近来采取不同的行动:可以要求距离较近的供应商来企业面谈,应让供应商带上企业简介、相关样品以增加会谈效果,面谈时不仅要尽可能多地从供应商那里获得信息,同时也要将企业对供应商的基本要求及对预购原材料的要求尽可能向供应商表达清楚;对于远距离供应商,草率地让供应商千里迢迢赶来显然是不合适的,最好让其将资料和样品快递过来,以此了解供应商的企业实力和工艺水准。此外,还可以登录供应商的网站了解供应商的信息。一般来说,初步和供应商取得联系后,要让供应商填写供应商调查表,获得供应商的基本信息,以方便对其进行分析比较。这些信息可利用计算机数据库进行操作、维护和使用。

在初步供应商调查的基础上,要利用调查所得的资料进行分析,比较各个供应商的优势和劣势,为开发并进而选择合乎企业需要的供应商提供决策支持。

(2)资源市场调查

初步供应商调查是资源市场调查的内容之一,但资源市场调查不仅包括供应商调查,还包括以下一些基本内容。

① 资源市场的规模、容量和性质。例如,资源市场到底有多大范围? 其市场容量有多大? 市场结构如何,是新兴市场还是传统市场?

② 资源市场的环境,如市场的管理制度、法制建设、规范化程度、经济规模和发展前景等。

③ 资源市场各个供应商的情况,即进行供应商初步调查时所获得的情况。通过对众多的供应商调查资料进行分析,就可以得到资源市场自身的基本情况,如生产能力、技术水平、管理水平、可供资源量、质量水平、价格水平、需求状况以及竞争性质等。

在资源市场调查的基础上进行资源市场分析,其内容主要包括如下几个方面。

① 确定资源市场是紧缺型市场还是富余型市场,是垄断型市场还是竞争型市场。对于垄断性市场,应当采用垄断型采购策略;对于竞争型市场,应当采用竞争型采购策略,如投标招标制、一商多角制等。

② 确定资源市场是成长型市场还是陈旧没落型市场。如果是陈旧没落型市场,要趁早准备替换产品,不要等到产品淘汰了才去开发新产品。

③ 确定资源市场总的水平,并根据整个市场水平来选择合适的供应商。通常要选择在资源市场中处于先进水平的供应商,选择产品质量优而价格低的供应商。

资源市场分析所得出的结论为企业制定采购策略、产品策略和生产策略提供决策支持。

（3）深入供应商调查

深入供应商调查即实地调查，是指经过初步调查后，对有意向发展成为供应商的企业进行更加深入仔细的考察活动。这种考察是深入到供应商企业，对其现有的设备、生产工艺、生产技术、质量环节和组织管理等进行考察，得出是否符合本企业要求的结论。有的甚至要根据所采购产品的生产要求进行资源重组、定制生产和样品测试，试制成功以后才算考察合格。

进行深入供应商调查费时、费力，成本高，因此并不是对所有的供应商都进行调查，只有对准备发展为紧密型关系的供应商及关键物资、重点物资的供应商才有必要。对于一般关系的供应商，或者是非关键产品的供应商，一般不必进行深入调查，只需初步调查即可。

情境链接

供应商调查表

为了解供应商和资源市场，某企业编制了供应商调查表，如表2.8所示。

表2.8 供应商调查表

1	企业名称：	网址：
2	地址：	电子邮件：
3	电话：	
4	负责人姓名：	
5	企业成立时间：	
6	主要产品：	
7	职工总数：	
8	年销量：	
9	生产能力：	
10	样机/样品/样件生产周期：	
11	生产特点:成批生产□ 流水线大量生产□ 单台生产□	
12	主要生产设备:齐全、良好□ 基本齐全、尚可□ 不齐全□	
13	使用或依据的质量标准： 国际标准名称/编号： 国家标准名称/编号： 行业标准名称/编号： 企业标准名称/编号：	
14	工艺文件:齐备□ 有一部分□ 没有□	
15	检验机构及检测设备： 有检验机构及检验人员,检测设备良好□ 只有兼职检验人员,检测设备一般□ 无检验人员,检测设备短缺,需外部协助□	

(续表)

16	测试设备校准情况:有计量室□　　　　全部委托外部计量机构□		
17	主要客户(公司/行业):		
18	新产品开发能力:能自行设计开发新产品□　　只能开发简单产品□　　没有自行开发能力□		
19	国际合作经验:有□　　　　　　　无□		
20	职工培训情况:经常/正规□　　　有,不经常□　　　　无□		
21	是否经过产品或体系认证:是□　　　　　　　否□		
单位负责人签名(盖章):			

资料来源:杨国才,王红. 现代物流采购管理[M]. 合肥:安徽大学出版社,2009.

2.2 供应商选择

供应商选择是指在众多候选供应商中,选择几家可以长期打交道的供应商,并与之建立长期的合作伙伴关系。实际上,在供应商开发与调查过程中,就包括了供应商选择。例如,从市场上发现潜在供应商并通过开发和调查程序选出候选供应商名单。

1. 供应商选择的步骤

供应商选择需考虑多方面的因素,一般应遵循以下步骤。

(1) 明确供应商选择的目标

不同的企业,供应商管理的目标是不同的,只有明确选择目的,才能更有针对性地选择合适的供应商。企业选择供应商的目标主要包括:①降低采购成本;②建立稳定的合作关系;③实施有效的供应链管理;④获得某种特殊的原材料和零部件。

情境链接

雀巢公司与 ForBio 公司的合作

所有咖啡生产企业都遇到了一个同样的问题:怎样降低不含咖啡因的咖啡生产成本。富有创造性的方法是增加不含咖啡因的咖啡豆的产量,这就是世界一流速溶咖啡制造商瑞士雀巢食品公司采用的方法。雀巢公司与 ForBio 公司(精于生物基因的澳大利亚生物集团公司)合资进行生产,ForBio 公司知道怎样改变咖啡的基因来培育出不含咖啡因的咖啡豆,雀巢公司特许咖啡生产商种植基因已经改变的咖啡豆,这样就在市场中取得了独占的地位。ForBio 公司也通过收取特许费而获得了属于自己的经济利益。

因此,企业必须明确选择供应商的目的,做到有的放矢,这样才能避免盲目,从而更加有针对性地选择供应商。

资料来源:郝渊晓. 采购物流学[M]. 广州:中山大学出版社,2007.

(2) 成立评价小组

供应商选择不是某个采购人员能够独立完成的,企业必须成立一个小组以控制和实施供应商评价。小组成员从研究与开发部、技术部、市场部、计划部、财务部和采购部等部门抽调,成员必须有团队合作精神。

（3）建立供应商评价标准

供应商评价的指标体系是指企业对供应商进行综合评价的依据和标准,它是反映企业本身和环境所构成的复杂系统的不同属性的指标。企业应根据行业情况,确定代表供应商产品质量和服务水平的有关因素,从而建立供应商评价标准。

（4）评价供应商

为了保证评价的可靠性,应全面调查、搜集有关供应商的生产运作、财务状况和发展前景等全方面的信息,在信息搜集的基础上,利用一定的工具和技术方法对供应商进行评价。

（5）确定供应商

在综合考虑多方面的重要因素后就可以给每一个供应商评分,即采用一定的方法来确定供应商。成功选择供应商之后并与之开展供应链合作关系,在合作过程中,可根据实际情况的变化及时修改供应商评价标准。

2. 供应商选择的标准

（1）产品质量

产品质量是采购方选择供应商首要考虑的因素。选择的标准是产品质量要合乎采购方的正常生产经营要求。如果采购的产品质量低,虽然采购成本低,但是质量不合格的产品在企业投入使用的过程中,往往会影响生产的连续性和产成品的质量,这些最终都将会反映到企业总成本中。采购产品质量过高并不意味着适合企业,因为过高的质量对于企业而言是一种浪费。因此,采购产品的质量要求因需而定,过高或过低的质量都是错误的。

（2）采购成本

在满足产品质量的基础上,要考虑供应商的报价,即对采购成本进行分析。成本不仅包括采购产品的价格,而且包括原材料或零部件使用过程中或生命周期结束后所发生的一切支出。采购价格低对于降低企业生产经营成本,提高竞争力和增加利润有明显的作用。但是价格最低的供应商不一定是最合适的,因为如果在产品质量、交货时间上达不到要求,或者由于地理位置过远而使运输费用增加,都会使总成本增加,所以总成本最低才是选择供应商的主要标准之一。

（3）交货条件

供应商能否按照约定的交货期限和交货条件组织供货,直接影响到企业生产和经营活动的连续性,因而交货期也是供应商选择的标准之一。企业在考虑交货期时,一方面要降低原材料的库存数量,另一方面要降低断料停工的风险,因此供应商的供货都应有一个合理的提前期。此外还要注意供应商交货的合格率,减少供应商品的退货率。

（4）整体服务水平

供应商的整体服务水平是指供应商内部各作业环节能够配合采购方的能力和态度。整体服务水平是衡量和选择供应商的又一重要标准。供应商的整体服务主要包括以下几个方面。

① 安装服务。例如,空调的免费安装、计算机的装机调试和贴片机的安装调试等。对于采购方来讲,安装服务是一大便利。通过安装服务,采购方可以缩短设备的投产时间或投入运行所需要的时间。

② 培训服务。对于采购方来说,掌握采购产品的使用方法标志着采购过程的顺利结束,供应商有责任向采购方传授其产品的使用知识。例如,提供售前或售后的相应培训或讲座。培训服务开展得是否及时、有效,也会影响对供应商的选择。

③ 维修服务。供应商对所售产品一般都会作出免费保修一段时间的保证。免费维修是对采购方利益的保护,同时也对供应商的产品质量提出了更高的要求。因此,采购方还需要考察供应商对产品的免费保修时间和产品需要维修时维修人员的上门时间等。

④ 升级服务。信息时代的产品更新换代速度快,通常需要供应商提供升级服务。例如,杀毒软件一般都需要提供升级服务。供应商如果能通过网络免费升级来提供免费方便的升级服务,它相对于有偿的升级服务而言,对采购方来说更具有吸引力,也使供应商的竞争优势得以区别。

⑤ 技术支持服务。这是供应商寻求广泛合作的一种手段。采购方在使用供应商的产品过程中可能出现问题,而供应商更为熟悉其产品的结构和性能,所以提供技术支持服务更有助于供应商尽早为采购方解决问题。而采购方也非常想了解其提供哪种型号和参数的产品更适合自己,因为有时即使浪费大量的时间和费用也不一定能找到合适的解决办法。这时,如果供应商向采购方提供相应的技术支持,就可以在替采购方解决难题的同时销售了自己的产品。这种双赢的合作方式是现代采购中经常采用的。

(5) 履行合同的能力

确定供应商有无履行合同的能力可通过考察以下项目来了解。

① 供应商对采购的项目、订单金额及数量是否感兴趣。订单数量大,供应商可能生产能力不足;订单数量小,供应商可能缺乏兴趣。

② 供应商处理订单的时间。

③ 供应商在需要采购的项目上是否具有核心竞争力。

④ 供应商是否具备自行研发产品的能力。

⑤ 供应商目前的闲置设备状况、接受订单的情况和生产设备的利用率等。

3. 供应商选择的方法

选择合乎要求的供应商,需要根据具体的情况采用一些科学和严格的方法。常用的方法主要有直观判断法、评分选择法、招标选择法、协商选择法和采购成本比较法等。

(1) 直观判断法

直观判断法是根据调查、征询意见、综合分析和判断来选择供应商的一种方法。直观判断法的主观性较强,属于定性选择的方法,最主要的依据是采购人员对供应商以往的业绩、质量、价格和服务等的了解程度,并进而作出判断。这种方法的质量取决于供应商资料是否正确、齐全和决策者的分析判断能力、经验。其运作方式简单、快速、方便,但是缺乏科学性,容易受掌握信息详细程度的限制。它常用于选择企业非主要原材料的供应商。

(2) 评分选择法

评分选择法是列出评估指标并确定相应的权重,根据对供应商的评分结果选择供应商。评分选择法的计算公式如下。

$$S_k = \sum_{i=1}^{n} W_i \times P_{ki}$$

式中,S_k 为 k 供应商的综合成绩;P_{ki} 为 k 供应商第 i 个选择标准的得分;W_i 为第 i 个选择标准的权数,它由企业根据各个选择标准的重要性主观设定。

运用评分选择法的具体步骤如下。

1)初步选取若干个备选供应商。

2)确定选择标准项目,并分别对各选择标准设定重要程度权数,各权数的总和为1。

3)通过调查,对各备选供应商分别予以评价并按照百分制评定分数。

4)根据评分结果,对备选供应商的综合能力进行计算。

5)将备选供应商的计算结果进行比较,得分最高的供应商为选择对象。

情境链接

某企业供应商根据考核法选定供应商

某企业假定有 A、B、C、D、E 共 5 家备选供应商,对 5 家供应商的评价比较数据如表 2.9 所示。

表 2.9　5 家供应商的评价表

评价指标 \ 备选供应商	A	B	C	D	E	权重
商品质量	100	100	90	80	90	0.5
采购成本	100	80	70	60	80	0.2
交付及时	90	90	100	100	90	0.1
整体服务水平	100	100	90	80	70	0.1
履行合同的能力	90	90	100	60	100	0.1

根据表 2.9,可以计算出该企业对每一家供应商的评价得分,具体计算如下。

A = 100×0.5 + 100×0.2 + 90×0.1 + 100×0.1 + 90×0.1 = 98

B = 100×0.5 + 80×0.2 + 90×0.1 + 100×0.1 + 90×0.1 = 94

C = 90×0.5 + 70×0.2 + 100×0.1 + 90×0.1 + 100×0.1 = 88

D = 80×0.5 + 60×0.2 + 100×0.1 + 80×0.1 + 60×0.1 = 76

E = 90×0.5 + 80×0.2 + 90×0.1 + 70×0.1 + 100×0.1 = 87

计算结果表明,A 供应商的综合评分最高,应为首选对象。

(3)招标选择法

当采购物资数量大、供应市场竞争激烈时,可以采用招标选择法来选择供应商。它是由企业提出招标条件,各投标供应商进行竞标,然后由企业决标,与提供最有利条件的供应商签订合同或协议。招标选择法可以是公开招标,也可以是选择性招标。招标采购方法竞争性强,可以在更广泛的范围内选择供应商,但由于手续繁杂、时间长,不能适应紧急订购的要求。

(4)协商选择法

当潜在供应商较多,采购方难以抉择时,可以采用协商选择法,即由采购单位选出供应条件较为有利的几个供应商,同它们分别进行协商,再确定合适的供应商。和招标选择法相比较,协商选择法因双方能充分协商,在商品质量、交货日期和售后服务等方面较有保证,但由于选择范围有限,不一定能得到价格最合理、供应条件最有利的供应商。

(5) 采购成本比较法

对质量和交货期均满足要求的供应商,通常采用采购成本比较法。采购成本比较法是通过计算分析各个不同供应商的采购成本,选择采购成本较低的供应商。这里所指的采购成本一般包括售价、采购费用和运输费用等各项支出的总和。

情境链接

Dickson 的供应商选择准则

对供应商选择研究最早,影响最大的是美国学者 G.W.Dickson。1966 年,他通过对 273 名采购代理商和管理人员的调查结果,总结出 23 项供应商选择准则,如表 2.10 所示。

表 2.10 供应商选择准则

排 序	准 则	均 值	评 价
1	质量	3.51	EI
2	交货	3.42	CI
3	历史效益	3.00	CI
4	保证	2.84	CI
5	生产设施/能力	2.78	CI
6	价格	2.76	CI
7	技术能力	2.55	CI
8	财务状况	2.51	CI
9	遵循报价程序	2.49	AI
10	沟通系统	2.43	AI
11	美誉度	2.41	AI
12	业务预期	2.26	AI
13	管理与组织	2.22	AI
14	操作控制	2.21	AI
15	维修服务	2.19	AI
16	态度	2.12	AI
17	形象	2.05	AI
18	包装能力	2.01	AI
19	劳工关系记录	2.00	AI
20	地理位置	1.87	AI
21	以往业务量	1.60	AI
22	培训	1.54	AI
23	往来安排	0.61	SI

说明:EI 为极端重要;CI 为相当重要;AI 为一般重要;SI 为稍微重要。

资料来源:张旭凤.采购与仓储管理[M].北京:中国财政经济出版社,2007.

4. 供应商选择应注意的问题

（1）自制与外包

如果企业采取自制的方式，则不需要对外采购，选择供应商的机会就很少。自制的方式越少，外包的比率越高，对外采购的机会就越多，选择供应商的机会就越大。企业通过外包可以将精力集中于核心业务上，避免分散精力，从而最大限度地提高企业的经营效益。

（2）单一供应与多家供应

单一供应是指集中选择市场上某一家供应商进行某种物资的订购。单一供应常在以下几种情况中发生：①按客户要求专门制造的高科技、小批量产品；②某些企业的产品及其零部件对工艺技术要求高，而且由于保密的原因，不愿意让更多的供应商知道；③工艺性外协，如电镀、表面处理等；④产品的开发周期很短，必须有伙伴型供应商的全力、密切配合。这种采购方式的优点是节省时间和精力，供需双方的关系密切，可以共同实施产品开发、质量控制和降低成本等；缺点是无法与其他供应商相比较，容易失去质量、价格更为有利的供应商，采购的机动性小，另外，如果供应商出现问题则会影响本企业的生产经营活动。

多家供应商是指向多家供应商订购所需的物资，其优缺点正好与单一供应商相反。

情境提示

单一供应与独家供应

单一供应（single source），是指市场上的供应商不止一家，但仅向其中一家采购。独家供应（sole source），是指市场上仅此一家供应商，即卖方垄断。

情境链接

柯达公司（Kodak）选择尽可能少的供应商

1993 年，柯达公司成立了一个由采购人员和工程人员组成的小组，负责世界各地所有柯达生产控制系统的采购和使用指导。控制系统控制整个生产的工艺流程，尤其是那些高度自动化的工厂。在选择供应商的过程中，小组首先对现有的控制系统供应商进行评价，主要包括产品、服务、潜在的成本降低能力、全球竞争力和战略导向等，并将其分为 3 类：世界一流供应商、首选的供应商和淘汰的供应商，根据合作目标选择尽可能少的供应商进行合作。这种选择供应商的方法，已经帮助柯达公司降低了花费在控制系统上大约25%的总成本，尤其是对于柯达公司的小型生产厂，通过供应商的选择优化获得了控制系统安装周期的缩短、供应商允诺持续更新、地方分销商愿意持有闲置部件、供应商在早期参与设计等好处。

资料来源：潘波，田建军. 现代物流采购［M］. 北京：机械工业出版社，2008.

（3）国内采购与国际采购

选择国内供应商，价格可能会比较低，由于地理位置近，可以实现 JIT 生产或零库存策略；选择国际供应商，则可能采购到国内企业技术无法达到的物资，提升自身的技术含量，扩大供应来源。

（4）直接采购与间接采购

若是大量采购或所需物资对企业生产经营影响重大，则宜采用直接采购，从而避免中间商加价以降低成本；如果采购数量少或采购物资对企业生产经营活动影响不大，则可通过间接采购，以节省企业的采购精力与费用。

2.3　供应商关系管理

供应商是影响企业生产运作的最直接的外部因素，也是保证企业产品的质量、价格、交货期和服务的关键要素之一。现代企业把建立和发展与供应商的关系作为企业整个经营战略，尤其是生产运作战略中一个必不可少的重要部分。

1. 企业与供应商关系模式

（1）竞争模式

传统的企业与供应商的关系是一种短期的、松散的、竞争对手的关系。在这种关系之下，买方和卖方的交易如同"0－1"对策，即一方所得则是另一方所失。与长期互惠相比，短期内的优势更受重视，买方总是试图将价格压到最低，而供应商总是以特殊的质量要求、特殊服务和订货量的变化等为理由尽量抬高价格，哪一方能取胜主要取决于哪一方在交易中占上风。例如，买方的购买量占供应商销售额总量的百分比很大，买方就容易从其他供应商处得到所需物资，改换供应商不需要花费多少成本等，在这种情况下，买方均会占上风；反之，则有可能是供应商占上风。这种模式具有如下特点。

① 采购方以权势压人来讨价还价。采购方以招标的方式挑选供应商，一般报价最低的供应商被选中，而供应商为能中标，可能会报出低于成本的价格。

② 供应商名义上的最低报价并不能带来真正的低成本。供应商一旦被选中，就会以各种借口要求采购方企业调整价格，因此最初的最低报价往往是暂时的。

③ 技术、管理资源的相互保密。由于采购方和供应商之间是受市场支配的竞争关系，所以双方的技术、成本等信息都要小心加以保护，这样不利于新技术和新管理方式的传播。

④ 双方的高库存、高成本。双方由于关系松散，都会用较高的库存来缓解出现需求波动或其他意外情况时的影响，而这种成本的增加，实际上最后都转嫁到了消费者身上。

⑤ 不完善的质量保证体系。以次品率来进行质量考核，并采取事后检查的方式，会造成产品已投入市场仍要不断解决问题。

⑥ 采购方的供应商数量很大。每一种物资都有若干个供应商，使供应商之间相互竞争，采购方从中获利。

情境链接

福特公司的招标制

20 世纪 50 年代的美国福特汽车公司，其汽车零部件是通过向供应商招标的方式来获得的。福特向供应商提供零部件设计图纸，要求它们报价，并从中选择合作伙伴。在这种方式下，买方和卖方之间讨价还价，缺乏信息交流，导致成本难以下降，质量也得不到很好的满足,这已难以适应快速响应市场需求的要求。

资料来源:刘丽文.生产与运作管理[M].3 版.北京:清华大学出版社,2006.

(2) 合作模式

当今,另一种与供应商的关系模式——合作模式,受到了越来越多企业的重视。在这种模式下,买方和卖方互相视对方为"伙伴"(partner),保持一种长期互惠的关系。该模式具有如下特点。

① 买方将供应商分层,尽可能地将完整部件的生产甚至设计交给第一层供应商。这样买方企业的零件设计总量大大减少,有利于缩短新产品的开发周期,还使得买方可以只与数量较少的第一层供应商发生关系,从而降低了采购管理费用。

② 买方与卖方在一种确定的目标价格下,共同分担成本,共享利润。目标价格是在市场分析的基础上制定的。目标价格确定以后,买方与供应商共同研究如何在这种价格下生产,并使双方都能获取合理的利润。买方还充分利用自己在技术、管理和专业人员等方面的优势,帮助供应商降低成本。由于通过降低成本供应商也能获利,所以调动了供应商不断改进生产过程的积极性,从而有可能使价格不断下降,竞争力不断提高。

③ 共同保证和提高质量。由于买卖双方认识到不良产品会给双方带来损失,因此能够共同致力于提高质量。一旦出现质量问题,买方与供应商共同分析原因,解决问题。由于双方建立起了一种信任关系——互相沟通产品质量情况,所以买方甚至可以对供应物资不进行检查就直接使用。

④ 信息共享。买方积极主动地向供应商提供技术、管理等方面的信息和经验,供应商的成本控制信息也不再对买方保密。除此之外,供应商还可以随时了解买方的生产计划、未来的长期发展计划和生产现场所供应物资的消耗情况等,据此制订自己的生产计划、长期发展计划及供货计划。

⑤ JIT 式的交货,即只在需要的时候,按需要的量供应所需的物资。由于买卖双方建立起长期信任的关系,不必为每次采购谈判而讨价还价,不必对每批物资进行质量检查,双方都互相了解对方的生产计划,这样就有可能做到 JIT 式的交货,从而使双方的库存大为降低,这样双方均可受益。

⑥ 买方只持有较少数量的供应商。一般一种物资只有一两个供应商,这样就使其获得规模优势,采用产品对象专业化的生产组织方式,实现大批量、低成本的生产。当买方的订货量很大,又是长期合同时,供应商甚至可以考虑扩大设施和设备能力,将新设施建在买方附近,使自己成为买方的一种延伸组织。

显而易见,合作模式更有利于提高企业竞争力。但在合作模式下,如果一种物资只有一两个供应商,供应中断的风险就会增加;保持长期合作关系的供应商由于缺乏竞争压力,有可能缺乏不断创新的动力;JIT 式的交货方式随时有中断生产的风险等。因此企业有必要根据具体情况,结合两种基本模式的优点,制定自己的供应商关系模式。

情境链接

Bose 公司与 G&F 公司的合作

20 世纪 90 年代,Bose 公司与其主要原材料供应商 G&F 公司共同采纳了及时采购供应计划。按照这个计划,由 G&F 公司的供货代表代替 Bose 公司的材料员订货。由于材料员可以自由出入 Bose 公司的生产场地了解一切,所以他决定的订货使 Bose 公司消灭了不必要的库存,产品质量得到了实质改进,这样 G&F 公司也成为 Bose 公司稳定的供应商。

资料来源:侯方淼.供应链管理[M]. 北京:对外经济贸易大学出版社,2004.

2. 供应商细分

供应商细分是指在供应市场上,采购方依据采购物资的金额、重要性及供应商对采购方的重视程度和信赖程度等因素,将供应商划分成若干个群体。供应商细分是供应商关系管理的先行环节,只有在供应商细分的基础上,采购方才有可能根据细分供应商的不同情况实行不同的供应商关系策略。供应商细分可以根据不同的方法进行,这里主要介绍 3 种。

(1)公开竞价型、网络型和供应链管理型

根据采购方与供应商关系的密切程度,将供应商划分为公开竞价型、网络型和供应链管理型。

① 公开竞价型。它是指采购方将所采购的物资公开地向若干供应商提出采购计划,各个供应商根据自身的情况进行竞价,采购方依据供应商竞价的情况,选择其中价格最低、质量最好的供应商作为该项采购计划的供应商,这类供应商就称为公开竞价型供应商。在供大于求的市场中,采购方处于有利地位,采用公开竞价的方式选择供应商,对产品质量和价格有较大的选择余地,是企业降低成本的途径之一。

② 网络型。它是指采购方通过与供应商长期的选择与交易中,将在价格、质量、售后服务和综合实力等方面比较优秀的供应商组成供应商网络,企业的某些物资的采购只限于在供应商网络中进行。供应商网络的实质就是采购方的资源市场,采购方可以针对不同的物资组建不同的供应商网络。网络型供应商的特点是采购方与供应商之间的交易是一种长期性的合作关系,但在这个网络中应采取优胜劣汰的机制,以便长期共存、定期评估、筛选和适当淘汰,同时吸收更为优秀的供应商进入。

③ 供应链管理型。它是指在供应链管理中,采购方与供应商之间的关系更为密切,采购方与供应商之间通过信息共享,适时传递自己的需求信息,而供应商根据实时的信息,将采购方所需的物资按时、按质、按量地送交采购方。

(2)重点供应商、普通供应商

根据 80/20 规则可以将采购物资分为重点采购物资(采购价值占 80%,采购数量占 20%)和普通采购物资(采购价值占 20%,采购数量占 80%)。重点采购物资是企业的战略物资或需集中采购的物资,如汽车厂需要采购的发动机和变速器;电视机厂需要采购的彩色显像管及一些价值高但供应保障不力的物资。普通采购物资对企业的成本、质量和生产的影响较小,如办公用品、维修备件和标准件等物资。相应地,可以将供应商依据 80/20 规则进行分类,划分为重点供应商和普通供应商,即重点采购物资的供应商列为重点供应商,而普通采购物资的供应商列为普通供应商。对于重点供应商,企业应投入 80%的时间和精力进行管理与改进;而对于普通供应商则只需要投入 20%的时间和精力跟踪其交货。

在按 80/20 规则进行供应商细分时,应注意如下问题:①80/20 规则细分的供应商并不是一成不变的,是有一定时间限制的,它随着企业生产结构和产品线的调整,需要重新进行细分;②对重点供应商和普通供应商应采取不同的策略。

（3）短期目标型、长期目标型、渗透型、联盟型和纵向集成型

根据采购方和供应商合作利益的一致性与集成性,将供应商细分为短期目标型、长期目标型、渗透型、联盟型和纵向集成型。

① 短期目标型。它是指采购方与供应商之间的关系是交易关系,即一般的买卖关系。双方的交易仅停留在短期的交易合同上,各自所关注的是如何谈判、如何提高自己的谈判技巧使自己不吃亏,而不是如何改善自己的工作,使双方都获利。供应商根据交易的要求提供标准化的产品或服务,以保证每一笔交易的信誉,当交易完成后,双方关系也就终止了,双方只有供销人员有联系,而其他部门的人员一般不参加双方之间的业务活动,也很少有什么业务活动。

② 长期目标型。它是指采购方与供应商保持长期的关系,双方有可能为了共同的利益改进各自的工作,并在此基础上建立超越买卖关系的合作。长期目标型的特征是建立一种合作伙伴关系,双方工作重点是从长远利益出发,相互配合,不断改进产品质量与服务质量,共同降低成本,提高共同的竞争力。合作的范围遍及各企业内部的多个部门。例如,采购方对供应商提出新的技术要求,而供应商目前还没有能力,在这种情况下,可以对供应商提供技术、资金等方面的支持;同时,供应商的技术创新也会促进企业产品改进,所以对供应商进行技术支持与鼓励有利于企业长期利益。

③ 渗透型。渗透型供应商关系是在长期目标型基础上发展起来的,其指导思想是把对方企业看成自己的企业,是自己的一部分,因此对对方的关心程度就大大提高了。为了能够参与对方活动,有时会在产权关系上采取适当措施,如互相投资、参股等,以保证双方利益的共享与一致性。同时,在组织上也采取相应的措施,保证双方派员加入到对方的有关业务活动之中。这样做的优点是可以更好地了解对方的情况,供应商可以了解自己的产品是如何起作用的,容易发现改进方向;而采购方可以知道供应商是如何制造的,也可以提出改进的要求。

④ 联盟型。联盟型供应商关系是从供应链角度提出的,其特点是在更长的纵向链条上管理成员之间的关系,双方维持关系的难度提高了,要求也更高。由于成员增加,往往需要一个处于供应链上核心地位的企业出面协调各成员之间的关系,这个企业也被称为供应链核心企业。

⑤ 纵向集成型。纵向集成型供应商是最复杂的关系类型,即把供应链上的成员整合起来,像一个企业一样,但各成员是完全独立的企业,决策权属于自己。在这种关系中,要求每个企业在充分了解供应链的目标、要求,以及在充分掌握信息的条件下,能自觉作出有利于供应链整体利益的决策。有关这方面的研究,更多的是停留在学术上的讨论,而实践中的案例则很少。

情境链接

齐鲁石化"量体裁衣"细分供应商

齐鲁石化按照物资采购目录、物资分类和供应商层次划分等管理目标要求,分析供应商过去的价格资料、历史性储运资料、经济资料、产业资料和供应商信息变动情况,将供应商分为专有技术型、资源型、通用型和普通型四大类,对不同类型的供应商采取相应的合作和管

理模式。

对专有技术型供应商,因其在保证供应目标上的特殊地位,牵制作用巨大,采取的策略应重点放在对其进行价值管理,努力寻找并建立可替代供应商;对资源型供应商,应与其结成战略联盟,利益共享,风险共担;对通用型供应商,主要以合同约定维系,简化交易流程;对于普通型供应商,要积极把握市场信息,尽力挖掘其利润空间,从而降低采购成本。

通过实施供应商主营业务细分,齐鲁石化供应商数量和产品目录大幅压减,供应商结构合理率提高,渠道管理更为主动。企业二级供应商由2009年初的973家减少到764家,压减209家(21.48%),其中生产商压减119家(16.44%),流通商压减83家(36.55%),代理商压减3家(27.27%),供应商产品目录压减4 844个(60.92%)。企业停用多余流通商,供应商结构合理率大幅度提高,在集团公司绩效考核中名列前茅。

此外,企业通过实施供应商主营业务细分,确定了加强供应商关系管理的目标和方向,实施了框架协议采购,加大了主力供应商培育力度。细分后,所有流通商所供应产品都不超过3个大类,达到取消万能供应商的目标。

"齐鲁石化今年底还将进行优秀供应商表彰。每个专业选出1家优秀供应商,将表彰其2009年对齐鲁石化物资供应工作的支持。"齐鲁石化表示。

资料来源:张勇,辛河. 中国石化报[J]. 2009-11-12.

3. 供应商关系管理的内容

(1) 与供应商的信息沟通

为加强与供应商的合作关系,企业应与供应商建立完善的信息交流与共享机制,内容包括以下几个方面。

① 与供应商之间经常进行有关成本、作业计划和质量控制信息的交流与沟通,保持信息的一致性和准确性。

② 让供应商参与有关产品开发设计及经营业务等活动。例如,企业在产品设计阶段让供应商参与进来,这样供应商可以在原材料、零部件的性能和功能方面提供有关信息,为产品开发方法创造条件,把客户的价值需求及时转化为供应商对原材料和零部件的质量与功能的要求。

③ 与供应商建立一种团队型的工作小组,双方的有关人员共同解决供应过程中遇到的各种问题。

④ 双方经常进行互访。双方高层特别是有关部门进行经常性的互访,及时发现和解决各自在合作活动过程中出现的问题和困难,建立良好的合作氛围。

⑤ 利用电子数据交换和互联网技术,进行快速的数据传输,增加双方业务的透明度和信息交流的有效性。

情境链接

海尔供应商的选择

海尔从1998年开始进行供应商网络的优化,打散原来的供应商体系,重新选择供应商,从侧重质量转向侧重全过程的激励与控制,形成强强联合,合作共赢的全球供应链网络体系,为此,海尔采取了一系列重大举措。一是优化供应商网络。将供应商由原有的 2 336 家优化到 978 家,减少了 1 358 家。二是扩大国际供应商的比重。目前国际供应商的比例已达 67.5%,较流程再造前提高了 20%。世界 500 强企业中已有 44 家成为海尔的供应商。三是就近发展供应商。海尔与已经进入和准备进入青岛海尔开发区工业园的 19 家国际供应商建立了供应链关系。四是请大型国际供应商以其高技术和新技术参与海尔产品的前端设计。目前参与海尔产品设计开发的供应商比例已高达 32.5%。供应商与海尔共同面对终端消费者,通过创造顾客价值使订单增值,形成了双赢的战略伙伴关系。

海尔与供应商的关系不单纯是买卖关系,而是同一供应链上共同满足消费者需求的整体,使整条供应链上的供货能力大于需求能力,以虚拟库存保证对订单的快速反应从供应商到合作商,变买卖关系为双赢关系,从采购关系上升到战略合作伙伴关系,实现公平、互动、双赢。

资料来源:http://wenku.baidu.com/view/bc64f735a32d7375a417804d.html.

（2）对供应商的激励

企业在与供应商合作的过程中,运用恰当有效的激励机制,对强化企业与供应商的合作,建立战略伙伴关系起到积极的作用。常用的激励方式包括如下几个方面。

① 价格激励。价格对企业的激励是显然的。不合理的低价会挫伤供应商的积极性。企业应保证供应商在合作过程中获得正常合理的利润,使双方合作稳定并顺畅运行。

② 订单激励。一般来说,如果一个制造商拥有多个供应商,则供应商获得制造商订单的数量决定于供应商是否赢得竞争。因此,分配多的订单对供应商来说是一种激励。

③ 信誉激励。信誉是一个企业的无形资产,它对于企业极其重要。供应商的信誉来自于采购方和其他公众的评价,反映了供应商的社会地位。因此,在一定场合给予供应商一定范围的信誉宣传,或对供应商的产品进行有针对性的免检,都将提高供应商合作的积极性。

④ 信息激励。在信息时代,企业获得更多的信息意味着企业拥有更多的机会、更多的资源。如果能够快捷地获得合作企业的需求信息,并能够主动采取措施提供优质服务,必然使合作方的满意度大为提高。这对与合作方建立起信任关系有着非常重要的作用。信息激励机制的提出,也在某种程度上克服了由于信息不对称而使供需企业双方相互猜忌的弊端,消除了由此带来的风险。

⑤ 淘汰激励。淘汰激励是一种负激励。淘汰弱者是市场规律之一,保持淘汰对企业或供应链都是一种激励。危机激励机制可以使供应商不断优化自身经营,提高产品质量和服务质量,降低生产经营成本,从而使企业与供应商同时受益,使合作关系更加牢固。企业在运行过程中,可定期对供应商的运作过程进行结构评分,并根据评分结果对供应商进行淘汰或降级。

⑥ 研发激励。对新产品、新技术的共同开发和共同投资也是一种激励,它可以让供应商全面掌握新产品的开发信息,主动参与产品的研究开发工作,按照团队的工作方式展开全面合作,这样供应商与企业共同分享成功,二者的伙伴关系就更紧密。

⑦ 组织激励。减少供应商的数量,并与主要的供应商保持长期稳定的合作关系是制造商采取的组织激励的主要措施。

（3）对供应商的控制

采购方既要充分发挥供应商的积极性、创造性,保证企业生产的顺利进行,又要防止供应商的不法行为,以避免企业的不确定损失。

① 采购方控制供应商的方法。

第一,建立买方市场环境。如果供应商实力强大而将供应方的市场垄断,则形成了卖方市场。在这种情况下,采购方只能是市场产品和价格的接受者。因此,采购方只有靠自己的实力形成买方市场环境,供应商才会作出让步,采购方才能拥有更多的讨价还价能力。同时,供应商为了获得采购方的信赖而进行竞争,不断地提高产品质量,控制生产成本,采购方获得主动控制权。此外,由于供应商之间的激烈竞争,产品价格和信息都逐渐趋于客观,采购方能够得到较为全面准确的价格及质量信息,从而获得好处。

第二,合约控制。合约控制是采购企业通过与供应商进行谈判、协商,根据双方签署的框架协议而控制供应商的方法。它是一种中性的控制方法,在除卖方垄断以外的市场结构中都可以得到一定的应用,目的是使双方在今后的具体购销活动中能更好地履行各自的权利和义务,基于该合同产生的一切买卖行为都要以框架协议的规定为准。合约控制可能比买方市场环境控制的成本节约程度更大,采购方由于强大的实力或以长期合作为条件,通过谈判可能获得低于买方市场控制带来的价格。这种方式的特点是:供需双方的关系比完全控制密切,但又不像股权控制和管理输出控制那样紧密。现在,很多大型企业都通过合约控制方式来进行供应商管理。

② 采购方防止被供应商控制的方法。

第一,全球采购。采购方受采购范围所限,有时会面临卖方垄断的局面。全球采购往往使采购方在更广泛的范围内寻找到更多的供应商,打破供应商独家供应局面,与价格更低、质量与服务更好的供应商建立合作关系。

第二,再找一家供应商。除非技术上不可能,采购方应尽量打破单一供应的局面,每个产品有两个或更多的供应商供应,规避供应风险,保持供应商之间的良性竞争。

第三,增强相互依赖性。企业可以增加对一家供应商的采购量,增加其在供应商供应量中所占的比重,提高供应商对采购方的依赖性。这样该供应商为了维护自己的长期利益,就不会随意哄抬价格。

第四,更好地掌握信息。要清楚地了解供应商对采购方的依赖程度,并对这些信息加以利用。例如,某企业所需原料虽然只有一家货源,但它发现自己在供应商仅有的3家客户中采购量是最大的,供应商对其依赖性极强,结果在要求降价时供应商作出了很大让步。

第五,注意业务经营的总成本。供应商知道采购方没有其他的供应源,可能会咬住价格不放,但采购方可以说服供应商在其他非价格条件上作出让步。采购方应注意并利用交易中的其他环节,使采购总成本降低。例如,在送货环节,洽谈合适的送货数量和次数可以降低仓储和货运成本;在付款条件上,立即付款以获得供应商给予的一定折扣。

第六,与其他企业联合采购。与其他具有同样产品需求的企业联合采购,由一方代表所有客户采购,增强采购方的力量,瓦解供应商的优势。

情境链接

家乐福对供应商的软控制和硬控制

家乐福目前在中国对供应商的控制包括两方面的内容:一是软控制;二是硬控制。

所谓软控制,是指家乐福通过自己的超大销售量来影响供应商,吸引其与自己合作。家乐福的大卖场每天的商品销售量是一般的超级市场所不能比拟的。家乐福不可能靠自己的流动资金去运作,必须有源源不断的供应商将各类质优价低的商品送来销售。家乐福要求供应商首批送货价值达 5 万元,接着是第二、三、四批。但是对供应商而言,家乐福销售量大、付款信誉好、可接纳品种多,这也是很多供应商愿意与家乐福合作的原因。

所谓硬控制,主要是指家乐福在与供应商合作时,双方要签订规则齐全、要求严格的合同,作为约束的法律依据。家乐福在与其供应商的合同中对供应商的要求有这样几项。①关于运货。与家乐福合作的供应商必须遵守合同的运货期,应由家乐福的采购人员记录下供应商的交货天数、库存天数和生产或进口天数;合同中规定的商品价格是固定的,对于新价格,应由供应商向家乐福提出申请,在家乐福同意后一个月生效;每次到货都必须附有发票,否则家乐福有权拒绝收货。家乐福还要求发票中详细注明不含税进价、增值税及含税进价;而对于双方合同中有争议的地方,其合同的英文翻译将作为此时的参考物。②关于商品。在合同中对商品也进行了细致的规定:供应商在报价及商品陈述时必须列明所供应的货物可否退换、最小订货量和运费是否包括在内,并列明报价是否含税;供应商在商品介绍时必须说明附带的服务,如是否带衣架(服装)、打标签、维修、安装和特别包装等。③关于结款。家乐福会按合同规定同供应商定期结款。通常规定供应商的付款条件是到货后按合同中的规定天数付款,月结是 60 天;如果不能按期结款,家乐福愿意支付每天货款总额的 0.5% 的罚金,其供应商每月所提供商品货款总额的 3% 将被扣作佣金。④关于进场费。在每个供应商的合同中,家乐福都规定了一定比例的进场费用,进场费是品牌新品上架费,通常 2 000 元/个品牌;促销费包括促销活动费,主要是依据家乐福与供应商每年共同举办的促销活动的次数,通常是每年 20 天,由供应商提供一定的折扣、免费商品和一定价值的赠品。还有专门的促销费,如 700 元/个促销排面、排面赞助金 400 元/个,海报赞助金另议;家乐福在特别年节(元旦、春节、劳动节和国庆节)收供应商各 1 000 元赞助费,开业赞助费要求 1 万元现金或实物,也有一些店庆费,每年店庆赞助金 3 000 元。在合同中,家乐福将自己的义务和责任毫不含糊地白纸黑字写明,并注明处罚办法,加上全款买断、不退货、不到期后换货等。合同一签,供应商的业务员也无须天天跑商场,家乐福要货会立即发传真过来,包括所需的品名、数量和交货时间等,业务员开出送货单连同增值税发票一同送去,当面验收完毕便妥,这样的过程既简单又方便。

资料来源:陈广. 家乐福:标准化运营管理手法[M]. 北京:经济科学出版社,2006.

2.4 供应商绩效考评

供应商绩效考评是对现有供应商的日常表现进行定期监控和考核。传统意义上的供应商考评工作一般只是对重要供应商的来货质量进行定期检查。在采购管理中,为了能够使供应商关系健康发展,科学、全面分析和评价供应商的运营绩效是一项重要内容。

1. 供应商绩效考评的目的

供应商绩效考评的主要目的在于了解供应商的表现,促进供应商提升供应水平,并为奖惩供应商提供依据,从而确保供应商为企业提供优质的产品和服务。同时,将供应商进行比较,优胜劣汰,继续同优秀的供应商进行合作,淘汰不合格的供应商,开发有潜质的供应商。对供应商进行绩效考评也可以了解供应过程中存在的不足之处,并将其反馈给供应商,促进供应商改善业绩,为日后更好地完成供应活动打下良好的基础。

2. 供应商绩效考评的基本原则

① 供应商绩效考评必须持续进行,要定期检查目标达到的程度。当供应商知道会被定期评估时,自然就会致力于改善自身的绩效,从而提高供应质量。

② 要从供应商和企业自身的整体运作方面来进行评估,以确立整体的目标。

③ 供应商的绩效总会受到各种外来因素的影响,因此对供应商的绩效进行评估时,要考虑到外在因素带来的影响,这样才能使绩效考评的结果客观、真实。

3. 供应商绩效考评的范围

对供应商的绩效考评,可以分为不同层次:简单的做法是仅衡量供应商的交货质量;成熟一些的做法除考核交货质量外,还跟踪供应商的交货表现;较先进的做法则是进一步扩展考核范围,除上述要求外,还要考核供应商的支持与服务、参与本公司产品开发等方面的表现。

4. 供应商绩效考评的指标体系

为了科学、客观地反映供应商供应活动的运作情况,应该建立与之相适应的供应商绩效考评的指标体系。在制定考评指标体系时应突出重点,对关键指标进行重点分析。供应商考评指标很多,不同企业做法不同,所用的考评指标也各有差异,概括起来有 4 类:质量指标、供应指标、经济指标和支持、合作与服务指标。

(1)质量指标

质量指标是用来衡量供应商的最基本的指标。每一个采购单位在这方面都有自己的标准,要求供应商遵从。供应商质量指标主要包括来料批次合格率、来料抽检缺陷率、来料在线报废率和供应商来料免检率等。其中,来料批次合格率是常用质量考核指标之一。这些指标的计算方法如下。

$$来料批次合格率 = 合格来料批次 \div 来料总批次 \times 100\%$$

$$来料抽检缺陷率 = 抽检缺陷总数 \div 抽检样品总数 \times 100\%$$

$$来料在线报废率 = 来料总报废数(包括在线生产时发现的废品) \div 来料总数 \times 100\%$$

$$来料免检率 = 来料免检的种类数 \div 该供应商供的产品总种类数 \times 100\%$$

$$退货率 = 退货量 \div 采购进货量 \times 100\%$$

$$交货差错率 = 期内交货差错量 \div 期内交货总量 \times 100\%$$

$$交货破损率 = 期内交货破损量 \div 期内交货总量 \times 100\%$$

(2)供应指标

供应指标又称企业指标,是同供应商的交货表现及供应商企划管理水平相关的考核因素,其中最主要的是准时交货率、交货周期和订单变化接受率等。

① 准时交货率。用准时交货率来衡量供应商的生产能力和组织管理能力,计算方法如下。

准时交货率 = 按时按量交货的实际批次 ÷ 订单确认的交货总批次 × 100%

② 交货周期。交货周期是指自订单开出之日到收货之日的时间长度,常以日为单位。

③ 订单变化接受率。订单变化接受率是衡量供应商对订单变化灵活性反映的一个指标,它是指双方确认的交货周期的订单增加或减少的比率。

订单变化接受率 = 订单增加或减少的交货数量 ÷ 订单原定的交货数量 × 100%

值得一提的是,供应商能够接受的订单增加接受率与订单减少接受率往往不同,前者取决于供应商生产能力的弹性、生产计划的安排与反应快慢及库存大小与状态,后者取决于供应的反应、库存大小及对减单可能造成损失的承受力。

（3）经济指标

供应商考核的经济指标总是与采购价格、成本相联系。质量与供应考核通常每月进行一次,而经济指标则相对稳定,多数企业是每季度考核一次。经济指标的具体考核点包括以下几个方面。

① 价格水平。它往往将供应商的供货价格和市场同档次产品的平均价和最低价进行比较,分别用市场平均价格比率和市场最低价格比率来表示。

平均价格比率 = （供应商的供货价格 − 市场平均价） ÷ 市场平均价 × 100%
最低价格比率 = （供应商的供货价格 − 市场最低价） ÷ 市场最低价 × 100%

② 报价。供应商的报价是否及时,报价单是否客观、具体、透明（分解成原材料费用、加工费用、包装费用、运输费用、税金和利润等,说明相对应的交货与付款条件）。

③ 降低成本的态度及行动。这里代表是否真诚地配合本企业或主动地开展降低成本的活动,是否制订改进计划、实施改进行动,是否定期与本企业商讨价格。

④ 分享降价成果。这是说明是否将降低成本的好处让利给本企业。

⑤ 付款。是否积极配合相应本企业提出的付款条件、要求与办法,开出的发票是否准确、及时,以及符合有关财税要求。

有些单位还将供应商的财务管理水平与手段、财务状况及对整体成本的认识也纳入考核。

（4）合作与服务指标

合作与服务指标主要考核供应商的协调精神。在和供应商相处过程中,常常因为环境或具体情况的变化,需要把工作任务进行调整、变更,这种变更可能导致供应商工作方式的改变,甚至要供应商作出一点牺牲。这时可以考察供应商在这方面积极配合的程度。另外如果工作出现困难或发生问题,可能有时也需要供应商配合才能解决。这都可以看出供应商的配合程度。考核供应商的配合度,主要靠人们的主观评分来考核,需要找与供应商相处的有关人员,让他们根据这个方面的体验为供应商评分。一般来说可以每季度一次。考核的内容主要有反应表现、沟通手段、合作态度、共同改进、售后服务、参与开发和其他支持等。

① 反应表现。供应商对订单、交货和质量投诉等反应是否及时、迅速,答复是否完整,对退货、挑选等要求是否及时处理。

② 沟通手段。供应商是否派出合适的人员与本企业定期进行沟通,沟通手段是否符合本企业的要求（电话、传真、电子邮件及文件书写所用软件与本企业的匹配程度等）。

③ 合作态度。供应商是否将本企业看成是其重要客户,供应商高层领导或关键负责人是否重视本企业的要求,是否经常走访本企业,供应商内部沟通协作(如市场、生产、计划、工程和质量等部门)是否能整体理解并满足本企业的要求。

④ 共同改进。供应商是否积极参与或主动提出与本企业相关的质量、供应、成本等改进项目或活动,是否经常采用新的管理方法,是否积极组织参与本企业共同召开的供应商改进会议,配合本企业开展的质量体系审核等。

⑤ 售后服务。供应商是否主动征询客户意见,是否主动走访本企业,是否主动解决问题或预防问题发生,是否及时安排技术人员对发生的问题进行处理等。

⑥ 参与开发。供应商是否主动参与本企业的各种相关开发项目,如何参与本企业的产品或业务开发过程,表现如何。

⑦ 其他支持。供应商是否积极接纳本企业提出的有关参观、访问和实地调查等事宜,是否积极提供本企业要求的新产品报价与送样,是否妥善保存本企业相关的机密文件等。

情境链接

某企业供应商绩效评价

供应商的绩效评价是企业能够与优秀的供应商进行合作、淘汰不合格的供应商的重要依据。表 2.11 是某企业编制的供应商绩效评价表。

表 2.11　某企业供应商绩效评价

编号：　　　　　　　　　　　　　　　　　　　　　　　　　　　日期：

供应商名称：				联系人：	
地址：				联系电话：	
项　目	总分值	评 价 标 准		评估得分	考核人
质量指标	30	来料不合格批次在总批次中所占比率,每增加一个百分点扣0.3分			
交货期指标	20	未按时交货批次在总交货批次中所占比率,每增加一个百分点扣 0.2 分,此外逾期 1 天加扣 1 分,造成严重影响者加扣 2 分			
价格指标	40	标准分为 20 分,每高出标准价格一个百分点扣 2 分,每低于标准价格一个百分点加 2 分			
配合度指标	10	工作出现问题配合度每次扣 1 分,在公司会议上遭到正式批评每次扣 2 分,遭客户投诉或抱怨每次扣 3 分			
合计得分					
备　注	1. 得分在 85 分以上的供应商为 A 级,可加大采购量 2. 得分在 70~84 分的供应商为 B 级,可维持正常采购量 3. 得分在 60~69 分的供应商为 C 级,应减量采购或暂停采购 4. 得分在 59 分以下的供应商为 D 级,应直接予以淘汰 5. 单项得分低于60%的供应商,同样属于不合格供应商,应予以淘汰				

资料来源:杨国才,王红. 现代物流采购管理[M]. 合肥:安徽大学出版社,2009.

技能训练②

供应商的选择方法

1. 目的

（1）熟悉供应商的选择流程。

（2）了解供应商的选择指标。

（3）掌握供应商的选择方法。

2. 方式

（1）在教师的组织下,实地调查学校所在城市的供应商企业。

（2）在图书馆、互联网和统计局等处查找资料。

（3）集体讨论、分析,最终得出供应商选择的相关数据。

3. 要求

（1）依据搜集到的信息,确定供应商选择的指标。

（2）设计一个合理的评估计分系统,选择出合适的供应商。

案例分析②

克莱斯勒善待供应商

克莱斯勒生产汽车用的零部件中,有2/3是从公司外的厂家采购的,品种多达6万多种,供应商有1 140多个。尽管这个供货网的复杂程度令人难以想象,但是克莱斯勒却把它管理得井井有条,以至于美国电话公司和能源部都来克莱斯勒参观,看它是如何进行管理的。

克莱斯勒采取的一个重要措施就是让供应商尽早参与新型汽车的设计过程,征求其对降低成本、技术革新方面的意见。这样做的好处是克莱斯勒能比其他公司更早地发明新材料、新技术和新零部件。

1989年,克莱斯勒实施一项供应商成本降低计划——与供应商一起来研究如何降低零部件的成本。这项计划实施后,供应商的建议纷纷来了,累计起来已有上万条。即便是项很小的建议,只要提得合理,它们也都认真采纳。克莱斯勒由此节省开支达25亿美元,而供应商也从这个计划中获得了相当的收益。

为了使供应商与之更密切地合作,克莱斯勒还指定某些供应商为组长,其职责就是监督相关供应商合作设计或制造诸如座椅之类的部件。过去,克莱斯勒的工人得在装配线上把150家供应商提供的零件装配成座椅。而现在,克莱斯勒则从约翰逊控制公司等厂家直接采购座椅等部件。这项措施为克莱斯勒节省了相当可观的管理费用。

克莱斯勒采购供应部负责人托马斯说:"克莱斯勒的最终驱动力是情感,我们十分关注别人对公司的感受。"

问题:试分析克莱斯勒采取哪些措施与其供应商合作,并如何受益。

案例分析③

俄亥俄工具公司对供应商的选择

俄亥俄工具公司设计出了一种新机器,该机器比市场上同类型的所有机器都要好,估计机器投产后年销售额约20万美元。该机器制造要求精密度高,每台机器需要的2个凸轮的制造公差要求很小。加工的一个可能方法会限定铸件的类型,另一个可能的办法是粉末冶金。俄亥俄工具公司确定了3个可能的供应商。基本情况如下。

供应商A位于1000英里以外,是粉末冶金领域的巨头之一;供应商B距俄亥俄工具公司300英里,相对来说,是粉末冶金领域的新手;供应商C是一个大型汽车公司的一个附属公司,在技术上有很好的声誉,但是俄亥俄工具公司以前没有同它做过生意。

3个供应商就不同订购数量的报价如表2.12所示。

表2.12 3个供应商的数量报价

项目 供应商名称	5 000 件 (单价 $/件)	10 000 件 (单价 $/件)	20 000 件 (单价 $/件)	模具 成本($)	交货期 (周)	其 他
供应商 A	0.186	0.185	0.144	1 968	10	运费 $0.012/件,机加工成本 0.05 $/件
供应商 B	0.5	0.4	0.32	1 350	10~12	运费 $0.005/件,报价含机加工成本
供应商 C	0.186	0.185	0.183	890	10	—

问题:俄亥俄工具公司应选择哪个供应商?

自我测试②

一、选择题

1. 企业开发供应商的原因包括(　　　　　)。
   A. 现有供应商的综合服务水平不能满足企业的要求
   B. 现有供应商的生产能力不足
   C. 现有供应商无法与本企业建立合作伙伴关系
   D. 现有供应商不能提供新产品所需的原材料或零部件

2. 初步供应商调查的特点包括(　　　　　)。
   A. 内容深入　　　B. 范围广泛　　　C. 需实地考察　　　D. 成本高

3. 企业选择供应商的目标包括(　　　　　)。
   A. 降低采购成本
   B. 建立稳定的合作关系
   C. 获得某种特殊的原材料、零部件,实施有效的供应链管理
   D. 上述都是

4. 选择供应商首要的考虑因素是(　　　　)。
　　A. 产品质量　　　B. 采购成本　　　C. 交货条件　　　D. 服务水平

5. (　　　　)常用于选择企业非主要原材料的供应商。
　　A. 评分选择法　　B. 直观判断法　　C. 招标选择法　　D. 协商选择法

6. 对供应商的控制手段包括(　　　　)。
　　A. 建立买方市场　　　　　　　B. 增强相互依赖性
　　C. 充分分享信息　　　　　　　D. 联合采购

7. 对供应商的激励手段中,(　　　　)属于负激励。
　　A. 价格激励　　　B. 淘汰激励　　　C. 信誉激励　　　D. 信息激励

8. (　　　　)是最为常用的供应商质量考核指标。
　　A. 来料免检率　　B. 退货率　　　C. 交货破损率　　D. 来料批次合格率

9. 供应商考评的最基本指标是(　　　　)。
　　A. 服务指标　　　B. 经济指标　　　C. 质量指标　　　D. 供应指标

10. 供应商管理的内容不包括(　　　　)。
　　A. 与供应商的信息沟通　　　　B. 对供应商的激励
　　C. 对供应商的监控　　　　　　D. 对供应商的组织

二、判断题

1. 样品通过评审意味着供应商产品的质量通过评审。　　　　　　　　　(　　　)
2. 与供应商谈判的原则是尽量压低供应商的利润空间,利润最好为 0。　(　　　)
3. 深入供应商调查适用于企业所有供应商。　　　　　　　　　　　　　(　　　)
4. 供应商提供的产品质量并非越高越好。　　　　　　　　　　　　　　(　　　)
5. 如果所需物资对企业生产经营影响重大,则宜采用直接采购。　　　　(　　　)
6. 企业与供应商的关系采用竞争模式更有利于提高企业的竞争力。　　　(　　　)
7. 重点供应商是采购价值占 20%、采购数量占 80% 的物资供应商。　　(　　　)
8. 供应商选择是采购人员完成的。　　　　　　　　　　　　　　　　　(　　　)
9. 招标选择法不适用于紧急采购的供应商选择。　　　　　　　　　　　(　　　)
10. 采购成本比较法用于对质量和交货期均满足要求的供应商选择。　　(　　　)

在线测试

项目 3

采购实施

知识目标

1. 了解集中采购、分散采购、联合采购、询价采购、即时采购、电子采购、招标采购的内容。

2. 全面认识采购谈判的内容和原则。

3. 熟悉谈判的程序。

4. 掌握谈判的策略和基本技巧。

5. 熟悉采购合同的基本内容。

6. 掌握采购合同管理的要求。

能力目标

1. 针对不同的对象采用不同的采购模式,全面掌握各种采购模式的基本知识、操作流程、实战技巧,为从事采购实际工作奠定基础。

2. 学会在谈判前制订谈判计划。

3. 在实践中初步运用采购谈判技巧进行谈判。

4. 在实践中会管理采购合同。

5. 学会订立采购合同。

任务 1 选择采购模式

引导案例 中国第一汽车制造厂如何实施采购

中国第一汽车制造厂(简称一汽)利用看板方式①对其生产作业进行调整,实现了在制品零库存。

早在 1982 年用看板送货的零部件就已达到总数的 43%,并在此基础上,又实行

---

① 丰田汽车的零组件管理方式称为及时化(Just In Time,JIT),又叫看板方式。它把当前所需装配的必要量视为一个单位,并在盛装这个单位的箱子上面贴以明信片大小的传票,传票上记载何时生产、生产多少、运往何处等作业指示。装配工厂在零组件用尽时,将空箱送往零组件工厂。零组件工厂则根据看板上的指示,生产并装入指定品种、指定数量的产品,且在指定时间送到指定地点。丰田汽车工厂采用这种作业方式,使库存下降到通常的 1/5。

实施看板方式要采用一种逆向管理模式,并且要使生产秩序有条不紊。丰田汽车的装配工作,(转下页)

了零部件直送工位制度。一汽与周边15个协作厂,就2 000种原材料签订了直送工位的协议,改变了厂内层层设库储备的老办法,从而取消了15个中间仓库。例如,刹车碎片,过去由石棉厂每月分4次送往供应处总仓库,再由总仓库分发到分仓库,再从分仓库分发到生产现场,现改为直送生产现场,减少了重复劳动,当年就节约了流动资金15万元。

橡胶厂供应的轮胎过去集中发货,最多时一次发货20火车皮,使轮胎库存高达2万套。现在实行多批分发,使轮胎储备从过去的15天降到现在的2天,共节约流动资金达190万元。

轴承座生产线的7道工序,现只由1个人操作,把扎在生产线第一道工序上的信号灯作为看板,每当后一道生产线取走一个零件时,信号灯显示为绿色,工人即按步骤进行生产。该生产线7道工序除了工序上加工的工件外,只有一个待加工工件,工序件的在制品基本为0。

问题:中国第一汽车制造厂的采购模式是什么?根据案例,说说这种采购模式有什么特点。

采购模式是以一定的采购方式作为其构成部分,是企业在采购过程中所运用的方法。典型的企业采购模式有集中采购、分散采购、联合采购、询价采购、即时制采购、电子采购和招标采购。

1.1 集中采购

1. 集中采购的含义

集中采购是指企业在核心管理层建立专门的采购机构,统一组织企业所需物品的采购进货业务。跨国公司的全球采购部门的建设是集中采购的典型应用。它以组建内部采购部门的方式,来统一管理其分布于世界各地分支机构的采购业务,减少采购渠道,通过批量采购获得价格优惠。

随着连锁经营、特许经营和外包制造模式的增加,集中采购更是体现了经营主体的权利、利益、意志、品质和制度,是经营主体赢得市场,保护产权、技术和商业秘密,提高效率,取得最大利益的战略和制度安排。因此,集中采购将成为未来企业采购的主要方式,具有很好的发展前景。

2. 集中采购的优势

① 有利于获得采购规模效益,降低进货成本和物流成本。

② 易于稳定本企业与供应商之间的关系,得到供应商在技术开发、货款结算、售后服务

(接上页)并不是一种预测生产,而是销售公司订货多少,就生产多少。以这个为前提,每一个工序按照看板的指示先向前一道工序一次索取零组件,然后向后一道工序送达。这就要求每一道工序生产作业的平稳化,否则其他工序的生产计划就无法进行。看板方式的经营,不是使生产过多,而是按计划生产所需的东西。

上的支持与合作。

③ 集中采购责任重大,采取公开招标、集体决策的方式,可以有效地制止腐败。

④ 有利于采购决策中专业化分工和专业技能的发展,同时也有利于提高工作效率。

⑤ 如果采购决策都集中控制,所购物料就比较容易达到标准化。

⑥ 减少了管理上的重复劳动。这样就不会让每一个部门的负责人都去填采购订单,只需采购部门针对公司的全部需求填一张订单就可以了。

⑦ 可以节省运费和获得供应商折扣。由于合并了许多部门的需求,所以采购部门找到供应商时,其手上订单的数量就可以引起供应商的兴趣,采购部门可以说服供应商尽快发送或给予数量折扣。除此之外因为集中了所有的需求后货物可以整车地进行装运,因此,可以节省运费。

⑧ 对于供应商而言,这也可以推动其有效管理。它们不必同时与公司内的许多人打交道,而只需要和采购经理联系。

3. 集中采购的缺点

① 采购流程过长,延误时效,难以适应零星、地域性及紧急采购状况。

② 非共同性物料集中采购,并无数量折扣利益。

③ 采购与使用单位分离,规格确认、物品转运等费事耗时。

4. 集中采购所使用的采购主体和采购客体

集中采购所使用的采购主体如下。

① 集团范围实施的采购活动。

② 跨国公司的采购。

③ 连锁经营、OME(Orginal Equipment Manufacture,定牌加工)厂商、特许经营企业的采购。

集中采购所使用的采购客体如下。

① 大宗或批量物品,价值高或总价多的采购。

② 关键零部件、原材料或其他战略资源,保密程度高、产权约束多的物品。

③ 容易出问题的物品。

④ 最好是定期采购的物品,以免影响决策者的正常工作。

情境链接

北京某企业集中采购的实际困难与解决办法

1. 企业概况

北京东方俱乐部是一家健身俱乐部,在北京共有19家连锁健身中心,总部设在海淀区。俱乐部为私人所有,已有15年历史。公司没有专门的采购部,只有一位专门负责采购事务的人员,在该公司内部推行实施了一套集中采购计划。

2. 原来的分散采购模式

为了维持各健身中心的运作,东方俱乐部需要许多不同的物品,包括健身器材的零部件,以及办公和卫生用品等。

每一家俱乐部各自负责自己的采购事务,绝大多数的健身中心不设自己的库存而是随需随买,如需要办公用品时就随时到附近的商店购买。

在总部也曾经有一位兼职人员负责采购和库存控制,不过他只负责总部而不负责其他健身中心的物品采购,对其他健身中心的物品采购仅仅只是作些采购记录而已。

3.现在的集中采购模式

经过调查分析,俱乐部采购管理人员得出,以前所使用的以各健身中心为主的随需随买的采购体系问题很大,应该采用效果最佳的集中采购体系。

集中采购体系确实可以为俱乐部节省一大笔开支。例如,可找到一家供应商,俱乐部向其批量购买卫生用品,这家供应商可以把价格降低一半。于是,采购人员开始寻找更多的提供不同物品的供应商,并制定了集中采购体系的一系列细则。

这套集中采购体系基本上把所有的采购都集中到公司总部,各连锁俱乐部的经理不能再像以前那样各自随意地购买所需的物品。如果有需求,他们要填一份请购单,然后传真到总部。传真到总部的最后期限是每周五下午5点。在下周一,各健身中心所需采购的物品将由总部的相关部门及时派人送达。

采购管理人员如发现各中心所请购的物品不合适,有权加以否定或减少其采购量。但是每一个健身中心都另有1 000元的现金用于应付可能随时发生的紧急采购需求。

4.集中采购遇到的困难

在集中采购体系实施1个月后,俱乐部受到了一些挫折。有几家健身中心的经理对集中采购有些抵制,最棘手的是朝阳区的3家健身中心的经理,曾联合起来拒绝接受集中采购,他们的理由是手续太烦琐。

5.解决方案

采购管理人员要想取得采购管理体系变革的成功,还要从以下3个方面着手。

① 进一步取得总经理的坚定支持,为变革的实施提供组织上的保证。

② 建立一支有力的采购团队,这是实施采购方式变革的关键。

③ 对各健身中心的经理组织培训,帮助他们尽快地接受新的采购管理方式。

资料来源:http://www.doc88.com/p-795222465183.html.

1.2 分散采购

1. 分散采购的含义

与集中采购相比,分散采购是由企业下属的各个单位,实时地满足自身生产经营需要的采购。

2. 分散采购的优劣势比较(见表3.1)

表3.1　分散采购的优劣势比较

优　势	劣　势
采购流程较短或简化、耗时较短	分散的市场调查,不利于控制采购成本和采购质量,供应及时性波动性较大,采购过程不易控制
较少的内部协调	易受采购人员人为因素影响,容易出现偏差,在采购和物料方面形成专业技能的可能性有限
对于内部用户有更强的顾客导向,与供应商直接沟通	缺乏对供应商统一的态度,对不同的经营单位可能存在不同的采购重要条件,不利于实现供应链的优化,频繁采用反而会增加采购成本

3. 分散采购使用的主体和客体

分散采购使用的主体如下。

① 二级法人单位、子公司、分厂、车间。

② 离主厂区或集团供应基地较远,其供应成本低于集中采购成本的情况。

③ 异国、异地供应的情况。

分散采购使用的客体如下。

① 小批量、单件、价值低、总支出在产品经营费用中所占比重小的物品。

② 分散采购优于集中采购的物品,包括费用、时间、效率、质量等因素均有利,不影响正常的生产与经营的情况。

③ 市场资源有保证,易于送达,较少物流费用的物品。

④ 分散后,各基层有这方面的采购与检验能力的物品。

⑤ 产品开发研制、试验所需的物品。

4. 选择集中采购或分散采购时应该考虑的标准

集中采购的优势就是分散采购的劣势,分散采购的优点也正是集中采购的不足。在实际采购中趋利避害、扬长避短,根据企业自身的条件、资源状况、市场需要,灵活地作出制度安排,并积极创新采购方式和内容,使企业在市场竞争中处于有利的地位。

① 采购需求的通用性。经营带各单位对所购买的产品的通用性越高,从集中的或协作的方法中得到的好处就越多。

② 地理位置。当经营带位于不同的国家或地区时,就可能会极大地阻碍协作。

③ 供应市场结构。公司会在它的供应市场上选择一个或多个数量有限的几个大型供应商组织。

④ 潜在的节约。一些类型的原材料的价格对采购数量非常敏感。

⑤ 所需的专门技术。有效采购需要非常高的专业技术。

⑥ 价格波动。如果物资价格对政治和经济气候的敏感度很高,集中的采购方法就会受到偏爱。

⑦ 客户需求。客户会向制造商指定其所需要的产品应具备的条件。

除了以上需要考虑的因素外,选择集中采购时,还应该以有利于资源的合理配置、减少交易环节、加速周转、简化手续、满足要求、节约物品、提高利用率、保护和促进生产力的发展、调动各方的积极性、促进企业整体目标的实现等为原则。

1.3 联合采购

集中采购是指企业或集团企业内部的集中化采购管理,而联合采购是指多个企业之间的采购联盟行为。因此,可以认为联合采购是集中采购在外延上的进一步拓展。随着市场竞争的日益激烈,企业在采购过程中实施联合采购已经成为企业降低成本、提高效益的重要途径之一。

1. 实施联合采购的必要性

如从企业外部去分析我国企业的现行采购机制,其外部特征是各企业的采购基本上仍是各自为政,相互之间缺乏在采购及相关环节的联合和沟通,或者采购政策不统一,采购效率低下的现象十分突出,很难实现经济有效的采购目标。由此导致的主要问题有以下几个。

① 各企业都设有采购及相关业务的执行和管理部门。例如,从企业群体、行业直至国家的角度看,采购机构重叠,配套设施重复建设,造成采购环节的管理成本和固定资产投入大幅度增加。

② 多头对外,分散采购。对于通用和相似器材无法统一归口和合并采购,无法获得大批量采购带来的价格优惠,使各企业的采购成本居高不下。

③ 各企业自备库存,缺乏协调。通用材料的储备重复,造成企业库存大量增加。

④ 采购环节的质量控制和技术管理工作重复进行,管理费用居高不下。各企业在质量保证系统的建立和控制、供应商评审管理、器材技术标准和验收规范等各类相关文件的编制和管理上还没有实现一致化和标准化。

⑤ 采购应变能力差。以外包生产为例,由于产品设计和制造方法的改进等原因造成材料紧急需求不可避免,但是由于从国外采购周期比较长,器材的紧急需求难以满足。

因此,采购工作中需要突破现行采购方式的束缚,从采购机制上入手,探索新形式下企业间的合作。利用采购环节的规模效益是从根本上解决上述问题的方法之一。

2. 联合采购的优缺点

联合采购的优点如下。
① 统筹供需,建立产销秩序。
② 价格优惠。
③ 促进同业合作,达成经济外交。
联合采购的缺点如下。
① 采购作业手续复杂,主办单位必须大费周章。
② 采购时机与条件未必能配合个别需求。
③ 造成联合垄断。

3. 联合采购的方式

（1）采购战略联盟

采购战略联盟是指2个或2个以上的企业处于对整个市场的预期目标和企业自身总体经营目标的考虑，采取的一种长期联合和合作的采购方式。

（2）通用材料的合并采购

这种方式主要用于有互相竞争关系的企业之间，通过合并通用材料的采购数量和统一归口采购带来低价优惠。

目前，我国一些企业为解决采购环节存在的问题，正在探讨企业间联合采购的可能性。企业在采购及相关环节的联合将为企业降本增效、提高企业竞争力开创良好的前景。

情境链接

合并后首次联合采购，国美、永乐"战车"终于启动

面对即将到来的营销旺季，合并后的国美、永乐"战车"终于启动。目前国美、永乐已联合采购了300余款家电新品，将在国美、永乐"家电节"亮相全国各大卖场。这是国美、永乐在启动合并后首次进行联合采购。

此次国美和永乐作为一个整体，以国内最大的家用电器零售商的身份出现，国美电器企划总监何阳青表示，合并之后的"美乐"是真正意义上的全国家电连锁，新品可以第一时间在国美、永乐全国的卖场流通。何阳青表示，此次采购的绝大多数家电新品在其他家电卖场根本见不到。国美、永乐首次在实战中展示整合供应链联合采购的市场实力。

采购量大能否带来共赢

去年永乐曾与国美联合进行过30亿元现金的产品采购。昨天国美内部人士表示，之前国美与永乐的一些合作是"两家单位、单笔采购"，更多的是形式上的合作，双方在供货商、市场等方面还存在竞争。而此次联合采购，国美和永乐作为整体，是一个系统进行采购，这将为国美和永乐双方带来共赢。美乐作为一个整体，采购数量变大，厂商也会给予更大的让利，如之前国美、永乐分别单独采购100万元的产品，厂家给每家返10个百分点的利润，现在美乐作为整体采购200万元，厂家的返利就能达到20个百分点，美乐同时享受让利。

形成一家独大还难

国美企划总监何阳青表示，原来国美、永乐作为2家企业分别与厂商交易，厂商分别购买部件进行生产，而联合以后一起下订单，厂家的生产就更具有计划性。厂家既降低了生产成本，同时又能加快产品的流通。订单变大，厂家给卖场的返利更多，为产品提供的优惠和赠品也更多，而消费者就能买到性价比很高的产品。

国务院发展研究中心市场经济研究所副主任陆刃波在接受记者采访时表示，不管是价格还是产品要形成垄断必须占据行业很大的份额，在市场上形成一家独大。而事实上，虽然中国家电连锁业现在已经形成了一定的规模，但无论是国美、永乐，还是苏宁，占据整个中国七八千亿元家电销售市场的份额都还非常小。尽管国美、永乐的合并使得零售店面数量达到697家，但双方市场份额加在一起还不足整个家电销售市场的15%，而目前各地还有很多区域性的强势品牌，如深圳的顺电、武汉的工贸、重庆的商社，它们的实力都很强。基于此,业内人士认为,美乐供应链的优势还有待市场的最终检验,美乐双方着力沟通解决的可能是供应链和门店优化问题,未来可能并非像美乐自身想象的那么乐观。

资料来源:http://economy.enorth.com.cn/system/2006/09/07/001403970.shtml.

1.4 询价采购

所谓询价采购,就是采购者向选定的若干个供应商发出询价函,让供应商报价,然后根据各个供应商的报价而选定供应商的方法。

1. 询价采购的特点

① 在充分调查的基础上,筛选了一些比较有实力的供应商。所选择的数量不是很多,但是其产品质量好、价格低,企业实力强、服务好、信用度高。

② 采购过程简单、工作量小。

③ 邀请性采购。询价采购通常是分别向各个供应商发询价邀请函,供应商并不面对面地竞争,因此各自的产品价格和质量能比较客观、正常地反映出来,避免了面对面竞争时常常发生的价格扭曲、质量走样的事情。

正是询价采购这样的优点和特点,才被广泛应用于企业采购和政府采购活动之中。尽管询价采购具有上述优点,但它还具有局限性,就是它所选供应商数量少、范围窄,可能选中的供应商不一定是最优的。与其他采购方式相比,询价采购较适用于数量少、价值低的商品或急需商品的采购。

2. 询价采购的实施步骤

1)供应商的调查和选择。

2)编制及发出询价函。

3)报价单的递交及评审。

4)合同的签订及验收、付款程序。

5)履约保证金。

情境链接

滥用和错用询价采购案例分析

询价采购是《中华人民共和国政府采购法》(以下简称《政府采购法》)确定的5种采购方式之一。在什么情况下才可询价采购、怎样进行询价采购,法律都有明确规定。可是,在基层政府采购实践中,发现询价采购往往被滥用和错用。

滥用询价采购的案例:某县采购一批排灌设备,由于各排灌点涉及面积大小不一,排灌任务也有差别,所需设备规格、标准不一;现货货源不足,需要临时订做;不同类设备价格相差大,同种产品价格波动也大,这种情况本不适用于询价采购。但该县政府采购中心不顾有关专家的劝阻,固执地进行询价采购,不仅人为地使采购程序复杂化,而且采购效果也很差,最后在困难重重中只得放弃询价方式,改用公开招标方式进行采购,空耗了许多人力、财力、物力,贻误了水利工程的正常进度。

错用询价采购的案例:某区采购中心为县第一中学采购一批教学用彩色电视机,鉴于所购电视机规格、型号、标准一致,国内产品质量过关、货源充足、价格稳定等特点,决定采用询价方式进行采购。它们是这样实施询价的,第一步,将本中心6名工作人员分成3个询价小组;第二步,将本辖区内的14家销售电视机的商家按地理位置划成3片,每个询价小组负责一片,对各商家不同品牌、相同规格和品质的电视机的售价进行调查,讨价还价,确定一个意向性价格;第三步,各小组集中讨论,将搜集来的信息资料和报价情况进行汇总、整理和分析,按价格最低、服务最好的要求确定成交供应商;第四步,通知被确定成交的供应商并签约。这4步与《政府采购法》规定的程序格格不入。

以上2个案例虽然都带有明显的失误,但在基层采购实践中,却时有发生。询价采购既要符合实际,也要遵循法定程序,才能使询价采购发挥应有的作用,取得事半功倍的效果。

根据《政府采购法》第三十二条的规定,询价采购必须满足4个条件:采购对象必须是货物;所购货物规格、标准一致;该货物在市场上货源充足,交钱即可提货;该货物价格相对稳定,在一定时期内波动幅度不大。只有同时符合这4个条件,才可采用询价方式采购。满足了询价采购之后,还得有规范的操作程序,毕竟询价采购不是"逛超市式"的讨价还价,而是一种法律规范下的特殊采购行为,必须严格依照法定程序实施。

首先,询价采购必须成立询价小组。询价小组应由采购人、采购中心、有关专家三方代表组成,人数为5人或5人以上的单数,其中专家人数要占总人数的2/3或2/3以上。询价小组负责对采购货物的价格构成和确定成交的标准等事项作出明确、具体的规定。有关决定的作出按少数服从多数的原则民主、科学地操作。

其次,询价小组应按照拟购货物的价格和标准及供应商的经营管理水平明确符合要求的供应商条件,圈定被询价供应商范围。被询价供应商不是想定几家就定几家,而应根据实际情况确定3家或3家以上的供应商为询价对象,并采取书面的报价方式。询价时,询价小组向有关供应商发出询价通知书,让其按通知书要求及时报价。

另外,供应商只能一口报价。所谓"一口报价",是指供应商报价时,必须一次性报出不能更改的价格。报价形式也以书面为妥,在规定期限内向询价小组提交报价回复书。

确定成交供应商的最后拍板权应属采购人。采购人应根据自己的采购需要,认真考虑询价小组的意见,特别要重视有关专家的意见和建议,按照质量和服务相同且报价最低的原则确定成交供应商,同时将结果书面通知所有被询价供应商,依据《政府采购法》的规定与成交供应商签订购销合同。

资料来源:http://www.senior-rm.com/detail.aspx?id=16141&nid=47&pid=0&tid=0.

情境拓展

询价采购的5个注意事项

某日,某单位对一套硬件防火墙系统进行询价,品牌定为"超众"(化名),采购预算为8万元。询价如期进行,在询价截止时间前共有5家供应商前来参加。主持人宣布询价活动开始,采购人代表重申了项目配置、质量要求、服务、付款方式等有关要求,有供应商提出此次采购的防火墙已被控货,价格下不来,正常成本仅为5万元左右,但是他们打听的价格却在10万元以上,供应商进入报价阶段时,突然询价活动现场的固定电话铃声大作,对方称"我是A公司,想参加贵单位的这次询价",采购方感到很奇怪,并未向A公司发出询价邀请,为何不请自来。"不速之客"A为何消息灵通,是受人指使,还是另有所图?采购方感到可能有问题,决定暂停询价,过后再通知。

询价刚刚停止,自称是"超众"厂家的供应商B已找上门来,请求采购其产品,价格好商量。原来B在后台操控着此次询价活动,指使A来陪标,凑足数量,防止不达3家,可见B对政府采购还挺有"研究"。想不到向A发出询价邀请的竟是B,可谓荒唐之极。而采购人称"超众"防火墙的价格居高不下,因此准备采取多品牌询价方式,"超众"厂商可以参与。

以上案例在询价采购中并不鲜见,定牌采购、信息封锁、邀请对象过少是"不速之客"出现的真正原因,也是询价采购中的症结所在。一是定牌询价现象十分普遍。指定品牌询价,让供应商有一种非买不可的感觉,价格保护和货源控制成为其操控市场的惯用手法,供应商之间的竞争表现为"虚假性",并未形成品牌之间的实质对抗,采购人难以享受到低价优惠,定牌采购中最低报价的供应商仍然有巨额利润空间。二是询价信息公开的范围过窄。从财政部指定的政府采购信息发布媒体上很难发现询价信息,很多询价项目信息不公开,不但外地供应商无从知晓相关的采购信息,而且当地的供应商也会遭遇"信息失灵",不少询价项目的金额挺大,但是信息却处于"保密"状态,为"暗箱操作"提供了极大便利,一些实力雄厚的供应商只能靠边站,望"询"兴叹。三是邀请询价的供应商数量偏少。法律规定从符合相应资格条件的供应商名单中确定不少于3家的供应商,一些采购人和代理机构怕麻烦不愿意邀请过多的供应商,只执行法律规定的"下限",有些采购单位的询价资料中被询价的供应商一律为3家,还有些询价项目,参与的供应商只有2家,甚至仅有1家。确定被询价的供应商主观性大,被询价对象应由询价小组确定,但是往往被采购人或代理机构"代劳",在确定询价对象时会凭个人好恶取舍,主观性较大。询价供应商数量少,导致竞争不够激烈,使询价流于形式,走过场。

面对询价采购中的"不速之客"决不能贸然行事,断然拒绝、随意准入均不可取,询价小组可决定暂停询价,深入反思询价前的各项准备工作是否做到位,并认真地开展调查,掌握真实情况,慎重处理。如遇到"木偶型不速之客",纯粹为陪标而来,询价采购方必须中止询价,报监管部门处理。如遇到"消息迟滞型不速之客",在排除陪标可能后,若询价截止时间未到,可根据具体情况让其参加;若询价截止时间已到,则不得参加。

询价采购的5个注意事项如下。

第一,最大限度地公开询价信息。参照公开招标做法,金额较大或技术复杂的询价项目,其采购信息也应在省级、中央级媒体上发布,最起码应当在地级市的党报、采购网、电视台发布,扩大询价信息的知晓率,信息发布要保证时效性,让供应商有足够的响应时间,询价结果也应及时公布。通过公开信息从源头上减少"消息迟滞型不速之客"现象的出现。

第二,更多地邀请符合条件的供应商参加询价。被询价对象确定要由询价小组集体确定。询价小组应根据采购需求,从符合相应资格条件的供应商名单中确定不少于3家供应商,被询价对象的数量不能仅满足3家的要求,力求让更多的符合条件的供应商参加到询价活动中来,以增加询价竞争的激烈程度。推行网上询价、传真报价、电话询价等多种询价方式,让路途较远不便亲临现场的供应商也能参加询价。

第三,实质响应的供应商并非要拘泥于"3家以上"。《政府采购法》规定,只要发出询价邀请的供应商达 3 家以上即可,前来参加并对询价文件作实质响应的供应商并非要人为硬性地达到 3 家,但是起码要达到 2 家以上,询价采购由于项目一般较小往往让大牌供应商提不起兴趣,如果非得要达 3 家,询价极可能陷入僵局,重要的是要形成竞争,而非在供应商数量上斤斤计较。

第四,不得定牌采购。指定品牌询价是询价采购中的最大弊病,并由此带来操控市场价格和货源等一系列连锁反应,在询价采购中定项目、定配置、定质量、定服务,而不定品牌,真正引入品牌竞争,将沉重打击陪询串标行为,让"木偶型不速之客"绝迹于询价采购活动,让采购人真正享用到政府采购带来的质优价廉的好东西。

第五,不单纯以价格取舍供应商。《政府采购法》规定"采购人根据符合采购需求、质量和服务相等且报价最低的原则确定成交供应商",这是询价采购成交供应商确定的基本原则,但是不少人片面地认为既然是询价嘛,那么谁价格低谁中标,供应商在恶性的"价格战"中获利无几,而忽视产品的质量和售后服务。过低的价格是以牺牲可靠的产品质量和良好的售后服务为条件的,无论是采购人还是供应商都应理性地对待价格问题。不可否认,价格是询价中的关键因素,但绝非唯一因素,在成交供应商确定上要综合评审比较价格、技术性指标和售后服务等,在此基础上依法确定。

资料来源:http://www.doc88.com/p-6109827117751.html.

1.5 即时制采购

即时制采购也称 JIT(Just In Time)采购,源于 1973 年爆发的全球石油危机及由此所引起的日益严重的自然资源短缺,这对当时靠进口原材料发展经济的日本冲击最大。生产企业为提高产品利润,增强公司竞争力,在原材料成本难以降低的情况下,只能从物流过程寻找利润源,降低由采购、库存、运输等方面所产生的费用。基于这种情况,日本丰田汽车公司的创始人丰田喜一郎最早在汽车生产中提倡"非常准时"的管理方法,即"丰田生产方式"、即时制生产方式。即时制的运用促进了日本企业的崛起,并逐渐引起了欧洲和美国的日资企业和当地企业的重视。近年来,即时制模式不仅作为一种生产方式,也作为一种采购的模式流行起来。

1. 即时制采购的原理

即时制生产的基本思想是,彻底杜绝浪费,只在需要的时候、按需要的量,生产所需要的产品。这种生产方式的核心是追求一种无库存生产系统,或者是库存量达到最低的生产系统。即时制的管理思想目前已经被运用到采购、运输、储存及预测等领域。

即时制采购是一种先进的采购模式,它的基本思想是,在恰当的时间、恰当的地点,以恰当的数量、恰当的质量提供恰当的物品。它是从即时制生产发展而来的,是为了消除库存和不必要的浪费而进行持续改进的采购模式。要进行即时制生产必须有即时的供应,因此即时制采购是即时制生产管理模式的必然要求。它和传统的采购方法在质量控制、供需关系、供应商的选择、交货期的管理等方面有不同,其中,供应商的选择、质量控制是其核心内容。

即时制采购的核心要素包括减少批量、频繁而有效的交货、提前期压缩并且高度可靠、保持一贯的高质量。

2. 即时制采购与传统采购的比较

供应链环境下的即时制采购模式与传统的采购模式的不同之处在于,采用订单驱动的方式。传统的采购模式下,采购的目的就是补充库存,而即时制采购的追求是零库存。即时制采购与传统采购的不同之处如下。

① 供应商的数量不同。
② 对交货时间的要求不同。
③ 选择供应商的标准不同。
④ 制定采购批量的策略不同。
⑤ 对送货和包装的要求不同。
⑥ 对信息交流的需求不同。

3. 即时制采购的优点

① 大幅度减少原材料和外购件的库存。
② 提高采购物资的质量。
③ 降低原材料和外购件的采购价格。

4. 即时制采购的实施条件

① 供应商与企业的距离越近越好。
② 制造商和供应商建立互利合作的战略伙伴关系。
③ 注重基础设施的建设。
④ 强调供应商的参与。
⑤ 建立实施即时制采购策略的组织。
⑥ 制造商向供应商提供综合、稳定的生产计划和作业数据。
⑦ 注重教育与培训。
⑧ 加强信息技术的应用。

5. 即时制采购的实施步骤

1）创建即时制采购团队。
2）分析现状,确定供应商。
3）设定目标。
4）制订实施计划。
5）改进实施。
6）绩效衡量。

情境链接

施乐欧洲公司即时制采购的成功案例

公司背景:施乐欧洲公司(前身为 Rank Xerox)有一个成功应用即时制采购系统的案

例。作为施乐公司在美国之外的最大机构,施乐欧洲与英国兰克公司合作,生产和修理中等规模的复印机设备,并在世界范围内销售。20世纪80年代,施乐欧洲公司开始实施即时制采购。作为即时制采购计划的一部分,公司还安装了自动化物料和采购信息的处理系统,同时也修正了生产流程。作为即时制采购和其他相关系统采用的结果,施乐欧洲公司取得了一系列显著的成效。施乐欧洲公司实施即时制采购后有以下显著成效。

① 其供应商从3 000个减少到了300个。

② 入库交货的准时率高达98%,其中有79%在需要时的1小时内送达。

③ 仓库库存从3个月的供给下降到半个月。

④ 整体物料成本减少了约40%。

⑤ 由于供应商物料质量的提高,所以绝大多数入库产品质检站被相应地撤销了。

⑥ 因产品质量不佳而被拒收的水平从17%剧降到了0.8%。

⑦ 由于标准化的包装,40多个负责重新包装的职位被取消了。

⑧ 入库运输配送总成本减少了40%。

⑨ 仓库给生产线的物料配送准时率提高了28%。

在采购物流战略管理方面,还取得了以下成效。

① 形成了完整的采购绩效评估体系。

② 在企业组织架构中,对有关战略物流和采购的决策权进行了有效的授权。

③ 来自不同部门的高层经理人广泛地参与了制定物流采购策略。

④ 随着公司规模的不断扩大,高级物流采购经理人的控制范围也正在相应地扩大。

⑤ 带动性地改进了组织其他部门的绩效。

资料来源:http://www.doc88.com/p-514677204833.html.

情境链接

上海通用汽车有限公司如何实施即时制采购

上海通用汽车有限公司是美国通用汽车公司和上海汽车工业集团共同投资15.2亿美元组建的中外合资企业,主要生产高档次的别克轿车。

中远集团承担通用汽车零部件的供应任务,成为上海通用汽车供应链的一个重要组成部分。1998年7月双方签订了"门到门"供应协议。

上海通用汽车有限公司采用的是标准的即时制库存控制模式,由国际知名的物流咨询公司RYDER设计零库存管理系统。按照该系统,汽车零部件的库存要存放于运输途中,不再有大型仓库,而是在生产线旁边设立再配送中心,中心只需维持288套最低安全库存数量即可。

中远集团立足于中国物流系统的现状,对于上海通用汽车有限公司要求的零库存生产模式,提出用木箱配送的方案。也就是使配送中心的库存维持在平衡状态,并且逐渐减少,每天按照零部件拉动计划收取装有汽车零部件的木箱,多余的木箱仍然留在中远集团的仓库里。这样,就使再配送中心可以在低负荷库存水平下安全运行。

资料来源:http://www.doc88.com/p-514677204833.html.

1.6 电子采购

1. 电子采购的含义

所谓电子采购就是用计算机系统代替传统的文书系统,通过网络支持完成采购工作的一种业务处理方式,也称为网上采购。它的基本特点是在网上寻找供应商、寻找商品,在网上洽谈贸易、网上订货,甚至在网上支付货款。

电子采购最早兴起于美国,它的最初形式是一对一的电子数据交换系统,即 EDI。这种连接自己和供应商的电子商务系统的确大幅度地促进了采购的效率,但早期的解决方案价格昂贵,耗费庞大,令中小供应商和买家望而却步。近年来,全方位综合电子采购平台出现,并广泛地连接了买卖双方,提供电子采购服务。

2. 传统采购和电子采购的比较(见表3.2)

表3.2 传统采购与电子采购的比较

传统采购模式	电子采购模式
低效率的商品选择过程,冗长的采购周期	节省采购时间,提高采购效益,增强了服务意识,提高了服务质量
费时的手工订货操作,昂贵的存货成本和采购成本	采购成本显著降低
复杂的采购管理,难以实现的采购战略管理	优化采购及供应链管理
不规则采购,易产生腐败现象	增加了交易的透明度,减少暗箱操作

3. 电子采购的模式

(1)卖方—对多模式(商店、购物中心)(见图3.1)

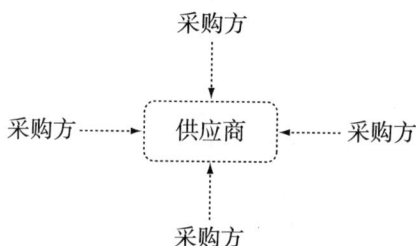

图3.1 卖方—对多模式

对采购方来说的优点是:容易访问,不需要投资。

对采购方来说的缺点是:难以跟踪和控制采购开支,登录网站太多。

（2）买方一对多模式（大企业的直接物料）（见图3.2）

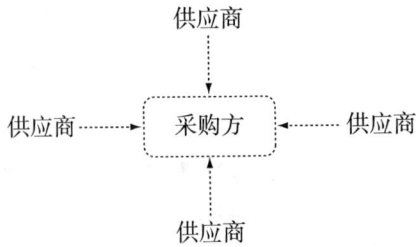

图 3.2　买方一对多模式

对采购方来说的优点是：更好地控制采购流程。

对采购方来说的缺点是：采购方需要大量的资金投入和系统维护成本

（3）第三方系统门户（见图3.3）

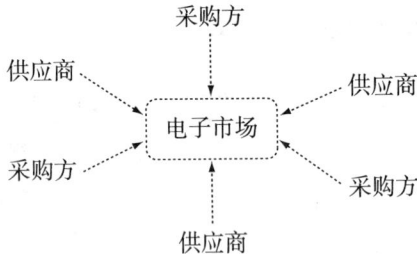

图 3.3　第三方系统门户

第三方系统门户主要有以下2种模式。

① 垂直门户：是经营专门产品的市场，如钢材、化工、能源等。

② 水平门户。这种门户拥有种类繁多的产品，其主要经营领域包括维修和生产用的零部件、办公用品等。

4. 实施电子采购的技术支持

① 数据库支持。

② EDI 支持。

③ 金融电子化技术。

④ 网络安全技术。

⑤ 计算机及网络技术。

5. 实施电子采购的步骤

1）提供培训。

2）建立数据源。

3）成立正式的项目小组。

4）广泛调研，搜集意见。

5）建立企业电子采购网站。

6）应用之前测试所有功能模块。

7）培训使用者。

8）网站发布。

1.7 招标采购

1. 招标采购的含义和方式

招标采购是通过在一定范围内公开购买信息,说明拟采购物品或项目的交易条件,邀请供应商或承包商在规定的期限内提出报价,经过比较分析后,按既定标准选择条件最优惠的投标人并与其签订合同的一种采购方式。

招标采购体现了公平、公开、公正的原则。招标企业可以最大限度地吸引和扩大投标方之间的竞争,使招标方以更低的价格采购到所需要的物资或服务。招标方式通常用于比较大的建设工程项目、新企业寻找长期物资供应商、政府采购或采购批量比较大等场合。招标的方式有以下几种。

（1）公开招标

公开招标又称竞争性招标,是由招标人在报刊、网络或其他媒体上发布招标公告,吸引众多企业单位参加投标竞争,招标人从中择优确定中标单位的招标方式,如国际性竞争招标和国内招标。

（2）邀请招标

邀请招标又称有限竞争招标、选择性招标。它由招标单位选择一定数量的企业,向其发出投标邀请书,邀请它们参加竞争。邀请招标不使用公开的公告形式,接受邀请的单位才有资格参加投标,投标人的数量有限。被邀请参加的投标竞争者有限,不仅可以节约招标费用,而且提高了每个投标者的中标机会。然而,由于邀请招标限制了充分的竞争,因此招标投标法规一般都规定招标人应尽量采用公开招标。

（3）议标

议标又称谈判招标或限制性招标,即通过谈判来确定中标者。议标又可分为直接邀请议标方式、比价议标方式和方案竞赛议标方式。

为了使得议标最大限度地体现招标的公平公正原则,《联合国贸易法委员会货物、工程和服务采购示范法》还规定在议标过程中,招标人应与足够数量的供应商或承包商举行谈判,以确保有效竞争。

2. 招标采购的一般程序

招标采购的一般程序为策划、招标、投标、开标、评标、定标。

3. 招标采购的准备

招标采购的准备工作如下。

（1）资格预审通告的发布

资格预审通告中主要包括资格预审的内容和资格预审的程序。

(2) 招标文件的准备

通常要准备的招标文件有招标通告、投标须知、合同条款、技术规格、投标书的编制要求、供货一览表和报价表。

3. 投标、评标的程序和方法

招标阶段的工作完成以后,采购就进入投标、开标阶段。

(1) 投标

① 投标准备。在正式投标前,采购单位还需要做一些必要的服务工作:一是对大型工程或复杂设备组织召开投标前的会议和现场考察;二是按投标商的要求澄清招标文件,澄清答复所有购买投标文件的供应商。

② 投标人。投标人可以是法人,或者是其他组织或个人,也可以是两个以上法人或其他组织组成的联合体。投标人应当具备承担招标项目的能力和规定的资格条件。

③ 投标文件。投标文件是投标者投标的全部依据,也是招标者招标所希望获得的成果,是投标者指挥与技术的载体。投标文件应当对招标文件的实质性要求和条件作出响应。投标文件一般包括以下组成部分。

- 投标书。这是投标者对于招标书的回应。
- 目标任务的详细技术方案。这是招标文件的主体文件。
- 招标资格证明文件。这一部分要列出投标方的资格证明文件。
- 公司与制造商的代理协议和授权书。如果投标方是某些制造商的产品代理,则还要出具和制造商的代理协议复印件及制造商的授权书。
- 公司有关技术资料及客户反馈意见。这一部分是投标方对自己的业务能力、技术能力、市场业绩等的说明和证明材料。

(2) 评标的步骤

评标步骤如下。

1) 初步评标。

2) 详细评标。

3) 编写并上报评标报告。

4) 资格后审。

5) 授标与合同签订。

(3) 评标、决标的方法

评标方法有很多,具体评标方法取决于采购单位对采购对象的要求。评标方法通常有以下几种。

① 以最低评标价为基础的评标方法。在采购简单的商品、半成品、原材料及其他性能、质量相同或容易进行比较的货物时,价格可以作为评标考虑的唯一因素。以价格为尺度时,不是指最低报价,而是指最低评标价。

② 综合评标法。这是指以价格另加其他因素为基础的评标方法。在采购耐用货物,如车辆、发动机及其他设备时可采用这种评标方法。

③ 以寿命周期成本为基础的评标方法。采购整套厂房、生产线或设备、车辆等在运行期内的各项后续费用很高的设备时,可采用以寿命周期成本为基础的评标方法。

④ 打分法。评标通常要考虑多种因素,为了便于综合考虑和比较,可以按这些因素的重要性确定其在评标时所占的比例,对每个因素打分。考虑的因素主要有:投标价格;内陆运费、保险费及其他费用;交货期;偏离合同条款规定的付款条件;备件价格及售后服务;设备性能、质量、生产能力;技术服务和培训。

情境链接

广东省第十二届运动会开幕式策划实施承办资格招标公告

佛山市政府采购中心就下列项目采用竞争性谈判的方式进行采购,欢迎符合资格的国内独立企业法人参加投标。

一、项目名称:广东省第十二届运动会开幕式策划实施承办资格

采购编号:FS50521144T

二、项目采购主要内容:本次开幕式由迎宾群体表演、序曲、入场式、大型文体表演四大部分组成。采购内容主要包括开幕式的总体方案策划、创作、设计、组织实施,含场景、舞美、灯光、服装、道具(含观众手持道具)、焰火、音响的设计、制作及施工,音乐、歌曲创作及后期制作等内容。

三、准入资格:

1. 具有独立法人资格,能独立承担民事责任,注册资本在人民币 300 万元或以上。

2. 具有专业文化经营业务和演出经营资格,投标单位必须取得文化行政部门颁发的营业性演出许可证。

3. 具有整体策划、制作、组织实施省级或以上综合性运动会开幕式活动的经验,提供相关证明材料(包括图文、音像资料等)。

4. 拥有从创意、策划、制作到组织实施的工作班子或团队,提供团队主要成员名单。

四、发布采购文件:

时间:20××年5月13日至20××年5月31日止(公休节假日除外)

上午 8:30—11:30;下午 2:30—5:30(北京时间)

地点:佛山市禅城区季华五路 28 号公交大厦六楼政府采购中心

五、咨询答疑会:

时间:20××年5月24日上午9:00(北京时间)

地点:佛山市禅城区季华五路 28 号公交大厦六楼政府采购中心

六、递交投标文件:

时间:20××年6月2日上午8:15—9:00(北京时间)

地点:佛山市禅城区季华五路 28 号公交大厦六楼政府采购中心

七、谈判评审安排:

时间:20××年6月2日上午9:00(北京时间)

地点:佛山市禅城区季华五路 28 号公交大厦六楼政府采购中心

八、参加报名时请携带以下资料。

1. 法人营业执照、营业性演出许可证及税务登记证原件及复印件一份(加盖公章)。

2. 省级以上综合性运动会开幕式大型文体表演活动组织、策划及实施的业绩表,需提

供合同复印件及业绩一览表。

3.单位中从事创意、策划及组织实施的主要成员花名册,需注明主要成员的学历、职称、在单位中的职务及曾参与过的主要项目。(按以下表格填写)

4.投标资格预审表。(表格下载请单击这里)

地址:佛山市禅城区季华五路28号公交大厦6楼政府采购中心

采购中心联系人:梁小姐、吴先生　电话:××××-××××××××

传真:××××-××××××××

资料递交方式:传真、面交、邮寄均可。

佛山市政府采购中心
二○××年五月十三日

资料来源:http://www.ccgp.gov.cn/cggg/dfbx/gkzb/201009/t20100924_856143.shtml.

情境链接

如何选择评标方法

一、评标方法

评标是招标采购的中心环节,而评标方法的选择又是做好招标采购的关键所在,2004年9月11日开始实施的《政府采购货物和服务招标投标管理办法》(财政部〔2004〕第18号部长令)明确了最低评标价法、综合评分法、性价比法这3种评标方法。

1.什么是最低评标价法?采用最低评标价法如何推荐中标候选供应商名单?

根据《政府采购货物和服务招标投标管理办法》第五十一条的规定,最低评标价法,是指以价格为主要因素确定中标候选供应商的评标方法,即在全部满足招标文件实质性要求的前提下,依据统一的价格要素评定最低报价,以提出最低报价的投标人作为中标候选供应商或中标供应商的评标方法。

最低评标价法适用于标准定制商品及通用服务项目。采用最低评标价法的,按投标报价由低到高顺序排列。投标报价相同的,按技术指标优劣顺序排列。评标委员会认为,排在前面的中标候选供应商的最低投标价或某些分项报价明显不合理或低于成本,有可能影响商品质量和不能诚信履约的,应当要求其在规定的期限内提供书面文件予以解释说明,并提交相关证明材料;否则,评标委员会可以取消该投标人的中标候选资格,按顺序由排在后面的中标候选供应商递补,以此类推。

2.什么是综合评分法?采用综合评分法如何推荐中标候选供应商名单?

根据《政府采购货物和服务招标投标管理办法》第五十二条的规定,综合评分法,是指在最大限度地满足招标文件实质性要求的前提下,按照招标文件中规定的各项因素进行综合评审后,以评标总得分最高的投标人作为中标候选供应商或中标供应商的评标方法。

综合评分的主要因素是:价格、技术、财务状况、信誉、业绩、服务、对招标文件的响应程度,以及相应的比重或权值等。上述因素应当在招标文件中事先规定。评标时,评标委员会各成员应当独立对每个有效投标人的标书进行评价、打分,然后汇总每个投标人每项评分因素的得分。

采用综合评分法的,货物项目的价格分值占总分值的比重(即权值)为30%~60%;服务项目的价格分值占总分值的比重(即权值)为10%~30%。执行统一价格标准的服务项目,其价格不列为评分因素。有特殊情况需要调整的,应当经同级人民政府财政部门批准。

$$评标总得分 = F_1 \times A_1 + F_2 \times A_2 + \cdots + F_n \times A_n$$

式中,$F_1,F_2,\cdots,F_n$ 分别为各项评分因素的汇总得分;$A_1,A_2,\cdots,A_n$ 分别为各项评分因素所占的权重($A_1 + A_2 + \cdots + A_n = 1$)。

采用综合评分法的,按评审后得分由高到低顺序排列。得分相同的,按投标报价由低到高顺序排列。得分且投标报价相同的,按技术指标优劣顺序排列。

3. 什么是性价比法?采用性价比法如何推荐中标候选供应商名单?

根据《政府采购货物和服务招标投标管理办法》第五十三条的规定,性价比法,是指按照要求对投标文件进行评审后,计算出每个有效投标人除价格因素以外的其他各项评分因素(包括技术、财务状况、信誉、业绩、服务、对招标文件的响应程度等)的汇总得分,并除以该投标人的投标报价,以商数(评标总得分)最高的投标人为中标候选供应商或中标供应商的评标方法。

$$评标总得分 = B / N$$

式中,B 为投标人的综合得分,$B = F_1 \times A_1 + F_2 \times A_2 + \cdots + F_n \times A_n$,其中,$F_1,F_2,\cdots,F_n$ 分别为除价格因素以外的其他各项评分因素的汇总得分,$A_1,A_2,\cdots,A_n$ 分别为除价格因素以外的其他各项评分因素所占的权重($A_1 + A_2 + \cdots + A_n = 1$);$N$ 为投标人的投标报价。

采用性价比法的,按商数得分由高到低顺序排列。商数得分相同的,按投标报价由低到高顺序排列。商数得分且投标报价相同的,按技术指标优劣顺序排列。

二、选择评标方法

实践证明,评标方法选择不当,会严重影响招标采购的质量。那在实际工作中如何正确选择呢?

1. 分析法

分析法就是通过分析所采购的项目来选择。一般来说,若采购的项目属于标准定制货物及通用服务项目,如招标采购车辆定点加油、定点维修、定点保险供应商,则应采用最低评标价法,而选用其他2种评标方法,不仅程序复杂,评标时间长,而且没有实际意义;若采购的项目属于非通用项目,个性化技术、商务指标复杂,且有特殊要求,如欲购知名品牌商品的采购项目,则应采用综合评分法,而不能采用最低评标价法或性价比法。因为选用最低评标价法不能保证所购商品的技术等要求,选用性价比法不能保证所购商品的特殊要求。例如,在一般情况下知名品牌和不知名品牌,质量可能差不多,但价格的差别却比较大,如果按性价比法来评标,肯定是不知名品牌中标,这样就不能满足所采购的项目是知名品牌商品的特殊要求。

2. 因素法

因素法就是看以何种因素为主要评标因素来选择不同评标方法的一种方法。若以价格为主要因素来确定中标供应商,则应选择最低评标价法,因为在这种评标方法下,才能满足采购人采购到质量相同情况下最便宜的商品。例如,中小学校所采购的学生用计算机,就是以价格为主要评标因素,因此采用最低评标价法,才能适应这些学校经费紧张,学生用计算机技术标准要求不高的实际情况。否则,采用其他评标方法,就不能采购到同等质量情况下的最便宜的计算机。其二,若以最大限度地满足招标文件实质性要求为主要评标因素,则应选择综合评分法。因为招标文件所规定的实质性要求比较多,有技术、价格、供货时间、供货方式、财务状况、信誉、对招标文件的响应程度及售后服务等,而要满足这么多要求,就势必选择综合评分的方法,而采用最低评标价法或性价比法,就不能最大限度地满足上述技术、价格、信誉等要求。其三,若以采购人想买到最好的东西为主要评标因素,则应选择性价比法,而不应选择综合评分法,更不能选择最低评标价法。因为性价比法是以除价格因素以外的其他各项评分因素(包括技术、财务状况、信誉、业绩、服务等)的汇总得分,并除以投标人的投标报价后所得的商数最高,来评定中标供应商。这样,既保证了价格,更保证了价格以外的各项性能要求。否则,无论是采用综合评分法,还是采用最低评标价法,都会偏重于某一方面,如果不是偏重于价格,就是偏重于某一其他方面,如财务状况、业绩、技术等,而收不到买到最好物品的效果。

3. 对比法

对比法就是当采购人招标采购某项非通用物品且无特别要求时,拟通过事先选用除最低评标价法以外评标方法的对比,来确定选择何种评标方法的一种方法。实际上就是针对招标采购某项非通用物品时,是选择综合评分法好,还是选择性价比法好。主要从 2 个方面来比较。一个方面是比较认同度。选择前,确定 11 名咨询人,分别为政府采购监督管理部门 2 名,集中采购机构(政府采购中心)3 名,技术专家 3 名,招标采购单位 3 名(其中 2 名为单位负责人,1 名为职工代表),然后发出 11 张咨询评标方法票,并注明只准选用综合评分法或性价比法中的一种评标方法,以得票多的一种评标方法为所选用的评标方法。另一个方面是比较价格分值所占总分值的比重(即权重值)是否好确定。由于《政府采购货物和服务招标投标管理办法》规定:综合评分法中的价格分值是货物项目总分值的 30%~60%,服务项目价格分值占总分值比重的 10%~30%。如果就某一个招标采购项目而言,若其价格分值的比重确定比较困难,则就不宜选用综合评分法,而应选用性价比法;反之,确定其价格分值比重不困难,则应选用综合评分法。因为在同等采购要求的情况下,选用综合评分法无论在操作上,还是在时间上都优于性价比法。

4. 查阅法

查阅法也称经验法,就是通过查阅政府采购档案资料或政府采购案例,或者凭招标采购经验来确定选用评标方法的一种方法。这种方法操作比较简单。具体做法是招标采购单位有相同或相近的招标采购案例,可直接参照以往选用的评标方法,或者查阅本单位平时所搜集的政府采购案例,若没有就到当地集中采购机构和政府采购监督管理机构查阅,或者查阅政府采购信息刊载媒体,再查不到,就采用前文所述的其他 3 种方法。这样,就能比较准确地选择出恰当的评标方法。

此外,我们在选择评标方法的实务中还必须注意以下 3 点。一是确定评标方法的时间是在招标时,即在发布的招标文件中明确规定,而不是开标后确定,否则就有失公开、公平、公正。二是评标方法一经确定就不可改变。因为《政府采购货物和服务招标投标管理办法》第五十五条规定,在评标中,不得改变招标文件规定的评标标准、方法和中标条件。三是对同一招标项目只能选择一种评标方法,而不能同时选择和确定 2 种或 3 种评标方法,不然,就会违背上述规定。

资料来源:http://www.huishoushang.com/Sale/showk_19099.html.

技能训练①

模拟××学校图书馆中文图书招标采购

1. 目的

（1）熟悉招标采购的具体内容。

（2）学会招标采购的操作流程、实战技巧。

2. 方式

（1）将教学班按5人一组分成多个项目学习小组,选出一个小组代表××学校图书馆,其他小组则代表不同的图书出版社。

（2）代表××学校图书馆的小组撰写并公布《××学校图书馆中文图书招标采购通告》,明确招标准入资格、项目采购主要内容、评标的方法等有关内容。

（3）代表不同的图书出版社的小组准备各自的投标文件。

3. 要求

（1）各学习小组在招标之前要做好充分的准备。

（2）招标后,代表××学校图书馆的小组公布哪个图书出版社小组获得××学校图书馆中文图书的合同签订,并陈述自己的授标理由。

案例分析①

胜利油田对采购物品的分类管理

胜利油田物资采购分集团采购、统一组织采购、企业自购三部分。集团采购是指大宗通用和主要物资由集团公司集中采购;统一组织采购是在集团公司组织下,由供应处与供应商签订合同、结算;企业自行采购是指除集团采购、统一采购外的其他物资,由物资供应处组织采购或进行集中交易,集中交易目录以外的由二级单位自行采购。目前,供应处正积极推行电子商务,尽快实行网上采购、网上结算,提高物资管理水平,以便更好地为油田生产建设服务。

为此,供应处制定了《关于规范物资采购与供应管理的通知》和《胜利石油管理局、胜利油田有限公司物资采购供应管理实施细则》。按照集团采购、统一采购、企业自购物资品种编制了采购目录,明确了采购权限和采购范围。其措施有:引入竞争机制发挥批量采购优势,实行招标、议标、电子商务采购的方式;对不符合招标条件的物资继续实行合同会签制,使采购业务公开、公正、透明;建立健全采购决策、采购权限、采购审批等制度,指定专门部门对采购计划和采购全过程进行审核和监督,更好地规范采购行为,降低采购成本。同时,财务部门制定了《预付货款管理办法》,通过采购过程中预付给生产厂商一定货款,以获得较大幅度的降价待遇,从而取得较为可观的经济效益。

继中石化机关进行调整之后,股份公司成立了一个物资装备部,负责大宗物资和大型设备的集中采购,负责实施采购价格管理、物资储备调度管理和设备监督管理等职能,存续部分保留,物资装备公司属流通企业。除胜利油田外,其余6个油田全都由中石化负责采购。因此,为了应对中石化的体制要求,保证供应处的资金采购权,供应处需要进一步提高管理水平,提高服务质量,保障物资供给。

2001年,根据中石化集团公司和油田的统一要求,胜利油田积极推行了"归口管理、集中采购、统一储备"的物资供应管理新体制,实施新的物资供应价格体系,取消管理费,全年为油田降低生产成本2亿多元;同时,发挥集中、批量采购的优势,节约采购资金1.06亿元;强化质检力度,为油田避免经济损失2.1亿元。

降低物资采购成本是油田降本增效的重要途径。供应处认真研究新情况、新问题,树立新观念,实施制度创新、管理创新、强化招标、议标采购的管理。首先按各业务科室的年申请采购资金量和工作中的实际情况,制定招标、议标指标,特别是指定了招标指标,量化到各业务科室,并切实做好考核工作。其次是加大宣传力度,充分利用油田局域网,以及电子商务大楼的显示屏等现代化宣传工具,公布招标、议标订货的有关信息,收到了良好的效果。全年招议标订货额达56.5亿元。

在自购物资采购资金使用上,供应处本着方便使用的原则,对二级供应站的采购工作严格把关,规范二级供应站自购物资集中交易行为,使资金核拨同各单位生产建设规模相适应,堵塞资金使用上的漏洞。为进一步加强自购物资集中交易管理工作、规范自购物资交易行为、维护市场秩序、保证自购物资质量、提高油田整体经济效益,供应处成立了胜利油田物资交易商场。交易商场的建成,为自购物资交易提供了良好设施和环境。作为油田自购物资交易的主场所,商场内物资实行明码标价,自由选购,统一结算,为油田和供应商提供了良好的交易条件,为进一步做好自购物资管理工作创造了条件。去年自购物资集中交易额2.64亿元,集中交易比例达86%。

资料来源:http://wenku.baidu.com/view/ad1f146a561252d380eb6ef3.html.

问题:

1. 胜利油田物资采购采用的方式都有哪些?

2. 结合案例中胜利油田的物资采购来分析集中采购的优势?

3. 胜利油田在企业自购上采用了什么手段来加强管理?

自我测试①

一、选择题

1. 企业在核心管理层建立专门的采购机构,统一组织企业所需物品的采购进货业务的采购模式有( )。

    A. 即时采购　　　　B. 集中采购　　　　C. 联合采购　　　　D. 询价采购

2. 分散的采购模式适合( )。

    A. 企业规模较小、产品结构较单一的情况

    B. 企业规模较大的情况

    C. 子公司的地理位置较远,其供应成本低于集中采购成本的情况

    D. 子公司的地理位置较近的企业

3. 招标采购方式通常用于( )。

    A. 采购批量比较大的商品　　　　　　B. 比较重大的建设工程项目

    C. 新企业寻找长期物资供应商　　　　D. 政府采购

4. 目前世界各国和国际组织的有关采购法律、法规规定的招标方式有( )

    A. 公开招标　　　B. 不公开招标　　　C. 邀请招标　　　D. 议标

5. 货物采购常用的评标方法有(　　　　　)。
　　A. 最低价为基础的评标方法　　　　　　　　B. 打分法
　　C. 综合评标方法　　　　　　　　　　　　　D. 以寿命周期成本为基础的评标方法
6. 有利于获得采购的规模效益,实现采购作业及流程的规范化和标准化是(　　　　　)。
　　A. 综合采购的特点　　　　　　　　　　　　B. 集中采购的特点
　　C. 分散采购的特点　　　　　　　　　　　　D. 混合采购的特点
7. 分散采购的对象是(　　　　　)。
　　A. 大宗或批量物品　　　　　　　　　　　　B. 关键零部件
　　C. 价值高的物品　　　　　　　　　　　　　D. 研发、实验的物品
8. 适合集中采购的主体有(　　　　　)。
　　A. 集团范围实施的采购活动　　　　　　　　B. 跨国公司的采购
　　C. 连锁、特许企业的采购　　　　　　　　　D. 二级法人企业、子公司
9. 即时制生产方式最初是在 20 世纪 60 年代(　　　　　)。
　　A. 美国福特公司率先使用的　　　　　　　　B. 美国通用公司率先使用的
　　C. 日本丰田公司率先使用的　　　　　　　　D. 日本本田公司率先使用的
10. 电子采购的最初形式是(　　　　　)。
　　A. EDI　　　　　　　　B. GPS　　　　　　　　C. GIS　　　　　　　　D. POS

二、判断题

1. 集中采购是多个企业之间的采购联盟行为。　　　　　　　　　　　　　　　　　(　　)
2. 采购者向选定的若干供应商发出询价函,让供应商报价,然后根据各个供应商的报价而选定供应商的采购模式是联合采购。　　　　　　　　　　　　　　　　　　　(　　)
3. 供应商在需要的时间里,向需要的地点,以可靠的质量,向需方(制造方)提供需要的物料的过程是即时制采购流程。　　　　　　　　　　　　　　　　　　　　　　(　　)
4. 即时制生产的基本思想是彻底杜绝浪费。　　　　　　　　　　　　　　　　　　(　　)
5. 一般采购流程所体现的是,采购的目的是为库存采购。而准时采购流程所体现的是,采购的目的是降低采购成本、库存成本,同时满足质量的需要。　　　　　　　　(　　)
6. 核心思想在于"消除一切不必要的浪费",在生产物流管理的实践中尽力消除不增值活动和不必要环节的管理方法是即时制采购管理。　　　　　　　　　　　　　　(　　)
7. 电子采购最先兴起于德国。　　　　　　　　　　　　　　　　　　　　　　　(　　)
8. 招标采购的顺序是:策划—招标—投标—开标—评标—定标。　　　　　　　　(　　)
9. 由招标人在报刊、网络或其他媒体上发布招标公告吸引众多企业参加投标竞争,招标人从中择优确定中标单位的招标方式是邀请式招标。　　　　　　　　　　　　(　　)
10. 最高价为基础的评标方法也是采购常用的评标方法中的一种。　　　　　　　(　　)

在线测试

任务 2　采购谈判管理

引导案例　两个孩子分苹果

　　两个孩子为了分一个苹果而争吵不休,都坚持要得到较大的一块,无论他人怎么劝说两人都不同意。后来,他们的父亲提出了一个建议,由其中一个人来切苹果,然后另一个人先进行挑选,两人接受了这一建议。切苹果的一方不敢马虎,力求切得一样大小,生怕自己吃亏,而挑选苹果的一方当然要选他认为大的一块。假如切开的苹果真的有大有小,让先挑的一方占了便宜,切苹果的一方也心甘情愿,因为他已经尽了自己的最大本领来分切苹果。

　　问题:这两个孩子分苹果的过程实质上是一次简单的谈判活动,你从中受到了哪些启发?

2.1　采购谈判的含义和内容

1. 采购谈判的含义

　　采购谈判(acquisition negotiations)是指企业为了获得满意的采购产品或原材料,与供应商对采购业务的有关事项,如商品的品种、规格、技术标准、质量保证、订购数量、包装要求、售后服务、价格、交货日期与地点、运输方式和付款条件等进行反复磋商,谋求达成协议,以建立双方都满意的买卖关系。

　　采购谈判的目的:一是希望获得供应商质量好、价格低的产品;二是希望获得供应商比较好的服务;三是希望在发生物资差错事故损失时获得合适的赔偿;四是当发生纠纷时能够妥善解决,不影响双方的关系。

2. 采购谈判的内容

　　(1) 产品条件谈判

　　采购的对象是产品或原材料,因此谈判的内容首先是与产品条件有关的谈判。产品条件的谈判有的复杂,有的简单,主要取决于采购方购买产品的数量、品种和型号。对于采购方来说,如果购买的产品数量少、品种单一,产品条件谈判就比较简单;如果采购的产品数量多,品种型号也多,其谈判就比较复杂。一般来说,产品条件谈判内容包括产品品种、型号、规格、数量、商标、外形、款式、色彩、质量标准和包装等。

　　(2) 价格条件谈判

　　价格条件谈判是采购谈判的中心内容,是谈判双方最为关心的问题,通常双方都会进行反复的讨价还价,最后才能敲定成交价格。价格条件谈判包括数量折扣、退货损失、市场价格波动风险、商品保险费用、售后服务费用、技术培训费用和安装费用等条件的谈判。

（3）其他条件谈判

除了产品条件和价格条件谈判外,还有交货时间、付款方式、违约责任和解决争议的方式等其他条件的谈判。

采购谈判的内容如图 3.4 所示。

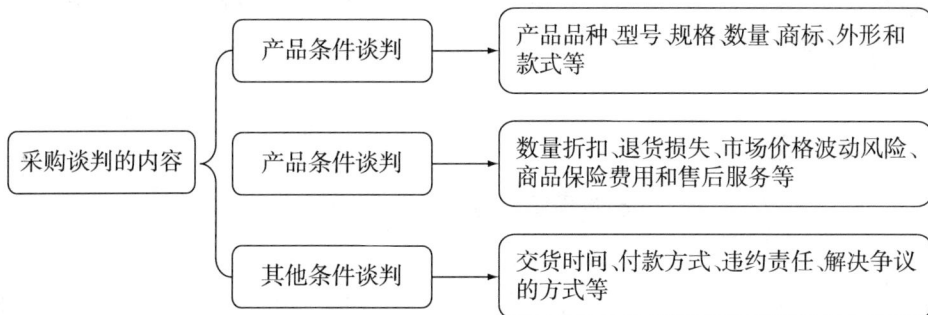

图 3.4　采购谈判的内容

2.2　采购谈判的影响因素

采购谈判是一种双赢、互利的行为和过程,谈判各方当事人之间的关系不是"敌人"而是"合作的伙伴""共事的战友"。但是双赢、互利并不意味着双方利益上的平均,而是利益上的平衡。所以这又使谈判各方必须努力为自己争取较多的利益,从而形成谈判双方的竞争和冲突,这种既合作又冲突的特点构成了采购谈判的二重性。二重性决定了采购谈判成功的基础是谈判实力。所谓谈判实力指的是影响双方在谈判过程中的相互关系、地位和谈判最终结果的各种因素总和,以及这些因素对各方的有利程度。一般来讲,有以下 7 个影响谈判实力强弱的因素。

1. 交易内容对双方的重要性

虽然采购交易成功对各方面都有益,但并不是交易本身对各方的重要程度都一样。如果交易对某方更重要,则该方在谈判中的实力就弱。例如,2010 年中钢协与三大矿山的谈判,由于铁矿石的市场供不应求等多方面的原因,使得我方处于不利的位置,谈判实力相对较弱。

2. 各方对交易内容和交易条件的满足程度

如果交易中的某一方对交易内容和交易条件的满足程度越高,那么在谈判中的实力就越强。例如,在货物买卖谈判中,如果卖方对买方在货物质量、数量和交货时间等方面的要求都能充分予以保证和满足,则卖方的谈判实力强;反之,谈判实力弱。

3. 竞争状态

在采购交易中,如果出现多个买者的态势,则有利于卖方,可以增强卖方的谈判实力;反之,如果出现多个卖方的态势,则有利于买方,会增强买方的实力。从微观经济学的角度讲,就是完全垄断的市场有利于卖方,卖者往往拥有"只此一家,别无分店"的优势;相反,在一个完全竞争的市场则有利于买方,买方可以挑选卖方的产品和服务。

4. 对于商业行情的了解程度

商业信息是无形的资源,它可以转化为财富,谈判双方谁掌握的商业行情多,了解的情况详细,谁就在谈判中占主动、有利地位,谈判实力就强;反之,谈判实力就弱。

情境链接

沃尔玛青睐的四大谈判技巧

进入沃尔玛的全球采购系统,是很多供应商梦寐以求的事情。这也是为什么在采购大会上,沃尔玛的展台总是最热闹的地方。供应商在与沃尔玛的买手进行谈判时需要注意以下几点。

第一,必须做足准备工作。它包括:①注意沃尔玛购物广场、山姆会员店和社区店各个商场定位的不同之处;②评价/对比自己及竞争对手的商品,可以在哪些方面提高这些产品的竞争力,如质量、价值、价格及选择等方面;③选出畅销商品,并判断其中哪些适合山姆会员店、购物广场或社区店销售;④挑选出最适合内销市场的商品;⑤比较评价其他零售商,寻找商机,能帮助沃尔玛在中国建立更完善的商品组合。

第二,供应商在与沃尔玛谈判前还应该准备一份公司档案,它包括公司的销售总额(包括内销额度和出口额度)、公司的主要客户(包括内销客户和出口客户公司的市场业绩)。

第三,在与沃尔玛进行采购谈判时需要做到有备而来。它包括组织专业的与会介绍,推荐最好的商品,带样品及报价单,公司如何帮助采购商提高产品销售,准时到会,考虑怎样包装商品以利于商场陈列美观,展示一些新的或是创新的产品作为供应商介绍的一部分。

第四,注意别犯禁忌。在与沃尔玛进行采购谈判时,还有一些禁忌,它包括:①不要展示没有报价的商品;②不要展示次于沃尔玛已有商品的商品;③不要不带样品赴会;④不要不准备价格资料;⑤不要送小礼品、纪念品或提供任何报酬给采购员。

资料来源:http://www.sznews.com/n/ca613385.htm.

5. 企业的信誉和实力

企业的信誉和实力不等于谈判实力,但它是形成谈判实力的基础。企业的商业信誉越高,社会知名度越大,企业实力就越强,支持和影响谈判的因素就越多,谈判实力就越强。

6. 对谈判时间因素的反应

在谈判过程中,哪一方时间紧迫、拖不起,希望早日结束谈判,达成交易,则时间的局限会削弱其谈判实力;反之,最有耐心的一方,能够长时间地谈判,谈判实力就强。

7. 谈判的艺术和技巧

谈判人员如果能充分调动有利于自己的各种因素,避免不利因素,就能加强谈判实力。因此,谈判人员必须外塑形象,内强素质。素质高,谈判技巧娴熟,就能增强谈判的实力;反之,则会影响谈判实力的发挥。

2.3 采购谈判的程序

1. 准备阶段

① 明确谈判的内容。明确谈判内容,需要搜集与谈判内容有关的各项采购业务资料,如供应商的产销能力和供货服务水平、采购市场供求和价格动态等。

② 确定谈判的目标。谈判目标是指在采购目标确定之后,准备在谈判中实现的目标。具体明确的谈判目标有助于谈判的成功;盲目、含糊不清的谈判目标将导致谈判的失败。谈判目标要根据采购性质而定,如单项采购,其数量、价格、质量、运输及付款方式等都要有明确要求。

③ 制定谈判策略。制定谈判策略就是制订谈判的整体计划及谈判技巧,从而在宏观上把握谈判的过程,并在谈判中把握主动权。

④ 制定谈判日程。整理和计划在谈判中的一些问题,按问题的逻辑顺序,制定谈判的日程,并在正式开始谈判前,征求对方的意见,取得其同意。

⑤ 谈判人员的安排。谈判人员应充分了解谈判的内容、目标和策略,密切配合,步调一致地进行谈判。谈判人员的多少应视具体情况而定,过多则控制权不易集中,过少又难于应付。谈判人员的安排必须涉及有关谈判各个领域的种种问题,包括贸易、财务和法律等方面。

2. 开局阶段

谈判开局是谈判双方人员接触的开始,也是谈判工作进入双向交流阶段的标志。一般情况下,此阶段包括以下几个方面的工作。

① 开场准备。虽然制订谈判计划已经是谈判的准备工作,但在谈判开局以前,还需要在自我形象设计和开场气氛方面做好充分工作。

② 谈判议程的商定。一般应首先将谈判议程确定下来。谈判议程的商定实质上也是谈判的内容,因为议程本身如何将会决定谈判者在以后的工作中是否有主动性,甚至决定谈判的最终成果。

③ 意图概说。意图概说的目的是相互让对方了解自己的目的和意图,在谈判中也叫"报盘"。在报盘时除了言简意赅地讲清楚自己的目的和意图外,不要发表过多的言论,关键的资料应留待实质谈判阶段再用。

开局是谈判的起点,它起着引导谈判的作用,关系到能否取得谈判的控制权和主动权。因此,开局阶段应注意以下 2 个问题。

- 不要急于切入正题,需要一些中性话题开头。优秀的谈判者总会利用谈判技巧,创造出轻松、诚挚、愉快的开局气氛,引起对方的合作兴趣。例如,谈一些有关气候和季节的话题,谈谈关于体育、文艺和新闻等共同爱好方面的话题。若对方是熟悉的客户,则可回顾以往愉快的合作、成功的经历等。这些话题具有积极向上、令人愉快的特点,容易被人接受,有利于消除陌生感和尴尬的心理。开局时切忌离题万里地夸夸其谈,也要避免有伤害对方自尊的言辞和行为。应该注意的是,开头的寒暄不能时间过长,以免冲淡谈判的气氛。

- 注意开局礼仪。首先双方要对谈判人员进行介绍,以便相互了解参与谈判的人员的有关背景。正确的介绍顺序是:先把主方成员介绍给客方;先介绍身份等级高的或长者。介绍时要落落大方,介绍完毕要相互握手致礼。如果对方是外商,要尊重对方的习惯和风俗;作为客方,也要注意入乡随俗。

3. 正式洽谈阶段

(1) 开始洽谈阶段

这个阶段所有参加谈判的人员的精力都很充沛,注意力非常集中,双方开始进入最初的洽谈议题。这个阶段要阐述为什么要谈判、谈判的内容是什么和预谈多长时间等。双方各自表明自己的立场,进一步巩固已经建立起来的轻松、诚挚的谈判气氛。这个阶段虽然很短,但是却建立了洽谈的格局,双方都从对方的言行、举动中观察判断对方的特点,以确定自己的行动方式。

(2) 业务洽谈阶段

业务洽谈阶段具体包括摸底和磋商2个阶段。

① 谈判摸底阶段。这一阶段的主要内容是谈判双方相互交换各自的背景材料,阐明各自的立场、态度,提出各自的谈判方案。具体包括:进一步弄清楚彼此的谈判意图及诚意,以确定对方是否愿意成为己方的商务伙伴;对方是否值得信赖;与其他客户比较,与其达成交易是否对己方更有利;双方对谈判标的是否认可;双方的谈判方案是否可行等问题,以调整各自的谈判策略,为下一阶段谈判打好基础。

在摸底阶段,谈判双方都应注意以下问题。

- 态度冷静,情绪稳定。
- 认真聆听对方的方案,避免自以为是、故作聪明地自我解释对方的方案;对于对方对己方方案的误解应及时予以纠正。
- 尽量请对方说明其方案的依据,并探究对方对其方案的坚定程度,以区分对方哪些条件是有弹性的,哪些条件对方不易作出让步。同时,观察对方对己方方案的满足程度,以判定己方下一步的磋商方案。
- 注意话题与将来所要谈内容之间的关系,不应贸然作出让步,也不应把话说死。
- 及时总结摸底阶段的工作,重新审定己方的谈判方案。根据对方的方案、立场和谈判风格等,对己方的谈判方案、策略进行必要的调整,使己方以后的谈判更具有针对性。

② 谈判磋商阶段。谈判的磋商阶段是指随着谈判开局阶段任务的完成而深入议题的中心阶段,即指谈判开始之后到谈判终局之前,谈判各方就实质性事项进行磋商的全过程。

谈判的磋商阶段是谈判的实践阶段,这不仅是谈判主体间的实力、智力和技术的具体较量阶段,也是谈判主体之间求同存异、合作让步的阶段。

由于此阶段是全部谈判活动中最为重要的阶段,故其投入精力最多、占有时间最长、涉及问题最多。因此,在此阶段应把握好下面几个问题。

- 合理地报价、还价或提出条件。报价又称提出条件,是指谈判磋商阶段开始时提出讨论的基本条件。但这一阶段并不是单指一方的报价,同时也指对方的还价。因此,报价、还价的科学、合理运用,关系到整个谈判过程的利益得失。

- 正确驾驭谈判的议程。在谈判磋商的过程中,谈判双方各自从自己利益出发,唇枪舌剑,左右交锋,竭力使谈判向有利于自己的方向发展。因此,在这一方面应注意对谈判有一个正确的评估和调整;把握谈判局面,合理驾驭谈判的议程;寻找方案,打破出现的僵局;把握谈判的时机,作出适当的让步,促成谈判的达成。

4. 谈判的终局阶段

谈判在历经了准备阶段、开局阶段和洽谈阶段之后,谈判的终局阶段也就到来了,这也是谈判的结束阶段。谈判的终局阶段可根据谈判的结果分为假性败局、真性败局与和局 3 种。

（1）假性败局

假性败局是指谈判各方在谈判过程中,经过一再讨价还价之后,由于各种主客观原因未能达成协议的暂时性谈判的终止,从形式上看谈判已经结束,却存在重新谈判的可能性。

造成谈判假性败局的原因有很多,有的是谈判各方之间的利益冲突暂时未找到解决的方案;有的是客观条件不具备;有的是多角谈判;还有的却是基于谈判策略上的考虑。

（2）真性败局

真性败局即谈判告吹,是指谈判各方进入谈判之后,由于种种原因未能达成协议,最终结束了谈判。

谈判失败是经常发生的,会给各方的物质、精力等造成损害。谈判的目的在于成功而不是失败,谈判者应当尽力避免谈判败局的产生,同时也不能因为恐惧失败而不敢谈判或放弃谈判。问题在于如何防止谈判的败局,这就需要对谈判中可能导致败局的种种原因作好充分的分析和预测,以找到防范的措施。能够导致谈判败局的原因有很多,要想防止由于谈判中各种原因造成的失败,就必须精通谈判理论,掌握谈判技术,运用谈判技巧,并注意谈判是否有悖于法律、对方是否有诚意等。

（3）和局

谈判的和局是指谈判各方在谈判过程中经过磋商取得一致意见,签订协议而终止谈判的结局。谈判的和局就是谈判的成功,它标志着谈判的各方都是胜利者。

谈判的和局是谈判各方协商一致努力争取的结果,因此,谈判的和局与谈判各方的相互让步分不开。当然,所谓让步并非绝对平均,谈判者总是立足于对自己有利,或付出代价也"划得来"的前提下结束谈判。

情境链接

沃尔玛规范化、标准化的谈判业务程序

沃尔玛在采购业务洽谈过程中,采取规范化、标准化的谈判业务程序主要表现如下。

第一,谈判地点统一化。与供应商的谈判地点一律选择在沃尔玛公司洽谈室,一方面,作为谈判主战场,东家优势对沃尔玛谈判很有利;另一方面,使谈判透明度高,规避商务谈判风险,也有效地避免了业务员的暗箱操作。

第二,谈判内容标准化。按事先规定的"沃尔玛商品采购谈判格式"要求,开展谈判活

动。例如,在谈判过程中只涉及商品属性、产品质量、包装要求、采购数量、批次、交货时间和地点、价格折扣、付款要求、退货方式、退货数量、退货费用分摊、产品促销配合和促销费用分摊等相关内容。

沃尔玛与供应商的谈判标准化,还表现在以下3个方面。

① 沃尔玛坚持一次大批量进货,享受采购规模的批量折扣,可从供货商那里拿到最低的进货价格。

② 沃尔玛不做代销而买断进货,严格按合同期限及时向供应厂商付款,使供应商因对及时收款有保障而宁愿在出厂价上让利。

③ 由于沃尔玛拥有庞大的国际销售网络,供货商可借船出海,打开国际市场,因此愿意再做出让利。

由于沃尔玛避开了中介贸易商而向生产厂家直接采购,并大量集中采购、集中配送,即减少中间环节而降低进货成本。因此沃尔玛购物广场销售的商品,一般比其他门店的同类商品便宜10%左右。这就是沃尔玛的采购原则:从供应商那里为顾客争取利益。

资料来源:http://book.hqdoor.com/html/14026/21106.htm.

2.4 采购谈判的基本原则

采购人员在进行谈判的时候,要遵循一些谈判原则,这样才能确保谈判的顺利进行,达到采购谈判的目标。采购谈判的原则主要有基本原则和一般原则。采购谈判的基本原则如下。

1. 合作原则

为保证谈判的顺利进行,谈判双方必须共同遵守一些基本原则,特别是所谓的合作原则。概括而言,合作原则就是要求谈判双方以最精炼的语言表达最充分、真实、相关的信息。合作原则包括4个准则。

① 量的准则。它要求所说的话包含交谈所需要的信息,不应包含无关的信息。

② 质的准则。它要求不要说自知是虚假的话,不要说缺乏足够证据的话。

③ 关系准则。它要求所说的话要关联并切题,不要漫无边际地胡说。

④ 方式准则。它要求所说的话要清楚明白,避免晦涩、歧义,要简练、井井有条。

效率就是金钱,供需双方在谈判时,总是希望双方能互相理解、共同配合,早日完成谈判,达到各自的目的,因此双方都会遵守合作原则以求实现这个愿望。当然,同样是遵守合作原则的谈判,不同谈判人员在不同场合会对不同的准则有所侧重。例如,在谈判中,当双方讨论采购商品的品质、规格等时,双方都会把质的准则放在首位,力求所说的话真实、有根据,同时也会顾及到其他准则,如方式准则强调所说的话清楚、完整,避免引起歧义。

情境提示

采购谈判中虽然强调合作原则,但并不是要求当事人不去争取其应得的利益,而对谈判对手唯唯诺诺。对于应得的利益,谈判当事人还是要据理力争,不过要注意方式、方法。

2. 礼貌原则

在谈判过程中,为了实现各自的目的,双方保持良好的关系一般都会遵循合作原则。此外还需要遵守礼貌原则。

礼貌原则包括 6 个准则。

① 得体准则。它是指减少表达有损于他人的观点。

② 慷慨准则。它是指减少表达利己的观点。

③ 赞誉准则。它是指减少表达对他人的贬损。

④ 谦逊准则。它是指减少对自己的表扬。

⑤ 一致准则。它是指减少自己与别人在观点上的不一致。

⑥ 同情准则。它是指减少自己与他人在感情上的对立。

礼貌原则与合作原则互为补充。谈判中经常会出现这样的现象,一方对另一方的观点并不赞同,但是在表达不同意见之前,往往会先部分或笼统地赞成对方的观点,这是该谈判者遵守礼貌原则的一致准则和赞誉准则,放弃了合作原则中的质的准则。在上述情况下,另一方的谈判者就不能只从字面上去理解对方的回答,必须透过对方话语的表面意思去设法领会其中的深层含义,寻求对方在什么地方体现着合作原则,进而体会对手的言外之意。

在采购谈判中,谈判双方虽然站在各自的立场,处于对立的状态,但是最终的目的都是希望谈判能够获得成功,因此双方都尽量遵守合作原则以显示自己的诚意,确保谈判顺利进行。但由于种种原因,如谈判策略的需要、各自立场的不同等,谈判者又经常性地违反某些原则,这时就需体会对方的弦外之音、言下之意,以决定自己的应对之策,这不仅是智慧的较量,还是语言运用和理解能力的较量。

2.5　采购谈判的一般原则

1. 不轻易给对方讨价还价的余地

价格是采购谈判的核心,因此价格往往成为谈判双方争执的焦点。要想在价格问题上掌握主动,其中一个方法就是运用“价格—质量—服务—条件—价格”逻辑循环谈判法则,即不给对方讨价还价的余地,使对方处于一种只能在枝节问题上进行交涉,而在核心问题上无法进展的境地。

2. 不打无准备之仗,不打无把握之仗

商场如战场,在没有充分准备的情况下,应避免仓促参与谈判。在条件许可的情况下,要努力事先掌握谈判对手的企业现状,如企业的信誉、优势和劣势等;弄清本次谈判的利益何在、问题是什么和谁是对方的决策人物等有关资料。只有知己知彼,才能百战百胜,才能有针对性地制定谈判策略。

情境链接

王光英抢购二手车

光大实业公司董事长王光英收到下属报来的一条信息:南美智利的一家矿产公司破产,现将公司所有的1 500辆大型矿山用卡车拍卖。这1 500辆卡车全部是尚未使用过的新车,由于该矿产公司急于偿还债务,估计公司方面会以较低的价格将这批卡车卖出。

当时我国矿山建设需要大批矿山用卡车,王光英对于这个情况是熟悉的。他当机立断,马上组织采购人员赶赴南美,与智利的矿产公司进行谈判。由于1 500辆矿山用卡车数量过大,因此有购买实力的竞争对手并不多。在拍卖现场,经过一番激烈的争夺之后,最终仅以新车原价的38%将这批卡车买了下来,为国家节约了8 500万美元的外汇。

启示:在这次成功的交易中,掌握充分的信息起了重要的作用。王光英对南美智利矿产公司对资金的需求情况和我国对矿山用卡车的需求情况,以及国际市场上矿山用卡车的价格都十分清楚,因此及时作出了正确的决策。

资料来源:http://blog.zhiji.com/blog/readblog_267610.html.

3. 不要轻易放弃

一个客户就是一次商机,因此要采取一切措施使谈判对方对谈判保持极大的兴趣。通过给予对方心理上更多的满足来增加谈判的吸引力,如施展个人的形象魅力,树立诚实可信、富于合作精神的形象,使对方产生可信赖、可交往的感觉,缩短对方心理上的距离;或者让对方预感到他即将获得的成功,设法增强其自我满足感,使其保持良好的心绪和持久的自信心,从而使对方不轻易中断和己方的谈判。

4. 不要急于向对方摊牌或展示自己的实力

让对方摸不到底牌是谈判重要的策略之一,所以不要轻易把自己的要求和条件过早地、完整地、透彻地告诉对方,应采取有效的暗示方式,如通过第三方的影响或舆论的压力。

5. 要为对手制造竞争气氛

让对手们彼此之间去竞争,以取"鹬蚌相争,渔翁得利"之益;对于自己的竞争者,则要沉着应战,不要惊慌失措。

6. 为自己确定的谈判目标留有机动的幅度和可进退的余地

一般来说,谈判目标可分为3级,即最低目标、可接受目标和最高目标。最高目标应是努力争取的,最低目标是退让妥协的底线,可接受目标是可谈判的目标。

当你想获得时,应提出比你原预想的目标还高些的要求,而不应恰好处于原预想的目标上;当你要付出时,应提出比原预想的目标还低些的要求,而不应恰好处于原预想的目标上。但无论何种情况,没有适当的让步,谈判就无法进行下去,而让步是有原则的。让步的原则是:让步要稳,要让在明处,要步步为营、小步实施(即谈判领域中常说的"色拉米香肠");要对等让步(如果是单方面让步,其危害性不仅在于让步的大小,主要还在于它削弱了谈判地位),让步之后要大肆渲染,即告知对方让步所作出的牺牲和所受到的损失,希望对方予以关注,并要求对方予以补偿。

7. 注意信息搜集、分析和保密

在信息时代,谁掌握信息多,谁就在谈判中处于主动;谁把握信息快,谁就在谈判中占据优势。这就要求参与谈判的时候,只有在十分必要的情况下才能将有关的想法一点一滴地透露出去,绝不要轻易暴露自己已知的信息和正在承受的压力,并且应想方设法多渠道地去获取有关的信息,以便及时调整谈判方案。

8. 在谈判中应多听、多问、少说

谈判不是演讲,演讲的目的是要把自己的主张和想法告之听众,而谈判的目的是通过语言交流实现自己的谈判目标,以分得更多的“蛋糕”份额。这就要求尽可能多地了解和熟悉对方的意图。倾听是发现对方需要的重要手段;恰当的提问是引导谈判的方向、驾驭谈判进展的工具,因此谈判能手往往是提问专家。而说得过多则会产生不应有的失误,所谓言多必失,极易使自己陷于被动。同时,多听多问有助于发现事情的真相,探索对方的动机和目的,迫使对方进行更多的信息反馈,从而使己方从反馈的信息中获得新的情况,以确立和调整己方的策略、措施和方法。

情境提示

美国学者卡耐基曾经说过,专心听别人讲话的态度,是我们所能给予别人的最大赞美;倾听他人讲话的好处,是别人将以热情和感激来回报你的真诚。这应该成为商务谈判者的座右铭。

9. 要与对方所希望的目标保持接触

在采购谈判中,应与对方所希望的目标保持恰当的接触,如果发现双方的要求之间差距较大,则应及时发出信号。例如,通过与旁人进行闲谈,故意把信号传递给对手,或者通过中间人的联系,把己方的意图告诉对方,以避免加大不必要的谈判成本。

10. 要让对方从开始就习惯于己方的谈判目标

在谈判中能够控制议程的人,实际上就是控制了谈判的方向,而谈判议程是根据谈判目标确定的,所以要通过议事日程的安排来有效地贯彻己方的谈判目标。绕开己方不愿谈的问题,适时地讨论希望触及的问题,这样就使己方在谈判中始终处于主动的地位。

2.6 采购谈判策略

在采购谈判中,为了使谈判能够顺利进行和取得成功,谈判者应善于灵活运用一些谈判策略和技巧。谈判策略是指谈判人员通过何种方法达到预期的谈判目标,而谈判技巧则是指谈判人员采用什么具体行动执行谈判策略。在实际工作中,应根据不同的谈判内容、谈判

目标和谈判对手等情况,选择不同的谈判策略和技巧。

1. 投石问路策略

所谓投石问路策略,就是在采购谈判中,当买方对卖方的商业习惯或有关信息如产品成本、价格方面不太了解时,买方主动摆出各种问题,并引导对方去做较为全面的回答,并从中获得有用的信息资料。这种策略一方面可以达到尊重对方的目的,使对方感觉到自己是谈判的主角和中心;另一方面我方又可以摸清对方底细,争得主动。

例如,当企业向供应商提出采购3 000件产品时就可以使用此策略。首先,企业可以向供应商询问如果购买1 000、2 000、3 000、5 000和10 000件产品的单价分别是多少。一旦供应商给出了这些单价,企业就可以从中分析出供应商的生产成本、设备费用的分摊情况、产能、价格政策和谈判经验丰富与否等情况。最后,买方就能够以较低的成本费用从供应商那里获得所需的产品。

运用该策略时,关键在于买方应给予卖方足够的时间并设法引导卖方对所提出的问题尽可能详细地回答。因此,买方在提问的时候应注意,问题要简明扼要,有针对性,尽量避免暴露提问的真实目的或意图。在一般情况下,买方可以提出以下几个问题:假如我们订货的数量加倍或减半?假如我们和你签订一年的合同?假如我们将保证金减少或增加?假如我们自己提供材料和工具?假如我们要买几种产品,不只购买一种?假如我们让你在淡季接下这份订单?假如我们自己提供技术援助?假如我们改变合同的形式?假如我们买下你的全部产品?假如我们改变产品的规格?假如我们分期付款?

当然,这种策略也有不适用的情况。例如,当谈判双方出现意见分歧时,买方使用此策略则会让对方感到你是故意给他出难题,这样对方就会觉得你没有谈判诚意,谈判也许就不能成功。

2. 避免争论策略

谈判人员在开谈之前,要明确自己的谈判意图,在思想上进行必要的准备,以创造融洽、活跃的谈判气氛。然而谈判双方为了谋求各自的利益,必然会在一些问题上发生分歧,此时双方都要保持冷静,防止感情冲动,尽可能避免争论。因为争论不休于事无补,只能使事情变得更糟,最好的方法是采取下列态度进行协商。

(1) 冷静地倾听对方的意见

在谈判中,听往往比说更重要。它不仅表现了谈判人员良好的素质和修养,还表现出对对方的尊重。多听少讲可以把握信息,发现并揭示对方的动机,预测对方的行动意图。在倾听过程中,即使对方讲出你不爱听的话或对你不利的话,也不要立即打断或反驳对方。因为真正赢得优势,取得胜利的方法绝不是争论。所以最好的方法是让对方陈述完毕后,首先表示同意对方的意见,承认自己在某方面的疏忽,然后根据对方的意见,进行重新讨论。这样在重新讨论问题时,双方就会心平气和地进行,从而使谈判达成双方都比较满意的结果。

例如,在谈到价格时,当买方提出,"你方提出的某某产品价格太高,不降价无法达成协议",这时卖方最好的办法不是立刻讨价还价,而是表示歉意,可以真诚地对买方说,"我们也认为某某产品的价格定得高了一些,但由于它的成本高,所以报价时只考虑了自己的生产成本和盈利指标,忽视了你们的承受能力,这是我们的疏忽。对此我们表示歉意,大家谁也不会为了亏本来谈判,因此我们愿就价格问题专门进行磋商。"这样一来,对方就会觉得你是真诚地为了继续合作,在重新讨论价格时就会变得更宽容和大度。

(2)婉转地提出不同意见

在谈判中当不同意对方意见时,切忌直接提出自己的否定意见,这样会使对方在心理上产生抵触情绪,反而千方百计地维护自己的观点。如果有不同意见,最好的方法是先同意对方的意见,然后再作探索性的提议。

(3)分歧产生之后谈判无法进行,应立即休会

如果在洽谈中,某个问题成了绊脚石,使洽谈无法进行下去,双方为了捍卫各自的原则和利益,就会各持己见、互不相让,使谈判陷入僵局,而休会策略则为那些固执己见型谈判者提供了请示上级的机会,同时也为自己创造了养精蓄锐的机会。

谈判实践证明,休会策略不但可以避免僵持局面和争论的发生,而且可以使双方保持冷静,调整思绪,平心静气地考虑对方的意见,以达到顺利解决问题的目的。休会是国内外谈判人员经常采用的基本策略。

3. 情感沟通策略

如果与对方直接谈判的希望不大,就应该采取迂回的策略。所谓迂回策略,就是要先通过其他途径接近对方,彼此了解,联络感情,在沟通了情感后,再进行谈判。人都是有感情的,满足情感和欲望是人的基本需要。因此,在谈判中利用感情因素去影响对方是一种可取的策略。灵活运用此策略的方法有很多,可以有意识地利用空闲时间,主动与谈判对手聊天、娱乐和谈论对方感兴趣的话题;也可以赠送小礼品,请客吃饭,提供交通住宿的方便;还可以通过帮助解决一些私人问题,从而达到增进了解,联系情感,建立友谊的目的,从侧面促进谈判的顺利进行。

4. 货比三家策略

在采购某种商品时,企业往往选择几个供应商进行比较分析,最后择优签订采购合同。这种情况在实际工作中非常常见,被称为货比三家策略。

在采用该策略时,企业首先选择几家生产同类型产品的供应商,并向对方提供自己的谈判内容和谈判条件。同时也要求对方在限定的时间内提供产品样品和相关资料,然后依据资料比较分析供应商在谈判态度、交易条件、经营能力和产品性价比等方面的差异,最终选择其中的一家供应商与其签订合同。

另外在运用此策略时,企业应注意选择实力相当的供应商进行比较,以增加可比性和提高签约效率,从而更好地维护己方的谈判利益。同时,企业还应以平等的原则对待所选择的供应商,以严肃、科学、实事求是的态度比较分析各方的总体情况,从而寻找企业的最佳合作伙伴。

5. 声东击西策略

声东击西策略是指己方为达到某种目的,有意识地将洽谈的议题引导到无关紧要的问题上以作声势,转移对方的注意力,以求实现自己的谈判目标。具体做法是在无关紧要的事情上纠缠不休,或者在对自己不成问题的问题上大做文章,以分散对方对自己真正要解决的

问题上的注意力,从而在对方无警觉的情况下,顺利实现自己的谈判意图。例如,对方最关心的问题是价格,而己方最关心的问题是交货时间,这时谈判的焦点不要直接放到价格和交货时间上,而是放在价格和运输方式上。在讨价还价时,己方可以在运输方式上让步,而作为双方让步的交换条件,则要求对方在交货时间上作出让步。这样对方感到了满意,己方的目的也达到了。

6. 最后通牒策略

处于被动地位的谈判者总有希望谈判成功达成协议的心理。当谈判双方各持己见、争执不下时,处于主动地位的一方可以利用这一心理,提出解决问题的最后期限和解决条件。期限是一种时间性通牒,它可以使对方感到若不迅速作出决定,他会失去机会。因为从心理学角度,人们对得到的东西并不珍惜,而对要失去本来在他看来并不重要的某种东西时,却一下子变得很有价值,在谈判中采用最后通牒策略就是借助人的这种心理定势来发挥作用。

最后通牒既给对方造成压力,又给对方一定时间考虑,随着最后期限的到来,对方的焦虑会与日俱增。因为谈判不成功损失最大的还是自己,因此最后期限的压力将迫使对方快速作出决策。一旦他们接受了这个最后期限,交易就会很快顺利的结束。

情境链接

美国一家公司的商务代表来到法国去参加一场贸易上的谈判,当他到法国后,受到了法国人的热烈欢迎。法国人开着小车到机场迎接,然后又把他安排在一家豪华宾馆。美国的商务代表有一种宾至如归的感觉,觉得法国人的服务水平真是好。当安排好这一切之后,法国人装作不经意的样子问:"您是不是要准时搭飞机回国去呢? 到时我们仍然安排这辆轿车送您去飞机场。"美国的商务代表点了点头,并把自己回程的确切日期告诉了法国人,以便对方能尽早安排。由此可以看出,法国人掌握了美国商务代表谈判的最后期限,这位美国的商务代表在法国只能够待10天。

接下来的日子里,法方先安排美国的商务代表去游览法国的风景区,却根本不提谈判的事。直到第7天,才安排了一场谈判,但也只是泛泛地谈了一些无关紧要的问题。第8天开始谈判的时候,也没有什么实质性的进展,而是草草收场。第9天还是如此。直到第10天,双方才谈到关键的问题,而这时来接美国商务代表去机场的车来了,于是法方建议剩下的问题可以在车里谈。

此时,美国的商务代表感到了进退维谷,如果不尽快作出决定,那就意味着这一趟是白跑了;如果不讨价还价,似乎又不甘心。权衡利弊得失,为了不至于一无所获,只好答应法方的一切条件。

启示:这个例子充分说明了利用最后通牒这一策略来达到拖延对方的重要性。巧妙的拖延战术,往往会使谈判朝着有利于自己的方向发展。

资料来源:http://www.du8.com/readfree/19/08280/2.html.

7. 其他谈判策略

除了以上介绍的谈判策略和方法以外,在实际谈判活动中,还有许多策略可以采用,如多听少讲策略、先苦后甜策略、讨价还价策略、欲擒故纵策略和以退为进策略等。

总之,只要谈判人员善于总结、观察,并理论结合实际,就能创造出更多更好的适合自身的谈判策略,并灵活地将它们运用于实际采购谈判活动中。

2.7 采购谈判的基本技巧

1. 入题技巧

谈判双方刚进入谈判场所时难免会感到拘谨,尤其是谈判新手,在重要谈判时往往会产生忐忑不安的心理。因此,必须讲求入题技巧,采取恰当的入题方法。

① 迂回入题。为避免谈判时单刀直入,过于暴露,影响谈判的融洽气氛,谈判时可以采用迂回入题的方法。例如,先从题外话入题,从介绍己方谈判人员入题,从自谦入题,或者从介绍本企业的生产、经营和财务状况入题。

② 先谈细节,后谈原则性问题。围绕谈判的主题,先从洽谈细节问题入题,条分缕析,丝丝入扣,待各项细节问题谈妥以后,也就自然而然地达成原则性的协议。

③ 先谈一般原则,再谈细节。一些大型的采购谈判,由于需要洽谈的问题千头万绪,双方高级谈判人员不应该也不可能全部介入谈判,往往要分成若干等级进行多次谈判。这就需要先谈原则,再谈细节,一旦双方就原则问题达成了一致,那么洽谈细节问题就有了依据。

④ 从具体议题入手。大型谈判大多是由具体的一次次谈判组成的,在具体的每一次谈判中,双方可以首先确定本次会议的谈判议题,然后从这一议题入手进行洽谈。

2. 阐述技巧

(1) 开场阐述

谈判入题后,接下来就是双方进行开场阐述,这是谈判的一个重要环节。

1) 开场阐述的要点

- 开宗明义,明确本次谈判所要解决的主题,以集中双方的注意力,统一双方的认识。
- 表明己方通过洽谈应当得到的利益。
- 表明己方的基本立场,可以通过回顾双方以前合作的成果,说明己方的信誉;也可以展望或预测今后双方合作中可能出现的机遇和障碍;还可以表示己方可采取各种方式为共同获得利益做出贡献等。
- 开场阐述应是原则性的,而不是具体的,应尽可能简明扼要。
- 开场阐述的目的是让对方明白己方的意图,创造协调的洽谈气氛,因此阐述应以诚挚和轻松的方式来表达。

2) 对对方开场阐述的反应

- 认真、耐心倾听对方的开场阐述,归纳弄懂对方开场阐述的内容,思考和理解对方阐述的关键问题,以免产生误会。
- 如果对方开场阐述的内容与己方意见差得很远,不要打断对方的阐述,更不要立即与对方争执,而应当先让对方说完,认同对方之后再巧妙地转开话题,从侧面进行反驳。

（2）让对方先谈

在谈判中,当对市场态势和产品定价的新情况不很了解,或者尚未确定购买何种产品,或者无权直接决定购买与否的时候,一定要坚持让对方首先说明可提供何种产品、产品的性能如何、产品的价格如何等,然后再审慎地表达意见。有时,即使你对市场态势和产品定价比较了解,心中有明确的购买意图,而且能够直接决定购买与否,也不妨先让对方阐述利益要求、报价和介绍产品,然后再在此基础上提出自己的要求。这种方式常能收到奇效。

（3）坦诚相见

谈判中应当提倡坦诚相见,不但将对方想知道的情况坦诚相告,而且可以适当透露己方的某些动机和想法。坦诚相见是获得对方同情的好办法,人们往往对坦诚的人有好感。但是应当注意,与对方坦诚相见难免要冒风险。对方可能利用你的坦诚逼你让步,你可能因为坦诚而处于被动地位,因此坦诚相见是有限度的,并不是将一切和盘托出。总之,以既赢得对方的信赖又不使自己陷于被动,丧失利益为度。

情境链接

一个经济实力较弱的小厂与一个经济实力强的大厂在谈判时,小厂的主谈人为了消除对方的疑虑,向对方表示道:"我们摊子小,实力不够强,但人实在,信誉好,产品质量符合贵方的要求,而且成本较其他厂家低。我们愿意真诚平等地与贵方合作。我们谈得成也好,谈不成也好,我们这个'小弟'起码可以与你们这个'大兄长'交个朋友,向贵方学习生产、经营及谈判的经验。"肺腑之言不仅可以表明自己的开局意图,而且可以消除对方的戒心,赢得对方的好感和信赖,这无疑会有助于谈判的深入进行。

（4）注意正确使用语言

① 准确易懂。在谈判中所使用的语言要规范、通俗,使对方容易理解,不至于产生误会。

② 简明扼要,具有条理性。由于人们有意识的记忆能力有限,对于大量的信息,在短时间内只能记住有限的、具有特色的内容,因此,在谈判中一定要用简明扼要而又有条理性的语言来阐述自己的观点。这样才能在洽谈中收到事半功倍的效果。反之,如果信口开河,不分主次,话讲了一大堆,不仅不能使对方及时把握要领,而且还会使对方产生厌烦的情绪。

③ 第一次要说准。在谈判中,当对方要你提供资料时,你第一次要说准确,不要模棱两可,含混不清。如果你对对方要求提供的资料不甚了解,应延迟答复,切忌脱口而出。要尽量避免使用含上下限的数值,以防止波动。

④ 语言富有弹性。谈判过程中使用的语言,应当丰富、灵活、富有弹性。对于不同的谈判对手,应使用不同的语言。如果对方谈吐优雅,己方用语也应十分讲究,做到出语不凡;如果对方语言朴实无华,那么己方用语也不必过多修饰。

3. 提问技巧

要用提问摸清对方的真实需要,掌握对方的心理状态,表达自己的意见观点。

① 提问的方式。它包括封闭式提问、开放式提问、婉转式提问、澄清式提问、探索式提问、借助式提问、强迫选择式提问、引导式提问和协商式提问。

② 提问的时机。它包括在对方发言完毕时提问；在对方发言停顿、间歇时提问；在自己发言前后提问；在议程规定的辩论时间提问。

③ 提问的其他注意事项。它包括注意提问速度；注意对方心境；提问后给对方足够的答复时间；提问时应尽量保持问题的连续。

4. 答复技巧

答复不是件容易的事，回答的每句话都会被对方理解为是一种承诺，都负有责任。

答复时应注意：不要彻底答复对方的提问，应针对提问者的真实心理答复；不要确切答复对方的提问，降低提问者追问的兴趣，让自己获得充分的思考时间，礼貌地拒绝不值得回答的问题，或找借口拖延答复。

5. 说服技巧

（1）说服的原则

说服的原则包括：①不要只说自己的理由；②要研究分析对方的心理、需求及特点；③消除对方戒心、成见；④不要操之过急、急于奏效；⑤不要一开始就批评对方，把自己的意见观点强加给对方；⑥说话用语要朴实亲切，不要过多讲大道理；⑦承认对方情有可原，善于激发对方的自尊心；⑧坦率承认如果对方接受你的意见，你也将获得一定利益。

（2）说服的具体技巧

说服的具体技巧包括：①讨论顺序先易后难；②多向对方提出要求，传递信息，影响对方意见；③强调一致，淡化差异；④先谈好后谈坏；⑤强调合同有利于对方的条件；⑥待讨论赞成和反对意见后，再提出你的意见；⑦说服对方时要精心设计开头和结尾；⑧结论要由你明确提出，不要让对方揣摩或自行下结论；⑨多次重复某些信息和观点；⑩多了解对方，以对方习惯的、能够接受的逻辑方式去说服对方；⑪先做铺垫，不要奢望对方一下子接受突如其来的要求；⑫强调互惠互利、互相合作的可能性、现实性，激发对方在自身利益认同的基础上接纳意见。

2.8　谈判技巧的应用

采购谈判是采购的重要组成部分，采购部门有必要对采购谈判策略和技巧进行研究和探讨，以提高议价的能力，从而为企业创造更多的效益。

1. 过关斩将

所谓"过关斩将"是指采购人员应善于利用上级主管的谈判和议价能力。采购人员的议价结果不太理想时，如果采购金额较大，应请求上级主管甚至由买方总经理向卖方相应的主管直接对话，这样做通常效果会很好。

这是因为高层主管不仅议价技巧与谈判能力会高超一些，而且社会关系广、地位高、经验又丰富，常常可能与对方主管有共同语言，甚至一见如故（如果见面的话），对方也因为买方主管的出面会有受到敬重或重视的感觉，从而使商务谈判易于进行，甚至提高降价的幅度。这种策略需要注意的是：采购人员最好请相应职务的双方主管进行会谈，尽量避免直接和比自己职位高的双方主管会谈,以免在谈判时处于不利地位,且容易得罪业务人员,令工作不好开展。

思考

单位派你去谈判并授予你全权,但对方出场的却是个代理人,这时你该怎么办?
1. 坚持与对方实权人物谈判。
2. 询问代理人能否全权代理。
3. 不管三七二十一,先谈谈看。

2. 先声夺人

所谓"先声夺人"是指谈判前设法给对手以巨大压力。例如,某企业因为某些原因要改变所生产产品的品牌,而同时又要维持原来的供应渠道,以确保生产正常进行。但是一般来说,供应商由于怕麻烦等原因不愿更换已经商议好的条件,这种情况下采购人员就要采用先声夺人的谈判技巧。

在与原供应商的谈判过程中,在使用先声夺人的谈判策略时,特别是针对那些较小的供应商,采购人员要将重点放在企业的强大实力和良好的信誉等方面,避而不谈具体实质性的内容。最后通常是对方急于维护供应关系,只好降低价格,这样企业可以顺利达到降低采购成本的目的。

3. 擒贼先擒王

所谓"擒贼先擒王"是指在谈判过程中直接和对方掌握实权的人谈判。这些策略适用于某些"家长式"的企业。所谓家长式的企业是指那些一个人或少数几个人说了算的企业。企业的采购人员可以在事先已做好了详细的市场价格调查的情况下,和对方的区域主管商谈,若价格谈不下来,其后又与对方销售部副经理、经理谈,结果只是被告知价格是刚性的,这时采购人员就要注意,是不是只有老总才有定价权? 此时,若采购人员可以通过各种渠道直接与对方老总谈判,往往会收到意想不到的效果。

在对方低层主管没有价格决策权的情况下,采取这种策略是非常必要的,对方业务人员及低层主管对此也无可非议。但这种做法一般难度比较大,不一定成功,因为对方具有决策权的人不一定那么容易说服;而且一旦不成功,还有可能得罪对方谈判人员,破坏双方关系。

与此策略相适应,采购方可使用"权力有限"的策略,即在较被动的情况下,推说没有被授予做大的让步的权力,以便使对方放弃所坚持的条件。

4. 化整为零

所谓"化整为零"是指分别对组成最终产品的每种材料逐一报价,再对专业制造该产品的厂商进行询价,比较分析后得出最佳方案。

就采购而言,比价采购和采购谈判在有些时候是盲目的,因为经常碰到信息不对称的情况,即供应商的成本价往往只有供应商自己心里清楚。采购方应尽可能摸清供应商的成本价,这样对控制议价和争取商务谈判的主动权有极大的好处。

5. 直捣黄龙

所谓"直捣黄龙"是指企业越过中间供应商,与总厂或原厂家直接接触,以达到降低成本的目的。

有些中间供应商由于独家代理,价格居高不下,谈判、议价总无结果,这时便可采取"直捣黄龙"的策略。例如,订购某材料时,企业经与其他生产厂家的同类产品比较发现"总代理"的价格高出许多,并且企业多次要求该总代理降价未果,在这种情况下,企业可以撇开总代理,直接向厂家询价。一种结果可能是被原厂家拒绝,企业依然回到中间供应商那里;另一种结果可能就是原厂家不但报价,而且价格比总代理低。因此,采购人员应在议价过程中小心认清总代理的虚实,因为有些供应商自称总代理,事实上并未与原生产厂家签订任何合同或协议,只是借总代理的名义自抬身价以获取超额利润。但在产销分离制度上要求相当严格的国家,如在日本,这种策略就行不通了,通常日本的生产厂家会把询价单转交给代理商。

6. 以退为进

所谓"以退为进"是指采购人员在采购过程中,先作一定的让步,以显示自己的高姿态,有时会得到意想不到的结果。

🗣 情境提示

让步的原则

谈判是双方通过不断地让步最终达到价值交换的一个过程。让步既需要把握时机又需要掌握一些基本的技巧,也许一个小小的让步会涉及整个战略布局,草率让步和寸步不让都是不可取的。

在谈判中让步的原则是没有回报,决不让步。

不要以为你善意的让步会感动对方,使谈判变得更加简单而有效,这只是一厢情愿的想法。事实上恰恰相反,在你没有任何要求的让步下,对方会更加有恃无恐、寸步不让,并且还会暗示你作出更大的让步,想以让步来换取对方的让步是绝不可能的。要记住:谈判桌前并不是交朋友的场所。

即使在谈判陷入僵局的时候也不要轻言让步,不要认为只有作出让步才会使谈判得以正常进行,你怎么知道对方一定不会让步呢?

随着买方市场的到来,暴利时代已经彻底结束,任何产品的利润率都在下滑,企业的利润往往保持在一个合理的范围之内。但很多企业的销售人员都比较缺乏盈利观念,在他们的脑子里除了订单就是销量,缺少基本的大局观念,加之领导的错误引导和公司制度的不健全,导致他们为了完成销售任务或绩效奖金不惜在产品价格上给予优厚折扣。当所有销售人员都在价格上不断让步时,那么公司拿什么来盈利?

砍价是买家的本能,即使是可以接受的价格,他们也会表示不满,还会要求你让步,哪怕是1%的折让。不要小看一个百分点,假如对方年销售额是500万元,让出一个百分点就是

5万元,你有没有办法可以马上将损失填补?这一点好像很难。

在买方提出降价的要求时,可以用其他让步方式来代替,如一定范围内的退换货支持,加大宣传力度和提供人力支援等,尽量避免因价格的下降给企业带来不必要的损失。从买方角度思考,只要在交易中切实获得了更多,那么无论何种方式都是可以接受的。

在每一阶段的让步都要与所让步的价值相对应,任何事物都有其独立的两面性,在一项让步中,双方需求不同、角度不同,所体现出的价值存在很大的差异性,在你作出让步后得到对方回报的过程中,双方所得到的价值是否对等就是让步的关键。例如,在一次交易中,你期望对方缩短结账期限,于是在价格上作出了让步,而对方的让步却是自行提货,那么此次让步对你而言就是价值的不对等。因此,当你在某方面作出让步时,要明确要求对方给予你所期望的回报,或者在你让步的条款前加上"如果"二字,假如对方不能向你提供有价值的回报,那么你的让步也不能成立。

让步的原则包括以下内容。

① 谨慎让步,要让对方意识到你的每一次让步都是艰难的,使对方充满期待,每次让步的幅度不能过大。

② 尽量迫使对方在关键问题上先行让步,而己方则在对手的强烈要求下,在次要或较小的问题上让步。

③ 不做无谓的让步,每次让步都需要对方用一定的条件交换。

④ 了解对手的真实状况,在对方急需的条件上坚守阵地。

⑤ 事前做好让步的计划,所有的让步应该是有序的,将具有实际价值和没有实际价值的条件区别开来,在不同的阶段和条件下使用。

思考

日方如何获得采购谈判的成功

日本某公司需要一批钢铁和煤炭,以保证生产顺利进行。该公司与澳大利亚供应商取得联系,并邀请澳大利亚供应商到日本就购买钢铁和煤炭的事项进行谈判。在谈判开始之后,澳大利亚供应商坚持要按过去卖给日本另一家公司的价格来定价,坚决不让步,谈判进入僵局,时间也就相应延长。澳大利亚人由于过惯了富裕的舒适生活,他们到了日本之后时间稍长,就急于想回到故乡别墅的游泳池、海滨和妻儿身旁去,在谈判桌上常常表现出急躁的情绪,作为东道主的日本谈判代表则不慌不忙地讨价还价,于是日方掌握了谈判桌上的主动权。同时,日方为了加强主动地位,开始与中国供应商频频接触,洽谈相同的项目,并有意将此情报传播,通过有关人员向澳大利亚供应商传递价格信息。并且日方亮出在国外获取的情报——澳大利亚供应商在2个月前以低于要价10%的价格将钢铁和煤炭卖给匈牙利客商。澳大利亚供应商本来就不想失去这笔交易,在以物价上涨、货物质量不同等理由竞谈了一番后,接受了日方提出的价格。

问题:日方在谈判中是运用了哪些谈判技巧获得成功的?

技能训练②

模拟采购铁矿石的谈判

1. 目的

（1）熟悉采购谈判的具体内容。

（2）学会在谈判前制订谈判计划。

（3）学会在实践中初步运用采购谈判技巧进行谈判。

2. 方式

（1）将教学班按10人一组分成几个谈判项目小组,每小组分成2个谈判团,分别为买方:××钢铁企业;卖方:××矿山企业。明确谈判的目的,预先布置双方各自搜集铁矿石的谈判背景资料,制订谈判计划,做好谈判的准备。

（2）选出较好的2个小组展开现场模拟谈判。

3. 要求

（1）各谈判团在谈判之前要做好充分的准备。

（2）谈判后能陈述采用了哪些谈判技巧,以及采用这些技巧的理由。

案例分析②

某科技有限公司与其供应商的价格谈判

某科技有限公司(以下简称K公司)需要购买50台计算机,其采购经理联系了该公司主要的供应商——S计算机有限公司,并进行谈判。两家公司有长期的业务关系,K公司所有的计算机和相关产品均由S计算机有限公司提供,双方合作非常愉快,K公司短期内没有调换供应商的计划。K公司希望以市场最低团购价格购买,但又不愿失去一个可靠而又诚信的长期合作商;S计算机有限公司期望利润最大化,同时对这个长期合作的客户也有所顾忌,担心影响到日后的合作关系。最终,谈判双方签订了合同。两家公司对于双方的出价进行了折中,最终的采购价格略高于K公司的期望价格,但S计算机有限公司以成本价格为K公司的计算机进行升级和维护作为补偿。

问题:双方是如何在谈判中获得双赢的? 实现双赢谈判,需注意哪些问题?

案例分析③

技术转让

20世纪80年代末,硅谷某家电子公司研制出一种新型集成电路,其先进性尚不能被公众理解,而此时,公司又负债累累,即将破产,这种集成电路能否被赏识可以说是公司最后的希望。幸运的是,欧洲一家公司慧眼识珠,派3名代表飞了几千英里来洽谈转让事宜。诚意看起来不小,一张口起价却只有研制费的2/3。

电子公司的代表站起来说:"先生们,今天先到这儿吧!"从开始到结束,这次洽谈只持续了3分钟。岂料下午欧洲人就要求重开谈判,态度明显"合作"了不少,于是电路专利以一个较高的价格进行了转让。

问题:

1. 电子公司采取的是什么策略?

2. 你对这件事有什么看法?

自我测试②

一、选择题

1. 确定三级谈判目标,其中最低目标是指( )。
   A. 退让妥协的底线　　　　　　　　B. 努力争取达到
   C. 可谈判达到　　　　　　　　　　D. 感觉没希望就主动放弃

2. 当( )很明确时,卖方的谈判力量比较强。
   A. 明确的合同条件　　　　　　　　B. 买方认证了 ISO
   C. 没有销售担保　　　　　　　　　D. 卖方持有商品的专利权和版权

3. 下列哪些属于采购谈判的合作原则?( )
   A. 量的准则　　　　　　　　　　　B. 方式准则
   C. 一致准则　　　　　　　　　　　D. 慷慨准则

4. 采购谈判是由一系列谈判环节组成,它一般要经历( )程序。
   A. 准备阶段　　　　　　　　　　　B. 开局阶段
   C. 正式洽谈阶段　　　　　　　　　D. 终局阶段

5. 采购谈判的中心内容是( )。
   A. 产品条件谈判　　　　　　　　　B. 价格条件谈判
   C. 其他条件谈判　　　　　　　　　D. 付款方式谈判

6. 下列哪些属于产品条件谈判的内容?( )
   A. 产品品种　　　　B. 数量折扣　　　　C. 产品质量　　　　D. 产品包装

7. 下列哪些属于价格条件谈判的内容?( )
   A. 产品品种　　　　　　　　　　　B. 数量折扣
   C. 市场价格波动风险　　　　　　　D. 产品安装费用

8. 企业越过中间供应商,与总厂或原厂家直接接触,以达到降低成本的目的,这属于( )谈判技巧。
   A. 投石问路　　　B. 避免争论　　　C. 过关斩将　　　D. 直捣黄龙

9. 采购谈判中,除了产品条件和价格条件谈判外,还包括( )等其他条件的谈判。
   A. 交货时间　　　　　　　　　　　B. 付款方式
   C. 违约责任　　　　　　　　　　　D. 解决争议的方式

10. 在采购某种商品时,企业往往选择几个供应商进行比较分析,最后择优签订采购合同,这属于( )谈判策略。
    A. 货比三家　　　B. 避免争论　　　C. 过关斩将　　　D. 直捣黄龙

二、判断题

1. 采购谈判是一种双赢、互利的行为和过程,也构成合作与冲突的特点,这就成为采购谈判的二重性。 ( )

2. 采购谈判的目的仅仅是为了获得较低的采购价格。 ( )

3. 谈判要设定自己的目标和底线。 ( )

4. 产品条件谈判是采购谈判的中心内容。 ( )

5. 企业的商业信誉越高,谈判实力就越强,因此企业的信誉和实力等同于谈判实力。 ( )

6. 合作原则和礼貌原则是采购谈判的基本原则。 ( )

7. 为了获得谈判的成功,应该及时提出自己预想的目标。 ( )

8. 在谈判陷入僵局的时候只有作出让步才会使谈判得以正常进行。 ( )

9. 坦诚相见是获得对方同情的好办法,因此谈判过程中要将一切和盘托出。 ( )

10. 最后通牒策略适合处于主动地位的谈判者采用。 ( )

在线测试

任务 *3*　采购合同管理

引导
案例　**电业局是否可以拒绝签订采购合同**

　　2009 年 11 月,电业局因新建电力调度营业用房需购买电梯两台,通过邀请招标的采购方式,邀请 B 机电设备公司等 6 家单位参加投标。接到投标邀请书后,B 机电设备公司于 2009 年 11 月 25 日提交了投标文件,并交纳投标保证金 1 万元。12 月 10 日,采购主体在电业局三楼会议室主持开标仪式,经过评标后,确定 B 机电设备公司为预中标单位,中标价为 120 万元。12 月 16 日,B 机电设备公司向电业局交纳履约保证金 10 万元。次日,采购方电业局向供应商 B 机电设备公司发出"中标单位通知书",正式确定 B 机电设备公司中标,并约定于 2009 年 12 月 24 日下午 5 时前签订采购合同。但此后,采购方电业局一直未与中标供应商 B 机电设备公司签订采购合同。

　　2010 年 1 月 16 日,电业局以邀请招标不符合法律规定,招投标程序不到位,缺少评标标准且评标委员会成员为 8 人,均不符合《中华人民共和国招标投标法》的有关规定为理由,决定该次中标无效。B 机电设备公司与电业局协商多次无果,又向有关部门反映情况未果。无奈之下,作为中标供应商于 2010 年 3 月 6 日向法院提起民事诉讼,要求被告电业局赔偿可得利润损失17.64万元。之前的2010年2月18日,中标供应商B机电设备公司从采购方电业局处退回了履约保证金10万元。

问题:本案例中电业局拒绝签订采购合同的行为是否违法?其应当承担哪些法律责任?

3.1 采购合同的订立

采购合同的订立是指买、卖双方当事人在平等自愿的基础上,就合同的主要条款经过协商取得一致意见,最终建立起物资采购合同关系的法律行为。

1. 采购合同订立前的准备工作

合同依法订立后,双方必须严格执行。因此,采购人员在签订采购合同前,必须审查卖方当事人的合同资格、资信及履约能力,按合同法的要求,逐条订立采购合同的各项必备条款。

(1) 审查卖方当事人的合同资格

为了避免和减少采购合同执行过程中的纠纷,在正式签订合同之前,采购人员首先应审查卖方当事人作为合同主体的资格。所谓合同资格,是指订立合同的当事人必须具有法定的订立合同的权利。审查卖方当事人的合同资格,目的在于确定对方是否具有合法的签约能力,这一点直接关系到所签订的合同是否具有法律效力。

① 法人资格审查。法人资格审查,即认真审查卖方当事人是否属于经国家规定的审批程序成立的法人组织。法人是指拥有独立的必要财产,有一定的经营场所,依法成立并能独立承担民事责任的组织机构。判断一个组织是否具有法人资格的标志,要同时具备以下几个条件:必须依照法律和法定程序成立;必须有独立的财产或经费;必须有自己的名称、组织机构和场所;必须能够以自己的名义独立承担民事责任。

在审查卖方法人资格时应注意:没有取得法人资格的社会组织及已被取消法人资格的企业或组织,无权签订采购合同。要特别警惕一些根本没有依法办理工商登记手续或未经批准的所谓"公司",它们或私刻公章,冒充法人,或假借他人名义订立合同,旨在骗取买方的货款或定金;同时要注意识别那些没有设备、技术、资金和组织机构的"四无"企业,它们往往在申请营业执照时弄虚作假,以假验资、假机构骗取营业执照,虽签订供货合同并收取货款或定金,但根本不具备供货能力。

② 法人能力审查。法人能力审查,即审查卖方的经营活动是否超出营业执照批准的范围,超越业务范围以外的合同,属无效合同。

法人能力审查还包括对签约的具体经办人的审查。采购合同必须由法定代表人或法定代表人授权证明的承办人签订。法定代表人就是法人的主要负责人,如厂长、经理等,他们对外代表法人签订合同。法人代表也可授权业务人员,如推销员、采购员作为承办人,以法人的名义订立采购合同。承办人必须有正式授权证明书,方可对外签订采购合同。法人的代表人在签订采购合同时,应出示身份证明、营业执照或副本;法人委托的经办人在签订采购合同时,应出示本人的身份证明、法人的委托书、营业执照或副本。

(2) 审查卖方当事人的资信和履约能力

① 资信审查。资信,即资金和信用。审查卖方当事人的资信情况,了解当事人对采购

合同的履行能力,对于在采购合同中确定权利和义务条款,具有非常重要的作用。具有固定的生产经营场所、生产设备和与生产经营规模相适应的资金,特别是拥有一定比例的自有资金,是一个法人对外签订采购合同起码的物质基础。在采购人员准备签订采购合同,向卖方当事人提供自己的资信情况说明的同时,要认真审查卖方的资信情况,从而建立起相互依赖的关系。

② 履约能力审查。履约能力是指当事人除资信以外的技术和生产能力、原材料与能源供应、工艺流程、加工能力、产品质量和信誉高低等方面的综合情况。即需要了解对方有没有履行采购合同所必需的人力、物力、财力和信誉保证。

如果经审查发现卖方资金短缺、技术落后、加工能力不足、无履约供货能力或信誉不佳,都不能与其签订采购合同。只有在对卖方的履约能力充分了解的基础上签订采购合同,才能有可靠的供货保障。

审查卖方的资信和履约能力的主要方法有:①通过卖方的开户银行,了解其债权、债务情况和资金情况;②通过卖方的主管部门,了解其生产经营情况、资产情况、技术装备情况和产品质量情况;③通过卖方的其他客户,可以直接了解其产品质量、供货情况和维修情况,通过卖方所在地的工商行政管理部门,了解其是否具有法人资格和注册资本、经营范围、核算形式;④通过有关的消费者协会和法院、仲裁机构,了解卖方的产品是否经常遭到消费者投诉,是否曾经牵涉到诉讼。对于大批量的性能复杂、质量要求高的产品或巨额的机器设备的采购,在上述审查的基础上,还可以由采购人员、技术人员和财务人员组成考察小组,到卖方的经营加工场所实地考察,以确定卖方的资信和履约能力。采购人员在日常工作中,应当注意搜集有关企业的履约情况和有关商情,作为以后签订合同的参考依据。

情境提示

甲公司为连锁经营公司,乙公司为商品供应商。双方是初次合作,约定由乙公司为甲公司供应商品,首批商品供货合同金额 5 万元,第二批商品供货合同金额是 10 万元,甲公司收货后都立即支付了货款。随后与乙公司签订了 50 万元的供货合同,并要求乙公司送往其外地的分公司。乙公司鉴于前两个合同的履行情况,依约向甲公司送货。可是甲公司收到货物后,再也没有付款。

启示:这个案例属于长期合作对象的信誉欺诈。前期一直有着很好的合作关系,但是后期增加了订货量,却未支付货款,此时应引起重视。对方很可能出现了严重的资金困难,面临破产等情况,应尽量到其公司实地考察,不能仅听一面之词。

2. 采购合同的签订程序

采购合同的订立一般要经历询盘、发盘、还盘和接受 4 个程序(环节),流程如图 3.5 所示。

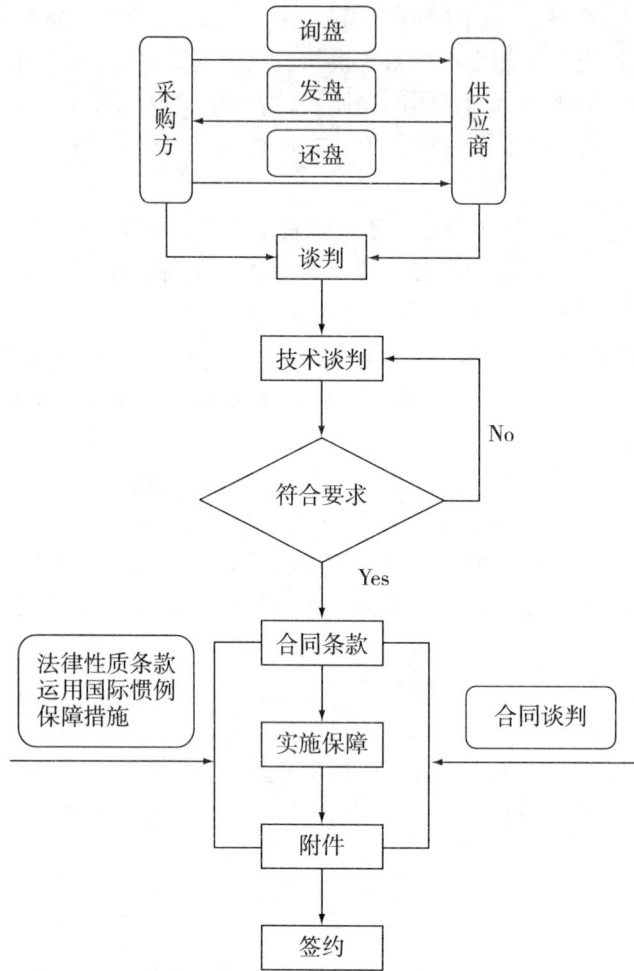

图 3.5 合同订立流程

（1）询盘

询盘是交易一方为出售或购买某项商品而向交易的另一方询问该商品的交易的各项条件。在国内贸易中,询盘一般没有特定的询盘对象,往往是利用报纸、广播和电视公开询盘。在国际贸易中,由于距离远,信息传递不方便,一般有特定的询盘对象。

询盘的目的主要是寻找买主或卖主,而不是同买主或卖主洽商交易条件,有时只是对市场的试探。在急需买卖时,也可将自己的交易条件稍加评述,使其尽快找到买主或卖主。但询盘只询问,是正式进入谈判过程的先导。询盘可以是口头的,也可以是书面的。它既没有约束性,也没有固定格式。

（2）发盘

发盘就是交易一方为了出售或购买某种商品,而向交易的另一方提出买卖该商品的各种交易条件,并表示愿意按这些交易条件订立合同。发盘可以由买方或卖方发出,但多数由卖方发出。按照发盘人对其发盘在受盘人接受后是否承担订立合同的法律责任来分,发盘可以分为实盘和虚盘。

1）实盘

实盘是指对发盘人有约束力的发盘,即表示有肯定的订立合同的意图,只要受盘人在有效期内无条件地接受,合同即告成立。如果在发盘的有限期内,受盘人尚未表示接受,发盘人不能撤回或修改实盘内容。实盘一般应具备以下 4 项条件。

- 各项交易条件要极其清楚、明确,不能存在含糊不清和模棱两可的词句。
- 各项交易条件完备,商品品名、计量单位、品质、价格、数量、交货期、支付方式和包装等主要条件要齐全。
- 无保留条件,即发盘人保证按提出的各项交易签订合同,达成协议。
- 规定有限期,即告知对方发盘的终止日期。这个有效期主要是约束发盘人的,对受盘人无约束力。受盘人可在有效期内接受,也可不接受,甚至在不接受时,也无通知发盘人的义务。同时,有效期也是对发盘人的一个保障,发盘人只在有效期内负责,如果超过有效期,发盘人将不受所发盘的约束。

在实盘有效期内,若出现下列情况之一,按照国际惯例即告失效,发盘人可以不再受这一项实盘的约束。

- 过时,即在有效期内未被接受。
- 拒绝,即受盘人表示不感兴趣、不能接受等,则发盘的效力即告结束。若受盘人拒绝后重新接受,即使是在有效期内,发盘人也可不承担原发盘的责任,只有在经过发盘人确认后,合同才能成立。如果受盘人对发盘内容进行还盘,原发盘也立即失效。
- 国家政府法令的干预。如果发盘人在发出实盘后,政府宣布发盘中的商品为禁止进口或出口的商品,那么该项实盘即无效,对原发盘人的约束力也即告解除。

2）虚盘

虚盘是指对发盘人和受盘人都没有约束力的发盘。对虚盘,发盘人可随时撤回或修改内容。受盘人如果对虚盘表示接受,还需要发盘人的最后确认,才能成为对双方都有约束力的合同。虚盘一般有以下 3 个特点。

- 在发盘中有保留条件,如"以原材料价格没有变动为准""以我方明确确认为准",或标注说明"仅供参考"等。它对发盘人不具有约束力,受盘人若要接受这一发盘,必须得到发盘人的确认。
- 发盘的内容模糊,不作肯定表示,如"价格为参考价""商品价格视数量多少给予优惠价"等。
- 缺少主要交易条件。有些发盘虽然内容明确、肯定,但没有列出必须具备的交易条件,如价格、数量和交货期等,也属于虚盘性质。

作为发盘人,可以发实盘,也可以发虚盘。对两者如何选择,要由自己的经营意图和谈判方式来决定。虚盘通常适用于己方货源尚未组织落实,或者对客户不十分了解,而对方询盘又很急的情况下。由于对某一段时间内的国外商情和市场情况不明,也可以故意发出虚盘,以作探测。使用虚盘时,一般采用"以己方最后确认为准"的形式。

（3）还盘

还盘是指受盘人在接到发盘后,对发盘内容不同意或不完全同意,反过来向发盘人提出需要变更内容或建议的表示。按照这一规定,在原受盘人作出还盘时,实际上就是要求原发盘人答复是否同意原受盘人提出的交易条件。这样原受盘人成了新的发盘人,其还盘成了新发盘,而原发盘人也成了受盘人,原发盘人的发盘也就随之失效。需要注意的是,既然还盘成了新发盘,那么前面针对实盘的法律含义和实盘的法律责任同样适合于还盘。这一点对于已经改变了地位的原发盘人来说具有非常重要的意义。作为原发盘人,此时一方面要明确自己的实盘已经失效,可以不受约束了;另一方面要分析对方的还盘是实盘还是虚盘。如果说接受对方的是实盘,当然要求对方履约。另外还要注意对方有时发来的表示,貌似还盘,其实不是还盘,这就不能表明自己的实盘失效。例如,对方提出某种希望、请求时,但在法律上不构成还盘,发盘人即使同意这些希望或请求仍不表明实盘失效。因此,发盘人一定要能判断出对方的表示是否真正构成还盘,以避免由于判断错误而发生纠纷或处于被动地位。发盘人如果对受盘人发生的还盘提出新的意见并再发给受盘人,则称为再还盘。在国际贸易中,一笔交易的达成往往要经历多次还盘和再还盘的过程。

(4)接受

接受在法律上属于承诺。它是指交易一方无条件同意对方的发盘或还盘的内容所作出的意思表示。或者说,它是指受盘人按照发盘人所指定的交易条件,发出同意发盘内容的一种有效表示。一项有效的发盘一旦被受盘人接受,交易即告成立。有效接受应具备以下几个条件。

① 接受必须由合法的受盘人表示,一项发盘可以向特定的人提出,也可以向不特定的人提出。实盘通常都会有特定的送达受盘人,这时只有被指定的或其合法的代理人才是合法的受盘人,其表示的接受才构成有效的接受,任何第三者都无权对该发盘表示有约束力的接受。对于第三者的接受,除了其表示经受盘人或其合法代理人追认,并经发盘人确认有效外,其余双方均不受约束。对于没有指定特定受盘人的公开发盘,任何人均可对发盘中的交易条件表示接受,建立有效的合同关系。

② 接受必须是无条件的接受。它是指受盘人对发盘中所提出的各项交易条件完全同意,不做任何增减、修改或限制,也无任何保留意见。

③ 接受必须在发盘的有效期内表示。对于明确了有效期的发盘,受盘人只有在此期间内表示接受才有效。若实盘未规定有效期,应视为在合理时间内表示接受才有效。逾期接受一般是无效的,但在下列情况下,仍视为有效:发盘人对逾期接受表示同意,逾期接受仍然有效,但发盘人必须以口头或书面形式通知受盘人;受盘人在有效期的最后一天表示接受,这一天又是发盘人所在地的假日或非营业日,受盘人的接受不能及时送达给发盘人,这时受盘人的接受在顺延的时间内仍有效;受盘人在有效期内表示的接受,本应正常地送达发盘人,但因意外情况等造成延误的逾期接受,应视为有效接受,除非发盘人及时通知其发盘失效。

④ 接受必须表示出来并传达到发盘人。接受一般由受盘人发出声明或作出某种行为表示出来,保持沉默或不作出任何行动,不能构成接受。

接受应送达发盘人,但接受的生效时间各国规定不一。其常见的做法有:①到达原则。该原则是指如果接受在传递过程中遗失或破损致使内容不清,接受则不发生效力。例如,接受及时送达,即使发盘人未及时拆阅,不了解其内容,接受也于送达时生效。②投邮原则。该原则主张接受一经投邮,不论接受在传递中是否顺利到达目的地,都认为接受生效。③了解原则。该原则是指接受不仅要送达发盘人,而且接受的内容要在发盘人真正了解之时方能生效。

3. 采购合同的签订

合同订立过程中,一方的实盘被另一方有效接受后,交易即达成,一般通过书面合同来确认。由于合同双方签字后就成为约束双方的法律性文件,双方都必须遵守和执行合同规定的各项条款,任何一方违背合同规定都要承担法律责任。因此,合同的签订也是采购合同订立的一个重要环节,如果这一环节发生事故或差错,就会给以后的合同履行留下引起纠纷的隐患,甚至会给交易带来重大损失。只有对这一工作采取认真、严肃的态度,才能使整个采购合同的订立达到预期的目的。对这一环节工作的基本要求是合同内容必须与双方谈妥的事项及要求完全一致,特别是主要的交易条件都要定得明确和肯定,拟订合同时所涉及的概念不应有歧义,前后的叙述不能自相矛盾或出现疏漏、差错等。

① 制作合同。一般供应商都有采购方认可的购销合同形式,双方只要按合同的格式填写就可以了。

② 审批合同。采购合同的审批由专人负责,一般由采购主管负责。量大和比较重要的物资的采购合同要报企业主要负责人审阅。主要的审查内容包括:供应商是否为原确定的采购环境的供应商;供应商是否经过调查、考察和认证;采购合同中的品种、数量、质量要求是否与订单相符;价格是否在允许的范围之内;交货期是否能保证生产经营的需要;违约责任的描述是否严密,是否有利于本企业等。

③ 签订并执行合同。一般草签合同都是在供应商处完成。因为在草签合同之前都有一个对供应商调查、考察和协商谈判的过程,无论是对新供应商或老供应商都是如此。在协商谈判达成共识之后,法定代表人的授权承办人才可以草签合同。在草签合同之前要出示身份证、授权委托书和营业执照副本,合同草签之后亲自带回企业,经审批盖上法人章之后寄回或送回,供应商盖上法人章后,合同即告生效。合同随即转入执行阶段。

4. 采购合同签订的形式

(1) 口头合同形式

口头合同形式是指双方当事人通过语言进行订立采购合同的意思表示。采用口头形式订立采购合同的优点是当事人建立合同关系简便、迅速,缔约成本低。但这类合同发生纠纷时,当事人举证困难,不易分清责任。

《中华人民共和国合同法》(以下简称《合同法》)在合同形式的规定方面,放松了对当事人的要求,承认多种合同形式的合法性,将选择合同形式的权利交给当事人,对当事人自愿选择口头形式订立采购合同的行为予以保护,体现了合同形式自由的原则。但是《合同法》同时规定:"法律规定采用书面形式的合同,必须采用书面形式。"

(2) 书面合同形式

《合同法》规定:"书面形式是指合同书、信件和数据电文(包括电报、电传、传真、电子数据交换和电子邮件)等可以有形地表现所载内容的形式。"所谓"有形地表现所载内容"是相对于口头形式而言的,当事人只要看到书面载体,就会了解合同的内容。

书面合同的优点是有据可查,权利和义务记载清楚,便于履行,发生纠纷时容易举证和分清责任。

书面合同是采购实践中采用最广泛的一种合同形式。《合同法》第十条第二款规定:

"法律、行政法规规定采用书面形式的,应当采用书面形式;当事人约定采用书面形式的,应当采用书面形式。"这是法律从交易安全和易于举证的角度考虑,对一些重要合同要求当事人必须签订书面合同。

(3) 其他合同形式

其他合同形式是指除口头合同与书面合同以外的其他形式的合同,主要包括默示形式和推定形式。

3.2 采购合同的内容

采购合同的内容,也称采购合同的条款,是指合同双方当事人的具体权利和具体义务。一份完整的采购合同通常由首部、正文和尾部三部分构成。

1. 首部

采购合同的首部主要包括名称、编号、签订日期、买卖双方的名称和合同序言等。

2. 正文

合同正文是供需双方议定的主要内容,是采购合同的必备条款,也是供需双方履行合同的基本依据。合同正文主要包括以下内容。

(1) 商品名称

商品名称是指所要采购的物资名称。按照国际惯例,合同中的品名条款通常都是在"商品名称"或"品名"的标题下,列明交易双方成交的商品名称,或者在合同中直接写明双方交易的商品的具体名称。

(2) 质量

质量是指商品所具有的内在质量与外观形态的结合,包括各种性能指标和外观造型。

① 质量条款的基本内容。合同中的质量条款通常应列明商品名称、规格或等级、标准等。

② 品质机动幅度和品质公差。为了避免交货品质与采购合同不符,可以在合同的品质条款中作一些变通的规定,常见的做法是规定品质机动幅度和品质公差。

在订立品质条款时应注意:第一,根据商品特性确定表示品质的方法;第二,要准确、具体地描述品质要求,既忌笼统含糊,如大约、左右,又忌绝对化;第三,重视品质机动幅度和品质公差在表示品质方面的作用,凡是能采用和应该采用品质机动幅度和品质公差表示的商品,一般都要注明具体的机动幅度或公差允许值,以免日后产生争议。

(3) 价格

价格包括单价和总价。单价是指交易商品每一计量单位的货币数值。总价指全部商品价值的总和。

在国际采购时,价格条款要复杂得多,虽然合同中的价格条款也是单位价值和总价值2项内容,但单价要由计价货币、单位商品货币金额、计量单位和价格术语四部分组成。因此,在订立价格条款时应就如何确定价格,如何选择货币、价格术语作出正确判断,并加以明确规定。

① 作价方法。价格条款中,对单价的表述除了较多地使用固定价格外,也可以采用较为灵活的浮动价格和暂定价格。

- 固定价格。在国际货物采购合同中,如果没有特殊规定,合同中的价格一般理解为固定价格,即从订约到付款这段时间内的价格是不变的,任何一方不得以市场发生巨大变化为由更改原定价。这就要求双方订立合同时,能尽量预测到市场发生的变化,交货期也不要拉得太长。有时买卖双方为了进一步明确其价格的固定性,防止以后发生争议,也可在价格条款中作出明确规定,如"合同签订的任何一方不得调整价格。"

- 暂定价格。暂定价格是指合同中约定的价格极不稳定,难以预测,订约时,买卖双方暂时确定一个价格,待日后交货前一段时间再由双方按当时的市场情况商定一个价格,这一价格即作为最后结算价格。

- 浮动价格。浮动价格是指某些货物由于价格极不稳定,交货期较长或交货时间较远,为了避免任何一方因此造成巨大损失,而采用浮动作价的方法。采用这一方法作价时,必须在合同中规定一个基础价格,并明确价格上浮或下浮依据。例如,"以结算时的物价指数为依据加价或减价若干""以结算时某交易所的价格为基础调整价格"。

② 计价货币的选择。在国际采购业务中,买卖双方使用何种货币,主要根据双方自愿进行选择,一般有 3 种情况,使用卖方国家货币、使用买方国家货币和使用第三方国家货币。对任何一方来说,使用本国货币,承担的风险较小,使用外币则可能承担汇率变动所带来的风险,因为当今国际金融市场普遍实行浮动汇率制,汇率上下浮动是必然的,任何一方都有可能因汇率浮动造成损失。所以在国际购销业务中,购销双方都必须考虑如何选择货币,以最大限度地避免外汇风险。

③ 价格术语的选用。在国际采购业务中,可供买卖双方选用的价格术语很多,由于各种价格术语都有其特定的含义,不同的价格术语,买卖双方所承担的责任、义务和风险也不同,价格术语选择正确与否直接关系到购销双方的经济利益。所以在选择价格术语时应考虑以下因素。

- 体现我国的对外政策,按照平等互利的原则在双方自愿的基础上选择价格术语。
- 选择双方熟悉的,对买卖双方都较为便利的价格术语,如 FOB、CIF 和 CFR 三种价格术语,这已成为各国经常使用的价格术语,而且双方风险的划分是以装运港船舷为界,有利于双方履行合同。
- 选择价格术语时应考虑我国保险业、运输业的情况,有利于促进我国保险业和运输业的发展。
- 选用价格术语时应考虑运费因素。运费在价格中占有很大比重,因此在选择价格术语时应事先预算运费,采用节约运费的价格术语。

(4) 数量

数量条款是指采用一定的度量制度来确定采购合同中的重量、个数、长度、面积和容积等,它是买卖双方交接货物对数量评价的依据,也是处理有关数量争议的依据。

① 计量单位。不同商品,计量的单位也不同,通常有 6 类计量单位。

- 按重量计算,如吨、千克、磅和盎司等,多应用于天然产品及制品,如矿砂、钢铁和羊毛等商品。

- 按个数计算,如件、双、套、打、罗和令等,多用于一般杂货及工业制品。
- 按长度计算,如米、英尺和码等,多应用于绳索、纺织品等商品。
- 按面积计算,如平方米、平方英尺等,多用于纺织品、玻璃等商品。
- 按体积计算,如立方米、立方英尺等,按体积成交的商品不多,仅应用于木材、化学气体等商品。
- 按容积计算,如公升、加仑和普式耳等,多用于小麦、谷类及大部分液体商品。

② 规定交易的方法。

- 净重。净重即去皮重,仅商品本身的重量。
- 毛重。毛重是指连皮的重量,即毛重 = 净重 + 皮重。
- 以毛作净。以毛作净,即以毛重作为净重计量计价。当包装材料与商品价值相近,可采取以毛作净的方法。
- 公量。例如,生丝、羊毛和棉花易于吸收水分,可采取抽样将水分烘干,再加上双方议定的一定百分比的标准水分,计算出重量。
- 理论重量。例如,马口铁、钢板等,有固定的规格尺寸,只要尺寸符合,其重量大致相同,根据张数或件数推算出的重量为理论重量。

③ 规定数量的方法。

- 定量法。它是指规定准确的数量,不多不少。一般单位价格高,清点容易的商品多采用定量法。
- 约量法。它是指在一定限度内可多交或少交。在国际市场上这种多交或少交的幅度是由有关商业协会或贸易惯例所规定。例如,在谷物交易中上下可差 5%,在木材买卖中可多至 10%,一般商品多至 3% ~ 5%。

④ 在规定数量条款中应注意的问题。

- 数量条款的规定要明确具体,包括计算数量的单位和方法,都应该明确具体,避免使用大约、左右等笼统词语。
- 要正确处理成交数量和合同价格的关系。大批量成交,价格应有优惠;小批量成交,价格可以稍高。
- 根据商品特点,规定溢短装条款,但不是所有商品都加溢短装条款。例如,进口 1 000 辆轿车,就不应有溢短装条款。所谓溢短装条款就是对于大宗散装商品,如农副产品和工矿产品,由于商品特点和运输装载的缘故,难以严格控制装船数量。此外,某些商品由于货源变化、加工条件限制等,往往在最后出货时,实际数量与合同规定数量有所出入。对于这类交易,为了便于卖方履行合同,通常可在合同中规定溢短装条款(more or less clause),即规定交货数量可在一定幅度内增减。

> **思考**
>
> 　　甲公司与乙供应商签订了一份采购合同,合同规定由乙供应商在 2016 年 5 月向甲公司交付 A 产品 10 万件,其中 X 型号 5 万件,Y 型号 5 万件。甲公司在收到货物后 1 个月内付清全部货款。合同签订后,供应商未按合同规定的品种和数量交货,甲公司收到货物后也未按合同规定及时付清货款。甲公司向法院提出诉讼请求,要求维护其合法权益。
> 　　法院根据双方当事人的陈述和提交的证据查明:乙供应商在 5 月份交付 A 产品只有 9 万件,尚缺 1 万件。乙供应商未按合同履行义务的原因,一是将 A 产品自销;二是所缺的品种生产不足。甲公司迟延付清货款 90 天。
> 　　**问题**
> 　　1. 当收到的货物数量与合同商定的不符时应该怎么办?
> 　　2. 双方当事人在合同履行中的权利和义务是什么?

（5）包装

① 包装种类。

- 商品的包装包括外包装和内包装。外包装包括单件运输包装和集合包装两类。单件运输包装常用的有箱、桶、袋、筐、篓、坛和瓶等。集合运输包装常用的有集装包装、包装袋、托盘运输包装和集装箱运输包装。
- 散装。例如,煤、矿砂、木材、盐和大豆等商品没有包装,直接装船或车。
- 裸装。"裸装货"是指成件的商品,不加包装而运输,如汽车、内燃机车等。

② 采购合同包装条款。其内容包括包装标志、包装方法、包装材料要求、包装容量、包装质量、环保要求、包装成本和分拣运输成本等。

③ 订立包装条款应注意的问题。约定的包装材料和包装方式要明确具体,不宜笼统地规定"适合海运包装""习惯包装"之类含义模糊,容易引发争议的术语。

④ 包装费用的负担问题。包装费用一般包括在货价之内,不另计价。但如果购方提出特殊要求,额外的包装费用由买方负担。另外即使由买方承担费用,如果卖方包装技术达不到,也不要轻易接受,以免引起纠纷。

⑤ 关于运输标志。按照国际交易习惯,唛头一般由供方决定,而不必在合同中具体规定,但如果购方要求使用其指定的唛头,则应在合同中明确规定唛头的具体样式和内容,或者规定购方提供唛头样式和内容的期限,以免延误供方按时交货。

（6）装运

装运是指把货物装上运载工具并运到交货地点。该条款的主要内容有运输方式、装运地点与目的地、装运方式（一次装运还是分批装运,是直达还是中转）。

① 运输方式有海洋运输（包括班轮运输、租船运输）、铁路运输（包括国内铁路运输、国际铁路运输及国际多式联运）和航空运输等。

② 装运时间又叫装货期,是指供方按购销合同规定将货物交付给购方或承运人的期限。这是合同的主要条款,如果供方违反这一条件,购方有权撤销合同并要求供方赔偿损失。履行 FOB、CIF 和 CFR 合同时,供方只需在装运港将货物装上船并取得代表货物所有权

的单据,这就完成了交货任务。

③ 装运港和目的港通常分别规定一个,按照实际需要也可分别规定2个或2个以上港口。

④ 分批装运和转运。分批装运是将同一合同项下的货物分若干批次装运;转运是指货物在装运港装船后,在中途将货物卸下装上其他运输工具,以完成运输任务。

(7)到货期限

到货期限是指指定的最晚到货时间,以不延误企业生产经营为准,但也不可提前太多,否则将增加购方的库存费用。

(8)到货地点

到货地点是指货物到达的目的地。

(9)检验

在一般的采购合同中,检验是指按照合同约定的质量、数量和包装等条款进行检查和验收。在国际采购合同中,检验是指由商品检验机构对进出口商品的质量、数量、包装、残损和环保等进行检验、分析与公证并出具检验证明。该条款包括有关检验权的规定;检验或复验的时间、地点、检验机构、检验检疫证书等。

(10)付款方式

付款方式是指采用一定的手段,在指定的时间、地点,使用正确的方式支付货款。它包括如下内容。

① 支付工具。它包括货币和票据2种。货币作为一种支付工具较少使用,主要的支付工具是票据。票据是各国通行的结算工具和信用工具,主要包括汇票、本票和支票。

- 汇票。汇票是出票人向付款人签发的,要求付款人在见票时或在指定日期无条件支付确定金额给收款人或持票人的票据。
- 本票。本票是出票人签发的,承诺自己在见票时,无条件支付确定金额给收款人或持票人的票据。
- 支票。支票是出票人签发的,委托办理支票存款业务的银行或其他金融机构,在见票时,无条件支付确定金额给收款人或持票人的票据。

② 付款方式。它包括银行提供信用方式(如信用证)或不提供信用但可作为代理方式(如直接付款和托收)。

③ 支付时间。它包括预付款、即期付款或延期付款。

④ 支付地点,即付款人指定银行所在地。

(11)保险

保险是企业向保险公司投保,并交纳保险费的行为。货物在运输过程中受到损失时,保险公司将向企业提供经济上的补偿。该条款的主要内容是确定保险类别及其保险金额,指明投保人并支付保险费。根据国际惯例,凡是按CIF条件成交的出口货物一般由供应商投保;按FOB、CFR和CPT条件成交的进口货物,则由采购方办理保险。

(12)违约责任

在采购合同履行过程中,买卖双方往往会因彼此之间的责任和权利问题引起争议,并由此引发索赔、理赔、仲裁及诉讼等。为了防止争议的产生,并在争议发生后能获得妥善的处理和解决,买卖双方通常都在签订合同时,对违约责任作出明确规定。

根据《合同法》规定:当事人一方不履行合同义务或履行合同义务不符合约定的,应当承担继续履行、采取补救措施或赔偿损失等违约责任。因此,违约责任有 3 种基本形式,即继续履行、采取补救措施和赔偿损失。除此之外,违约责任还有其他形式,如违约金和定金责任。

（13）不可抗力

不可抗力是指合同执行过程中发生的不可预见的、人力难以控制的意外事故,如台风、洪水、地震和战争等,遭遇不可抗力的一方可因此免除合同责任。该条款包括的主要内容有不可抗力的含义、适用范围、法律后果及双方的权利和义务能力等。

（14）解决合同纠纷的方法

合同纠纷,是指因合同的生效、解释、履行、变更和终止等行为而引起的合同当事人的所有争议。任何一种违约行为都可能引起合同纠纷。因此,当事人应当在采购合同中明确发生合同纠纷如何解决。通常合同纠纷解决的方法有和解、调解、仲裁和诉讼。

3. 尾部

合同尾部的主要内容有合同的份数、使用语言及效力、附件、合同的生效日期和双方签字盖章。

情境链接

办公设备采购合同范本

合同编号:＿＿＿＿＿＿＿＿＿＿

甲　　方(采购人):＿＿＿＿＿＿＿＿

乙　　方(供应商):＿＿＿＿＿＿＿＿

签约时间:＿＿＿＿＿＿＿＿＿＿

签约地点:＿＿＿＿＿＿＿＿＿＿

第一条　合同标的

第二条　乙方根据甲方需求提供下列货物(货物名称、规格及数量详见"投标报价表"第＿＿＿＿号)。

第三条　合同总价款

1. 本合同项下货物总价款为＿＿＿＿（大写）人民币,分项价款在"投标报价表"中有明确规定。

2. 本合同总价款是货物设计、制造、包装、仓储、运输、安装及验收合格前和保修期内备品、备件发生的所有含税费用。

3. 本合同总价款还包含乙方应当提供的伴随服务/售后服务费用。

第四条　组成本合同的有关文件

下列关于采购办公室＿＿＿＿号的采购文件及有关附件是本合同不可分割的组成部分,与本合同具有同等法律效力,这些文件包括但不限于:①乙方提供的报价文件(报价单);②技术规格响应表;③服务承诺;④甲乙双方商定的其他文件。

第五条 质量保证

乙方应保证货物是全新、未使用过的原装合格正品,并完全符合合同规定的质量、规格和性能要求。乙方应保证其提供的货物在正确安装、正常使用和保养条件下,在其使用寿命内具有良好的性能。

第六条 交货和验收

1. 乙方应按照本合同或招投标文件规定的时间和方式向甲方交付货物,交货地点:_____,联系人:_____,电话:_____。

2. 交货时间:乙方应当在_____年____月____日前将货物交付甲方。

3. 乙方交付的货物应当完全符合本合同或招投标文件所规定的货物、数量和规格要求。

4. 甲方应当在到货后的____个工作日内对货物进行验收,验收包括型号、规格、数量、外观质量及货物包装是否完好,安装调试是否合格,用户手册、原厂保修卡、随机资料、配件和随机工具等是否齐全。

第七条 伴随服务/售后服务

1. 乙方应按照国家有关法律、法规、规章和"三包"规定及合同所附的"服务承诺"提供服务。

2. 所有货物保修服务方式均为乙方上门保修,由乙方派员到货物使用现场维修所产生的一切费用由乙方承担。

第八条 货款支付

甲方在收到乙方提供的货物验收单、使用单位盖章的发票复印件后,____个工作日内支付货款。

第九条 违约责任

1. 甲方无正当理由拒收货物、拒付货款的,由甲方向乙方偿付合同总价的____违约金。

2. 甲方未按合同规定的期限向乙方支付货款的,每逾期____天甲方向乙方偿付欠款总额____的滞纳金,但累计滞纳金总额不超过欠款总额的____。

3. 如乙方不能交付货物,甲方有权扣留全部履约保证金;同时乙方应向甲方支付合同总价____的违约金。

4. 乙方逾期交付货物的,每逾期____天,乙方向甲方偿付逾期交货部分货款总额____的滞纳金。如乙方逾期交货达____天,甲方有权解除合同,解除合同的通知自到达乙方时生效。

5. 乙方所交付的货物品种、型号、规格不符合合同规定的,甲方有权拒收。甲方拒收的,乙方应向甲方支付货款总额____的违约金。若被查出所供货物或其部件是假冒伪劣产品的,乙方除无条件退货或换货外,还将视情节轻重由采购办公室扣缴贰仟元以下的履约保证金。

6. 在乙方承诺的或国家规定的质量保证期内(取两者中最长的期限),如经乙方两次维修或更换,货物仍不能达到合同约定的质量标准,甲方有权退货,乙方应退回全部货款,同时乙方还需赔偿甲方因此遭受的损失。

7. 乙方未按本合同的规定和"服务承诺"提供伴随服务/售后服务的,应按合同总价款的____向甲方承担违约责任。

第十条　争议的解决

1.因货物的质量问题发生争议的,应当邀请国家认可的质量检测机构对货物质量进行鉴定。货物符合标准的,鉴定费由甲方承担;货物不符合质量标准的,鉴定费由乙方承担。

2.因履行本合同引起的或与本合同有关的争议,甲乙双方应首先通过友好协商解决,如果协商不能解决争议,则采取向＿＿仲裁委员会按其仲裁规则申请仲裁。

第十一条　合同生效及其他

1.本合同自签订之日起生效。

2.本合同一式＿＿份。

3.本合同未尽事宜按照中华人民共和国相关法律进行解释。

甲　　方(签章)：　　　　　　乙　　方(签章)：

地　　址：　　　　　　　　　地　　址：

邮　　编：　　　　　　　　　邮　　编：

电　　话：　　　　　　　　　电　　话：

思考

一份完整的采购合同应该包括哪些主要内容？请用所学采购合同的知识判断这份合同是否符合要求。

3.3　采购合同的管理

采购合同的管理涉及从合同签订到合同终止期间内,供应商或采购方的关于合同的所有活动。合同管理的目标是解决合同期间出现的任何问题,确保供应商履行合同规定的义务。合同管理由采购管理专职人员操作,包括以下几个环节。

① 计划审查。审查采购计划是否在规定的时间内转化成订单合同。

② 合同审批。审查合同号、数量、单位、单价、币种、发运目的地、供应商和到货日期等。

③ 合同跟踪。检查采购合同的执行情况,对未按期到货的合同研究对策,加强监督。

④ 缺料预测。与计划人员一起操作,根据生产需求情况,推测可能产生缺料的物资供应合同,研究对策并实施。

⑤ 合同变更。根据实际采购情况,妥善处理合同的变更、合同提前终止和合同纠纷的解决等。

3.4　采购合同的跟踪

在实际订单操作过程中,合同、需求和库存三者之间相互会产生矛盾,突出表现为因各种原因,合同难以正常执行;需求不能满足导致缺料;库存难以控制。因此,恰当地处理供、需和缓冲余量之间的关系是采购合同管理中的重要内容。

1. 合同执行前跟踪

采购方应与供应商进行充分沟通,若供应商按时履行合同,则说明供应商的选择正确。在采购环境里,同一物资有几家供应商可供选择,独家供应商情况除外。虽然每个供应商都有分配比例,但是在具体操作时可能会遇到各种原因的拒单,由于时间变化,供应商可能要提出改变,包括价格、质量和交货期等。如果供应商确实难以接受订单,可以在采购环境里另外选择其他供应商。与供应商签过的合同要及时存档,以备日后查阅。

2. 合同执行过程跟踪

与供应商签订的采购合同,是规范双方合作关系的规范书,具有法律约束力,采购人员应全力跟踪,并且与供应商相互协调,建立起业务衔接、作业规范的合作框架。合同执行过程跟踪应把握以下事项。

① 严密跟踪供应商准备物资的详细过程,保证采购正常执行。通常供应商提供不同种类的物资,因其准备过程不同会有两类情况:一类是供应商需要按照样品或图纸定制的物资,它存在加工过程,而且周期长,变化多;另一类是供应商有库存的物资,它不存在加工过程,周期短。

对存在加工过程的供应商可以向供应商单位派常驻代表,进行信息沟通、技术指导和监督检查。常驻代表应当深入到生产线各个工序、各个管理环节,帮助发现问题,提出改进措施,切实保证彻底解决有关问题。对于不存在加工过程的供应商,则视情况分别采用定期或不定期到工厂进行监督检查,或者设监督点对关键工序或特殊工序进行监督检查的办法。

② 紧密响应生产经营需求形式。如果生产经营需求紧急,要求本批物资立即到货,采购人员就应该马上与供应商进行协调,必要时还应该帮助供应商解决疑难问题,以保证需求物资的准时供应。有时市场需求出现滞销,企业经过研究决定延缓或取消本次订单物资供应,采购人员也应该立即与供应商进行沟通,确认可以承受的延缓时间,或者终止本次采购操作,同时应该给供应商相应的赔款。

③ 慎重处理库存控制。库存控制在某种程度上体现了采购人员的管理水平,因此必须保持与正常经营相适应的商品库存量。

④ 控制好物资验收环节。物资到达订单规定的交货地点,对于国内供应商交货一般是指到达企业的库房;对于境外供应商交货一般是指到达企业的国际物流中转中心。在境外交货情况下,供应商在交货之前会将到货情况表单传真给采购人员,采购人员必须按照原先所下的采购订单对到货的物资、批量、单价及总金额等进行确认,并进行输入归档,然后开始办理付款手续。需要注意的是,境外物资的付款条件可能是预付款或即期付款,一般不采用延期付款。

3. 合同执行后跟踪

在按照合同规定的支付条款对供应商进行付款后需要进行合同跟踪。订单执行完毕的条件之一是供应商收到本次订单的货款,如果供应商未收到货款,采购人员有责任督促财务人员按照流程规定加快操作,否则会影响企业的信誉。

物资在运输或检验过程中,可能会出现一些问题,偶发性的小问题可由采购人员或现场检验人员与供应商进行联系解决,重要的问题可由质管人员和认证人员解决。

3.5　采购合同争议解决

采购活动中产生争议主要有 3 种原因:一是供应商违约,如拒不交货,未按合同规定的时间、品质、数量和包装交货,货物与单证不符等;二是采购方违约,如未按合同规定的时间付清货款,或未按合同规定的时间、地点组织提货和验收等;三是合同规定不明确、不具体,以致双方当事人对合同条款的理解或解释不一致。

1. 违反合同的责任区分

在采购合同履行过程中,当采购商品未能按合同要求送达采购方时,首先要分清责任,认定索赔对象。

（1）违反采购合同的责任

1）供应商责任

- 商品的品种、规格、数量、质量和包装等不符合合同的规定,或者未按合同规定日期交货,应偿付违约金和赔偿金。
- 商品错发到货地点或接货单位（人）,除按合同规定负责运到规定的到货地点或接货单位（人）外,还应承担因此而多支付的运杂费;如果造成逾期交货,还要偿付逾期交货违约金。

2）采购方责任

- 中途退货应偿付违约金和赔偿金。
- 未按合同规定日期付款或提货,应偿付违约金。
- 错填或临时变更到货地点应承担因此多支出的费用。

（2）违反货物运输合同的责任

当商品需要从供方所在地托运到需方收货地点时,如果未能按采购合同的要求到货,应分清是货物承运方责任还是托运方责任。

1）承运方责任

- 不按运输合同规定的时间和要求发运,应偿付托运方违约金。
- 商品错运到货地点或接货单位（人）,应无偿运至合同规定的到货地点或接货单位（人）;如果货物运到时已逾期,则应偿付逾期交货的违约金。
- 运输过程中发生商品的灭失、短少、变质、污染和损坏,按其实际损失（包括包装费和运杂费）赔偿。
- 联运的商品发生灭失、短少、变质、污染和损坏,应由承运方承担赔偿责任的,则由终点阶段的承运方按照规定赔偿,再由终点阶段的承运方向负有责任的其他承运方追偿。
- 在符合法律和合同规定条件下的运输,由于下列原因造成商品灭失、短少、变质、污染和损坏的,承运方不承担违约责任:不可抗力的地震、洪水和台风等自然灾害;商品本身的自然性质;商品的合理损耗;托运方或收货方本身的过错,等等。

2）托运方责任

- 未按运输合同规定的时间和要求提供运输,应偿付承运方违约金。
- 由于在普通商品中夹带或匿报危险商品、错报笨重货物重量等,而招致商品摔损、爆炸和腐蚀等事故,应承担赔偿责任。
- 罐车发运的商品,因未随车附带规格质量证明或化验报告,造成收货方无法卸货的,托运方需偿付承运方卸车等存费及违约金。

（3）已投财产保险时,保险方的责任

对于保险事故造成的损失和费用,在保险金额的范围内承担赔偿责任。被保险方为了避免或减少保险责任范围内的损失而进行的施救、保护、整理和诉讼等所支出的合理费用,依据保险合同规定偿付。

2. 索赔和理赔应注意的问题

发生合同争议后,首先应分清责任属供应商、采购方还是运输方。如果采购方在采购活动中因供应商或运输方责任而蒙受了经济损失,就可以通过与其协商交涉,进行索赔。

索赔和理赔既是一项维护当事人权益和信誉的重要工作,又是一项涉及面广、业务技术性强的细致工作。因此,提出索赔和处理理赔时,必须注意下列问题。

① 索赔的期限。索赔的期限是指争取索赔的当事人向违约一方提出索赔要求的违约期限。关于索赔期限,《合同法》有规定的必须依法执行;没有规定的,应根据不同商品的具体情况作出不同的规定。如果逾期提出索赔,对方可以不予理赔。一般情况下,农产品、食品等索赔期限短一些,对于一般商品索赔期限会长一些,机器设备的索赔期限则定得更长一些。

② 索赔的依据。提出索赔时,必须出具因对方违约而造成损失的证据(保险索赔另外规定),当争议条款为商品的质量条款或数量条款时,该证明要与合同中的检验条款相一致,同时出示检验的出证机构;如果索赔时证据不全、不足或不清,以及出证机构不符合规定,都可能遭到对方的拒赔。

③ 索赔金额及赔偿办法。关于处理索赔的办法和索赔的金额,除了个别情况外,通常在合同中只作一般笼统的规定,而不作具体规定。有关当事人双方应根据合同规定和违约事实,本着平等互利和实事求是的精神,合理确定损害赔偿的金额或其他处理的办法,如退货、换货、补货、整修、延期付款和延期交货等。

当商品质量出现与合同规定的不符而造成采购方蒙受经济损失时,如果违约金能够补偿损失,则不再另行支付赔偿金;如果违约金不足以抵补损失,还应根据所蒙受经济损失的情况,支付赔偿金以补偿其差额部分。

3. 采购合同的变更与解除

当一方要求变更或解除合同时,在新的协议未达成之前,原合同仍然有效。但要求变更或解除合同的一方应采取书面形式(文书、电报等)及时通知对方,对方在接到通知后15日内(另有规定或当事人另行商定期限者除外)予以答复,逾期不答复的视为默认。变更或解除合同的日期以双方达成协议的日期为准;需报经上级主管部门批准的,以批准的日期为准。签订合同有笔误需要修正的,需经双方协商同意后才生效。

4. 采购合同纠纷解决的途径

任何一种违约行为都可能引起合同纠纷。对于合同纠纷,当事人可以通过下列途径解决。

(1) 和解

和解是由争议各方根据合同约定的违约责任和各方实际情况,自行协商解决纠纷的方式。和解是纠纷常见的解决方式,但由于和解协议缺乏法律约束力,任何一方都可能会出尔反尔,使和解结果成为一纸空文,延误纠纷的有效解决。

(2) 调解

调解是由争议各方选择信任的第三方居中调解处理合同争议。调解通常是以各方自愿、互谅互让为原则进行,一方当事人不能强迫对方当事人接受自己的意志,第三方也不能强迫调解。当事人不愿和解、调解或和解、调解不成功的,可以根据达成的仲裁协议申请仲裁。此方式解决纠纷的可能性比和解大一些,但由于调解协议与和解协议一样不具有强制性效力,也使得纠纷的解决难尽人意。

(3) 仲裁

仲裁是指签订经济合同的当事人双方发生争议时,当事人一方或双方自愿将有关争议提交给仲裁机构进行裁决,裁决的结果对双方都有约束力,双方必须依照执行。

当采购方与供应商发生纠纷需要仲裁时,必须达成仲裁协议或仲裁条款,按照一般的仲裁程序到相应的受理机构提出仲裁申请。仲裁机构受理后,经调查取证先行调解,如调解不成,则进行庭审,开庭裁决。

1) 仲裁的受理机构

根据我国实际情况和有关的法律规定:凡是我国法人之间及法人与自然人之间的经济合同纠纷案件,统一由国家工商行政管理局设立的经济合同仲裁委员会仲裁管辖;凡是有涉外因素的经济纠纷或海事纠纷案件,即争议的一方或双方是外国法人或自然人的案件,以及中国商号、公司或其他经济组织间有关外贸合同和交易中所发生的争议案件,由民间性(非政府的)社会团体——中国国际贸易促进委员会附设的对外经济贸易仲裁委员会和海事仲裁委员会仲裁管辖,前者属于国内经济仲裁的范畴,后者则属于涉外经济仲裁的范畴。

国内经济仲裁的受理机构。我国法律规定:国内采购合同纠纷一般由采购合同履行地或合同签订地的仲裁机关管辖,执行中有困难的,也可以由被诉方所在地的仲裁机关管辖或由合同履行地的仲裁机关管辖,便于查清发生纠纷的原因和事实,作出裁决之后也好执行。这里所说的合同履行地,通常是指不履行或不适当履行合同义务行为的地点。在一般情况下,也就是被诉方的所在地,但有时也可能并不一致。

争议金额的大小,按照案件的不同情况,可分别向县、地区、省和国家工商行政管理局的4级仲裁机关申请仲裁。一般经济合同纠纷案件,由县(市)、市辖区仲裁机关受理。如果案件影响较大,争议金额高或跨省、市,跨部门,则分别就不同情况,用下述办法确定仲裁的受理机构:有较大影响或争议金额50万元以上至500万元的经济合同纠纷案件,由地区直辖市、自治州仲裁机关管辖受理;有重大影响或争议金额在500万元至1000万元的经济合同纠纷案件,由省、直辖市、自治区仲裁机关管辖受理;在全国范围内有重大影响或省、市、自治区之间,中央部门与省、市、自治区之间,中央各部门之间争议金额在1000万元以上的经济合同纠纷案件,则由国家工商行政管理局的经济合同仲裁机关管辖受理。

涉外经济仲裁的受理机构。目前在我国的进出口业务所签订的采购合同中,仲裁受理地点主要有3种形式:规定在我国由中国国际贸易促进委员会对外经济贸易委员会仲裁;规定在被诉方所在国家仲裁;规定在双方同意的第三国进行仲裁。至于与我国有贸易协定的国家,仲裁地点应按照协定的规定办理。

外贸采购合同中不仅规定了仲裁地点,而且规定了仲裁机构、仲裁程序和仲裁费用等。国际商事仲裁机构分为常设机构和临时性机构,前者又分为国际性或区域性的仲裁机关,如国际商会仲裁院;全国性仲裁机构,如瑞典斯德哥尔摩商会仲裁院、美国仲裁协会等,中国国际贸易促进委员会内设立的对外经济贸易仲裁委员会也属全国性的仲裁机构;另外还有附设在特定行业内的专业性仲裁机构。

2〉仲裁的程序

1)提出仲裁申请。向仲裁机关申请仲裁,应按仲裁规则的规定递交申请书,并按照被诉人数提交副本。当事人向仲裁机关申请仲裁,应从其知道或应当知道权利被侵害之日起1年内提出,但侵权人愿意承担债务的不受该时效限制;否则,超过期限一般不予受理。

仲裁申请人必须是与本案有直接利害关系的当事人。所写申请书应当写明以下事项:一是申诉人名称、地址、法人代表姓名和职务;二是被诉人名称、地址、法人代表姓名和职务;三是申请的理由和要求;四是证据、证人姓名和住址。

仲裁申请书的上述内容要明确具体,如有缺欠者,应责令补齐,否则将直接影响仲裁机关下一步的工作。

2)立案受理。仲裁机关收到仲裁申请书后,经过审查符合仲裁条例规定的,应当在7日内立案;不符合规定的,应在7日内通知申诉人不予受理,并说明理由。

案件受理后,应当在5日内将申请书副本发送被诉人;被诉人收到申请书副本后,应当在15日内提交答辩书和有关证据。被诉人没有按时提交或不提交答辩书的,不影响案件的受理。

3)调查取证。仲裁员必须认真审阅申请书、答辩书,进行分析研究,确定调查方案及搜集证据的具体方法、步骤和手段。

为了调查取证,仲裁机关可向有关单位查阅与案件有关的档案、资料和原始凭证。有关单位应当如实地提供材料并协助进行调查,必要时应出具证明。

仲裁机关在必要时可组织现场勘察或对物证进行技术鉴定。

4)先行调解。仲裁庭经过调查取证,在查明事实、分清责任的基础上,应当先行调解,促使当事人双方互谅互让、自愿达成和解协议。

调解达成协议必须双方自愿,不得强迫。协议内容不得违背法律、行政法规和政策,不得损害公共利益和他人利益。达成协议的,仲裁庭应当制作调解书。调解书应当写明当事人的名称、地址、代表人或代理人姓名、职务、纠纷的主要事实、责任、协议内容和费用的承担。调解书由当事人签字,仲裁员、书记员署名,并加盖仲裁机关的印章。

调解书送达后即发生法律效力,双方当事人必须自动履行。调解未达成协议或在调解书送达前一方或双方反悔的,仲裁庭应当进行仲裁。

5)开庭裁决。仲裁庭决定仲裁后,应当在开庭之前,将开庭审理的时间、地点,以书面形式通知当事人。

在庭审过程中,当事人可以充分行使自己的诉讼权利,即申诉、答辩、反诉和变更诉讼请求的权利,委托律师代办诉讼的权利,申请保证金的权利和申请回避的权利等。仲裁庭认真听取当事人的陈述和辩论并出示有关证据,然后按申诉人、被诉人的顺序征询双方的最后意见,可再行调解,调解无效由仲裁庭评议后裁决,并宣布裁决结果。闭庭后 10 日内将裁决书送达当事人。

（4）诉讼

诉讼是由人民法院根据法律对当事人之间的争议事实进行审理,并通过司法程序解决争议的活动。

技能训练③

拟订一份采购合同

1. 目的

（1）通过草拟一份采购合同掌握采购合同的主要内容。

（2）学会管理采购合同。

2. 方式

（1）教师提供相关资料:假设 A 公司就其台式计算机设备的采购与 B 计算机公司经多次磋商达成共识,决定与供应商 B 计算机公司签订正式合同。现请以 A 公司采购方的身份草拟一份台式计算机采购合同。

（2）将教学班按 5 人一组成立项目学习小组,对各项目小组拟订的计算机采购合同从条款、内容的完整性,语言的规范化及采购的跟踪管理方面进行讨论、评价。

3. 要求

（1）拟订一份正式的采购合同,内容要完整,符合规范。

（2）设计一份采购追踪记录表。

案例分析④

如何处理合同纠纷

2009 年 8 月 25 日,厦门某公司与武汉某公司签订了双方的第一份音视频采购合同。之后,厦门某公司如约发货履行了合同义务,武汉某公司也在收到发票后支付了全部货款。双方又先后签订了 3 份合同,厦门某公司均依约履行了合同的交货义务,但武汉某公司一直未支付后三批货的货款,期间厦门某公司向武汉某公司寄出发票、对账单均未获任何回应,厦门某公司人员数次登门催讨货款也均遭拒绝。

问题:试分析厦门某公司与武汉某公司之间的纠纷解决途径。

案例分析⑤

化肥采购合同纠纷

A 公司与南方一家公司签订了一笔合同,由南方的这家公司为 A 公司提供 100 吨化肥。

后来,该南方公司所属地区的铁路有一段因坍塌而受损,而将货物运到 A 公司,则这段铁路又是必经之路。因此该南方公司电告 A 公司称,因铁路中断不能供货,要求解除合同。A 公司接到电传后马上回电,表示不同意解除合同,只同意其适当延期交货。延长期限过后,该南方公司仍未履行合同。A 公司经调查发现该南方公司毁约的原因是已将该批货物以高价卖给了另一家公司。

问题:请问在这种情况下,南方公司有权利单方面解除合同吗? A 公司该如何处理?

自我测试③

一、选择题

1. 采购合同一般由( )部分组成。
   A. 首部　　　　　B. 正文　　　　　C. 尾部　　　　　D. 说明

2. 实盘一般应具备哪些条件? ( )
   A. 各项交易条件要明确　　　　　　B. 各项交易条件要完备
   C. 无保留条件　　　　　　　　　　D. 规定有限期

3. 采购合同争议解决的途径有( )。
   A. 和解　　　　　B. 调解　　　　　C. 仲裁　　　　　D. 诉讼

4. 审查卖方的资信和履约能力的主要途径有( )。
   A. 通过卖方的开户银行　　　　　　B. 卖方的主管部门
   C. 卖方的其他客户　　　　　　　　D. 卖方所在地的工商行政管理部门

5. 以下哪些是采购合同签订的形式? ( )
   A. 口头合同形式　　B. 书面合同形式　　C. 默示形式　　　D. 推定形式

6. 判断一个组织是否具有法人资格的标志是( )。
   A. 必须依照法律和法定程序成立
   B. 必须有独立的财产或经费
   C. 必须有自己的名称、组织机构和场所
   D. 必须能够以自己的名义独立承担民事责任

7. 在国际采购合同中,产品的单价要由以下哪些部分组成? ( )
   A. 计价货币　　　　　　　　　　　B. 计量单位
   C. 单位商品货币金额　　　　　　　D. 价格术语

8. 有效接受应具备以下哪些条件? ( )
   A. 接受必须由合法的受盘人表示。　　B. 接受必须是无条件的接受。
   C. 接受必须在发盘的有效期内表示。　D. 接受必须表示出来并传达到发盘人。

9. 易于吸收水分的棉花,计算重量的方法一般采用( )。
   A. 净重　　　　　B. 理论重量　　　　C. 公量　　　　　D. 法定重量

10. 要求变更合同的一方如采取书面形式通知对方,对方在接到通知后(　　　　)日内予以答复,逾期不答复的视为默认。

　　A. 5　　　　　　　　B. 10　　　　　　　　C. 15　　　　　　　　D. 30

二、判断题

1. 采购合同的订立是建立在买方和卖方双方当事人平等自愿的基础上。　　(　　)

2. 合同正文是买卖双方议定的主要内容,是采购合同的必备条款。　　(　　)

3. 合同单价要由计价货币、单位商品货币金额、计量单位三部分组成。　　(　　)

4. 为了在交货数量上争取机动,所有商品都可加溢短装条款。　　(　　)

5. 在国际采购合同中,主要的支付工具是票据。　　(　　)

6. 拥有法人资格但经营活动超出营业执照批准的范围,像这种超越业务范围以外签订的经济合同为无效合同。　　(　　)

7. 拥有一定比例的自有资金,是一个法人对外签订采购合同起码的物质基础。(　　)

8. 采购合同中的包装费用一般不包括在货价之内,需另行计价。　　(　　)

9. 接受应送达发盘人,其接受的生效时间,各国规定不一。其常见的做法有到达原则、投邮原则和了解原则。　　(　　)

10. 对于合同纠纷,当事人唯有通过诉讼途径来解决。　　(　　)

在线测试

项目 4

采购控制

知识目标

1. 了解采购价格的影响因素。
2. 掌握采购成本的构成。
3. 掌握库存的含义及利弊。
4. 掌握库存成本的构成。
5. 掌握库存管理的目标。
6. 熟悉库存管理的方法。
7. 了解零库存管理的含义。

能力目标

1. 学会采购价格确定方式。
2. 学会简单的采购成本分析。
3. 初步运用几种采购成本控制的途径和方法。
4. 能够初步判断企业库存管理中存在的问题。
5. 能够运用库存管理方法管理库存。

任务 1 采购成本控制

引导案例 **某公司降低采购成本出现的问题**

前不久,小王从采购员提升为采购部业务经理。上任没多久,他就开始采取措施降低采购成本。他对零部件的供应商压价,挑选那些用量最大的零件,重新进行询价限价,供应商不得不降价,采购成本一度降低。正在小王沾沾自喜之时,问题接踵而至。

首先,供应商服务水平降低。压价使得供应商整体盈利大幅下降,小王所在公司成为他们不盈利或少盈利的客户,其经营重心转移到其他盈利客户身上。这导致了供应商对该公司的按时交货率大幅降低。在价格调整前,所有供应商的季度按时交货率都在96%以上;调整后没几个月,有好几家供应商的按时交货率均已跌破90%。

其次,供应商对该公司失去信任。几个主要供应商基本上处于亏本的状态:一方面是因为整体经济低迷,另一方面是压价。由于担心开发出的新零件很可能在下一轮询价中转入竞争对手,结果导致供应商既没经济能力,也没有动力负担工程技术改造和革新。合作的供应商不愿替该公司专门设立技术人员,不愿随时提供技术支持,这就破坏了买卖双方的信任基础。

再次,压价使得产品质量降低。小王采用强势态度对待某些现有供应商——一律降价15%,至于怎么降,那是供应商自己的事。供应商没法在人工成本上省,那就只能在材料上下功夫。但是主要原材料镍的价格在1年内涨了2倍,因此找便宜材料成了供应商生存的唯一出路。原材料镍合金由德国进口改为国产,等零件装配到最终产品上,运给客户,客户反映性能不达标。这些问题影响到客户自己的生产线,耽误了工时,由此造成的巨大损失,即便是将这家供应商卖了也不够赔。

产品部兴师问罪,几百个产品已经发到全球各地,若更换零件,光零件的成本就是几十万元,还有巨大的物流成本,同时客户的信任危机和未来生意损失等都是无法估量的。

资料来源:一味压低采购价格,问题随之而来[OL].http://www.esmchina.com/ART_8800092242_1100_0_0_4200_dc046959.htm.

问题:令小王不解的是,降低成本本是供应商管理的一大任务,但为何会出现这么多问题?降低采购成本到底应从哪些方面入手,采取哪些措施?

采购成本管理是采购的一项重要工作,是企业增强竞争力、增加盈利的重要途径。

1.1　采购价格管理

采购价格是指采购方与供应商确定的所需采购物资和服务的交易价格。

确定最优的采购价格是采购管理的一项重要工作,采购价格的高低直接关系到企业最终产品或服务价格的高低。因此,在确保满足其他条件的情况下,力争最低的采购价格是采购人员最重要的工作。

1. 采购价格调查

(1)调查的主要范围

在大型企业里,原材料种类不下万种,但限于人手,企业应采用重点管理法进行采购价格调查。根据一些企业的实际操作经验,可以把下列六大项目列为主要的采购调查范围。

① 主要原材料20~30种,其价值占全部总价值的70%~80%以上。

② 常用材料、器材属于大量采购项目的。

③ 性能比较特殊的材料、器材(包括主要零配件),一旦供应脱节,就可能导致生产中断的。

④ 突发事件紧急采购。

⑤ 波动性物资、器材采购。

⑥ 计划外资本支出、设备器材的采购,数量巨大,经济效益影响深远的。

上面所列六大项目,虽然种类不多,却是价值比例很大或对经济效益影响甚大的物资。其中①、②、⑤3项,虽然项目不多,但是其金额却占全部采购成本的一半以上,因此必须作详细的调查记录,应将其每日行情的变动,记入记录卡(见表4.1),并于每周或每月作一个"周期性"的行情变动趋势分析;至于③、④、⑥3项,则属于特殊性或例外性采购范围,价格差距极大,也应列为专业调查的重点。

表4.1　某企业原材料价格调查记录卡

日期：　　　　　　　　　　　　　　　　　　　　　　　　　　　　制表人：

原材料名称	今日价格	昨日价格	增减幅度/（%）	上周价格	上月价格

（2）信息搜集方式

采购价格信息搜集方式可分为以下3类。

① 上游法。上游法即了解拟采购的产品是由哪些零部件或材料组成的,换言之,查询制造成本及产量资料。

② 下游法。下游法即了解采购的产品用在哪些地方,换言之,查询需求量及售价资料。

③ 水平法。水平法即了解采购的产品有哪些类似产品,换言之,查询替代品或新供应商的资料。

（3）信息的搜集渠道

采购价格信息的搜集,常用的渠道有如下几个。

① 杂志、报纸等媒体。

② 信息网络或产业调查服务业。

③ 供货商、客户及同业。

④ 参观展览会或参加研讨会。

⑤ 加入协会或公会。

最近几年,随着我国国际贸易的发展,企业对于国外采购信息的需求越来越迫切,除企业派人亲赴国外搜集外,也可利用外贸协会信息处资料搜集组的书刊（名录、电话簿、统计资料、市场调查和报告等）、期刊（报纸和杂志）、非文字资料（录音带、录像带和磁盘等）及其他（小册子、宣传品、新书通告和设计手册等）。此外,国外驻中国领事馆或文化、经济交流协会等机构也能提供采购商情,而通过互联网也能更为直接地阅览国外产品的信息。

（4）调查结果处理

企业可将采购市场调查所得资料加以整理、分析和讨论,并在此基础上提出建议及改进措施,或研究更好的采购方法。

思考

假如你要买辆新车,你会从哪些途径搜集价格信息？谈谈你对这些搜集方式的看法,并指出不同搜集方式的优点和缺点。

2. 影响采购价格的因素

采购价格的高低主要受供应商成本结构和市场结构两方面的影响。供应商成本结构是影响采购价格的内在因素,市场结构则是影响采购价格的外在因素。具体而言,采购价格影响因素包括以下几个方面。

（1）供应商成本的高低

这是影响采购成本最根本、最直接的因素。供应商成本主要包含供应商在生产过程中使用的机器设备等固定资产折旧、原材料、辅助材料、电力及其他耗费等费用,生产工人、管理人员等的劳动报酬,商品流通费用和税金。供应商进行生产和销售的目的是获得一定的利润,而采购价格即为成本与利润之和。因此,了解供应商的成本结构,确定采购价格底线并加上适当利润,不仅能让供应商保持其利益,还能使采购方获得较低的价格从而保持市场竞争力,有利于双方伙伴关系的建立。

情境链接

用倒推价格分析法推断供应商成本

通常情况下,供应商不大愿意与采购方分享内部成本数据,采购方可采用倒推价格分析法对供应商成本进行估计。所谓倒推价格分析是指采购方根据供应商的产品报价,借助各种信息估计供应商的总成本结构,通过推算得出该产品的成本。

采购方应借助于供应商公开的财务资料,如对于公开交易的企业,可以利用其网站上的财务报告获得相关信息,主要包括资产负债表、损益表、现金流量表及年度报告,并对此作出估计;而对于未公开交易的企业,如一些私有企业,则很难获取或估计成本数据,这时可借助社会同类企业的一些成本数据作为参考。具体分析时,将供应商所报的产品价格分解成物资、劳动、营业费用和利润等不同成本项。

例如,某供应商属于私有企业,提供给零售商的报价是 30 元/单位,从社会同类企业的财务报告信息中可估计这类产品的毛利是 15%,因此 30 元的价格中估计利润是 4.5 元,扣除供应商应得的合理利润后,剩余的 25.5 元包括直接原材料成本、直接人工成本和间接生产费用。

对于直接原材料成本,可以通过这些物资的当前价格信息及所需物资的数量估计出来,如通过调查和估算,得出直接原材料成本是 4 元,即价格的 20%;直接人工成本可以通过社会同类企业的合理成本得出,假设为 3 元;25.5 元的成本中扣除直接原材料成本和直接人工成本后,得出间接生产费用为 18.5 元。这时零售商应分析供应商在每单位价格为 30 元时,支付 18.5 元作为间接生产费用是否合理。通常间接生产费用是用人工成本的一个百分比表示,对于劳动密集型行业,这一比例可能低到 150%,对于资金密集型行业,则高达600%。本例中间接生产费用对人工成本的比例则达到了 610%。很显然,间接生产费用比例偏高。

有了成本估计,采购方可以发现供应商的报价是否合理,在与供应商进行价格谈判时,就可以占据主动地位。

（2）供应商的定价方法

供应商在确定其产品价格时,通常会考虑到供应市场的供应关系,再结合自己的成本结构。供应商的定价方法又可细分为如下几个方面。

① 成本加成定价法。这是供应商最常用的定价法,它以成本为依据在产品单位成本的基础上加上一定比例的利润。该方法的特点是成本与价格直接挂钩,但它忽视了市场竞争的影响,也不考虑采购商(或客户)的需要。由于其简单、直接,又能保证供应商获取一定比例的利润,所以许多供应商都倾向于使用这种定价方法。实际上由于市场竞争日趋激烈,这种方法只有在卖方市场或供不应求的情况下才真正行得通。

② 目标利润定价法。这是一种以利润为依据制定价格的方法。其基本思路是:供应商依据固定成本、可变成本及预计的卖价,通过盈亏平衡分析算出保本产量或销售量,根据目标利润算出保本销售量以外的销售量,然后分析在此预计的卖价下能否达到总销售量。若不能达到则调整价格重新计算,直到在制定的价格下可实现的销售量能达到目标利润为止。

③ 采购商理解价值定价法。这是一种以市场的承受力及采购商对产品价值的理解程度作为定价的基本依据,常用于消费品尤其是名牌产品,有时也适用于工业产品,如设备的备件等。

④ 竞争定价法。这种方法最常用于寡头垄断市场。寡头垄断市场一般存在于具有明显规模经济型的行业,如较成熟的市场经济国家的钢铁、铝、水泥、石油化工,以及汽车、家用电器等。其中少数占有很大市场份额的企业是市场价格的主导,而其余的小企业只能随市场价格跟风。寡头垄断企业之间存在着很强的相互依存性及激烈的竞争,某企业产品价格的制定必须考虑到竞争对手的反应。

⑤ 投标定价法。这种公开招标竞争定价的方法最常用于拍卖行和政府采购,也用于工业企业,如建筑承包、大型设备制造及大宗采购。一般由采购商公开招标,参与投标的企业事先根据招标公告的内容密封报价、参与竞争,通常中标者是报价最低的供应商。

(3) 规格和质量

采购方对采购物资的规格要求越复杂,特殊要求越多,供应商越会要求更高的价值增值,导致采购价格升高,而选用标准部件可使采购价格降低。价格的高低与采购物资质量也有很大的关系。如果采购物资质量一般或质量低下,供应商就会主动降低价格,以求赶快脱手。确保采购物资的质量符合企业要求是确定采购价格的前提条件。

(4) 采购数量

如果采购数量大,供应商可能会降低单位成本,采购方就可能会享受到供应商给予的优惠价或折扣价,从而降低采购的价格。因此,大批量、集中采购是降低采购价格的有效途径。但是企业为了获得数量折扣而超量购买物资会产生额外的仓储费用,使总成本提高。所以企业必须以平衡的观点对照数量折扣的利益和存货增加的成本,确定最佳的采购数量以使总成本最低。

(5) 交货条件

交货条件也是影响采购价格的非常重要的因素,交货条件主要包括运输方式和交货期的缓急等。如果货物由采购方来承运,则供应商就会降低价格;反之就会提高价格。有时为了争取提前获得所需货物,采购方会适当提高价格。

(6) 付款条件

在付款条件上,供应商一般规定有现金折扣和期限折扣,以刺激采购方能提前用现金付款。

（7）市场结构

市场中竞争对手越多,供应商越难以控制价格,价格战的局面就越容易出现,供应商会参照竞争对手的价位来确定自己的价格。反之,市场中无竞争对手,供应商处于垄断地位,采购方为价格的被动接受者。

（8）供需关系

当所采购物资为紧俏物资时,则供应商处于主动地位,它可能会乘机抬高价格;当所采购的物资供过于求时,则采购方处于主动地位,它可以获得优惠的价格。

（9）生产季节与采购时机

企业处于生产旺季时,对原材料需求紧急,因此不得不承受较高的价格。避免这种情况的最好办法是提前作好生产计划,并根据生产计划制订出相应的采购计划,为生产旺季的到来提前作好准备。

3. 采购价格的种类

依据不同的交易条件,采购价格会有不同的种类,一般有到厂价、出厂价、现金价、期票价、净价、毛价、现货价、合约价和实价等。

（1）到厂价

到厂价是指供应商的报价中包含将物资送达买方的仓库或指定地点期间所发生的各项费用。

（2）出厂价

出厂价指供应商的报价不包括运送责任,即需由买方雇用运输工具,前往供应商的仓库提货。这种情形通常出现在买方拥有运输工具或供应商加计的运费偏高,或者是在卖方市场时,供应商不再提供免费的运送服务。

（3）现金价

现金价指以现金或相等的方式支付货款,即一手交钱,一手交货。现金价可使供应商免除交易风险,买方也享受现金折扣。

（4）期票价

期票价指买方以期票或延期付款的方式来采购物资。通常卖方会把延期付款期间的利息加在售价中。如果卖方希望取得现金周转,会将加计的利息超过银行现利率,以使买方弃期票价取现金价,另外从现金价加计利息变成期票价,用贴现的方式计算价格。

（5）净价

净价指购销双方不再支付任何交易过程中的费用,是供应商实际收到的货款。在卖方的报价单条款中通常会注明。

（6）毛价

毛价指卖方的报价中有折让的因素。例如,因采购金额较大,供应商给予采购方一定的折扣。

（7）现货价

现货价是指每次交易时,由供需双方重新议定价格,若签订有买卖合约,也在完成交易后即告终止。在众多的采购项目中,采用现货交易的方式最频繁,买卖双方按交易当时的行情进行,不必承担预立合约后价格可能发生巨幅波动的风险。

（8）合约价

合约价是指买卖双方按照事先议定的价格进行交易,合约价涵盖的期间依契约而定,短的几个月,长的2年。由于价格议定在先,因而经常造成与时价或现货价的差异,在买卖时容易发生利益冲突。因此合约价必须有客观的计价方式或定期修订,才能维持公平、长久的买卖关系。

（9）实价

实价是指买方实际支付的价格。特别是供应商为了达到促销的目的,经常给买方提供各种优惠条件,如数量折扣、免息延期付款和免费运送与安装等,这些优惠都会使买方的真实总成本降低。

情境提示

价格折扣的种类

折扣是指企业可以从货物价格清单上规定的价格中扣减一定比例的数额。为了鼓励买方尽早付清货款、大量购买和淡季购买,可酌情降低其基本价格,这种价格调整叫做价格折扣或折扣。供应商的折扣概括起来大体有以下几类。

① 现金折扣。现金折扣是指卖方为鼓励买方在规定的期限内付款,而向买方提供的价款扣除。现金折扣通常发生在以赊销方式销售商品的交易中,卖方为鼓励买方提前偿付货款,通常与买方达成协议,买方在不同期限内付款可享受不同比例的折扣。现金折扣一般用"折扣/付款期限"表示。例如,买方在10天内付款可按售价享受2%的折扣,用符号2/10表示;在20天内付款可按售价享受1%的折扣,用符号1/20表示;30天内付款不享受折扣,用符号N/30表示。这种折扣在大规模零售中用得比较广泛。

② 数量折扣。数量折扣是指卖方因买方购买数量大而给予的一种折扣。数量折扣可以促使客户向特定的卖主大量购买,而不向多个供应商购买。很多供应商使用数量折扣作为激励,来吸引客户购买更多的产品。从供应商的角度来看,提供数量折扣的原因在于采购的数量巨大导致了供应商成本的节约,如市场营销或分销费用的节约、制造费用的节约。有时供应商同意给予买方一定折扣,是根据某一时期的总采购数量而非某一次的采购数量确定,即累计数量折扣,这种折扣也是为了鼓励买方能够长期惠顾单一货源的订货手段。

③ 地位折扣。地位折扣是指卖方根据买方所具有的特殊地位而给予的价格折扣。如果是卖给零售商、代理或其他中介组织,那么生产者可能就要以折扣的方式调整价格。如果所采购的材料要体现在客户的产品中,那么采购方会认为给予折扣是合理的,这在某种程度上也是把购买者看作分销商。例如,一个机床制造商购买轴承用于机床生产,就可能会享受这类折扣。优先的客户地位有时是给予折扣的另外一个原因,如互利安排、同一集团的成员和长期客户等。

④ 季节性折扣和促销折扣。许多折扣都属于这一类型。给予季节性折扣是经常的,如夏天通常会给供暖材料提供折扣。消费品市场通常会采用促销折扣和特殊折扣。组织销售采用促销折扣,可以提高商标或产品的知名度或者增加市场份额。

4. 采购价格确定方式

（1）询价方式

所谓询价采购,即采购方向选定的供应商(至少为3家)发出询价函或征购函,让供应商报价,根据报价确定供应商的采购方法。通常供应商寄发报价单,内容包括交易条件及报价有效期等,必要时可寄样品及说明书。报价经采购方完全同意接受,买卖契约才算成立。询价方式简单、快速,适用于合同价值较低的标准化货物或服务采购。

情境链接

询价的方式

① 口头询价。它是由采购人员以电话或当面向供应商说明采购的品名、规格、单位数量、交货期限、交货地点、付款及报价期限等资料。口头询价的方式相当便捷,它可以免除以书面方式询价所需耗费的邮寄时间。不过,询价的物资应以双方经常交易,且规格简单、标准化者为宜。

② 书面报价。鉴于口头询价可能发生语言沟通上的错误,且口说无凭,若将来发生报价或交货规格上的差错,不但浪费时间,而且容易引起交易纠纷。因此,规格复杂且不属于标准化的产品,应采用书面询价为宜。但为了节省双方通信时间,目前许多公司皆使用传真机或计算机将询价单发送给供应商,翔实而且快速。

（2）招标方式

招标方式是采购企业确定价格的重要方式,其优点在于公平合理。因此,大批量的采购一般采用招标的方式。但采用招标的方式受2个条件的限制:①所采购物资的规格要求必须能表述清楚、明确,易于理解;②必须有3个以上的供应商参加投标。这是采用招标方式的基本条件。

（3）谈判方式

谈判是确定价格的常用方式,也是最复杂、成本最高的方式。谈判方式适合各种类型的采购。

1.2　采购成本管理

采购成本管理是采购的一项重要工作,是企业增强竞争力、增加盈利的重要途径。

1. 采购成本的构成

采购成本有广义和狭义之分。广义的采购成本包括两方面:物资本身的采购成本和物资采购活动的相关费用,即采购总支出。狭义的采购成本不包括物资本身的采购成本,仅包括物资采购活动的相关费用。这里讨论广义的采购成本。具体而言,采购成本由以下几个方面构成。

![情境链接图标] **情境链接**

某企业采购电视机玻壳的采购成本构成

采购成本就像是一座冰山,我们所能看见的仅仅是冰山所呈现出来的一角。表4.2是某企业采购电视机玻壳的采购成本,请说出它的采购成本都包括什么。

表4.2　某企业采购电视机玻壳的采购成本构成

项　目	单位价格或费用/元	该项目占总采购成本之比
玻壳采购价(发票价格)	37.20	54.31%
运输费	5.97	8.72%
保险费	1.96	2.86%
运输代理	0.03	0.04%
进口关税	2.05	2.99%
流通过程费用	0.41	0.60%
库存利息	0.97	1.42%
仓储费用	0.92	1.35%
退货包装等摊销	0.09	0.13%
不合格品内部处理费用	0.43	0.63%
不合格品退货费用	0.14	0.20%
付款利息损失	0.53	0.77%
玻壳开发成本摊销	6.20	9.05%
提供给供应商的专用模具摊销	5.60	8.17%
包装投资摊销	6.00	8.76%
总　　计	68.50	100%

资料来源:胡军.采购与供应概论[M].北京:中国物资出版社,2008.

（1）物资成本

物资成本也就是物资的价格成本。物资成本可由如下公式计算。

$$材料的价格成本 = 采购价格 \times 数量 + 运输费 + 相关手续费、税金等$$

通常物资成本占采购总成本的比例是最大的。

（2）订购成本

订购成本是指企业为了实现一次采购而进行的各种活动的费用支出,主要指向供应商发出采购合约订单的成本费用。订购成本包括固定成本和变动成本两部分。在订购成本中与订购次数无关的成本称为固定成本,如常设采购机构的基本开支等;与订购的次数有关的成本称为变动成本,如差旅费、邮资等。

（3）持有成本

持有成本是指企业为保持物资持续稳定在一定的数量上而发生的成本。持有成本也可以分为变动成本和固定成本。变动成本与存货的持有数量有关,如物资资金的应计利息、物资的破损和变质损失、物资的保险费用等;固定成本与存货数量的多少无关,如仓库折旧、仓库员工的固定月工资等。

（4）缺货成本

缺货成本是指由于物资供应中断或采购不及时而造成的损失。缺货成本包括停工待料损失、延迟发货损失和丧失销售机会损失,还包括商誉损失,即一旦造成客户流失,就可能给企业造成长期损失。

2. 采购成本控制的内部管理措施

（1）建立和完善企业的采购制度

由于采购工作的特殊性,采购人员代表企业同各类供应商打交道,其操作过程难以完全透明,可能存在暗箱操作等违规行为,所以企业必须制定严格的采购制度,规范企业的采购活动,这是企业有效控制采购成本的前提条件。

企业的采购制度一般包括如下基本内容:①采购部门内部的分工和职责;②采购范围的划分;③采购选型程序;④采购单的批准权限和下达方式;⑤询价、确定供应商和签订采购合同的操作程序;⑥监督到货、质检入库和采购统计的规定等。对成本控制起关键作用的是采购物资的价格及供应商的确定,因此在采购制度中应建立价格档案和价格评价体系,以及供应商档案和准入制度。同时,应建立采购人员的业绩考核标准和奖惩制度,以利于调动全体采购人员参与采购成本控制的积极性。

（2）付款条件的选择

如果企业资金充裕或银行利率较低,可采用现金交易或货到付款的方式,这样往往能带来较大的价格折扣。对于进口材料,应注意外汇币种的选择,并及时掌握汇率走势。

（3）严格管理采购计划

首先,科学核定物料储备定额,既能满足生产需要,又不造成库存积压。其次,对物料采购过程中的计划、价格和质量等主要环节重点控制。在计划环节,应审查物料计划是否有依据,核算是否准确,资金是否落实,以提高计划的质量,确保供应,防止积压,加速周转,节约资金。同时,要加强合同管理,对订货合同签订的内容、形式、审批程序与权限加以规定,避免草率签订合同而造成失误与损失。最后,尽量减少紧急采购。企业进行紧急采购通常会使采购价格偏高从而使采购成本上升,给企业带来经济损失。采购部门应尽量控制紧急采购,除有些紧急采购如设备突然发生故障、客户送来紧急订单等,应尽量压低其采购次数。

（4）强化采购业务内部控制

强化采购业务内部控制,应完善企业采购业务处理程序,采购经办人和当事人在办理采购业务活动时应严格遵循采购程序、步骤和方法。材料物资采购、仓库材料物资保管和会计付款记账在业务上不能互相混淆,在关系上要互相牵制、互相制约。同时,严格执行以凭证为依据的内部监督、控制制度。

情境链接

格兰仕采购业务的内部管理措施

采购人员拿回扣等腐败现象,在格兰仕没有生存的空间。格兰仕的经理会在双方合作开始前就直接拜访对方高层,向供应商的高层表明"阳光下交易"的坚定决心。由于高层之间已经沟通了这种理念,供应商就不会再动这心思。如果对方私下搞这种动作,格兰仕可能会终止与该供应商的合作。

格兰仕对采购人员的素质要求是:让对方充分地感受到你的诚意;少说多听,以静制动;多问、多听对方的陈述和要求,再寻求突破。

格兰仕在员工教育方面特别强调正直和诚信,并辅以制度上的严格要求。由于格兰仕是一个有长远发展规划的企业,包括采购业务人员在内的员工,他们在企业里也容易有长远的计划,通常不会因为做"拿回扣"之类的短期行为而失去了在企业长期发展的机会。

资料来源:http://www.mailaili.com.

3. 采购成本控制的方法

采购成本控制是指通过找出并减少不必要的成本部分来降低采购成本,即在不影响产品质量的前提下,将成本进行最有效的分配。它可通过优化采购支出和削减采购价格2种途径实现,具体方法如下。

(1) 集中采购法

集中采购(centralized purchasing)是指将各部门的需求集中起来,采购单位便可以凭较大的采购数量得到比较高的数量价格折扣。它可以通过采购数量上的增加形成规模采购,从而提高与供应商洽谈的筹码,以降低进货成本。集中采购适合集团范围实施的采购活动,如跨国公司的采购,连锁经营、特许经营企业的采购等;但是集中采购的采购流程过长、时效性差,难以适应零星采购、地域采购和紧急情况采购。

(2) 价值工程法

价值工程又称 VA(Value Analysis,价值分析),它是降低成本、提高经济效益的有效方法。所谓价值工程(value engineering),是指以产品或服务的功能分析为核心,以最低的成本来实现产品或服务的必要功能,从而提高产品或服务价值的一项有组织的活动。其主要目的是通过对选定研究对象的功能及费用分析,提高对象的价值。这里的价值是反映费用支出与功能获得之间的比例,用数字比例式表达如下。

$$价值 = \frac{功能(function)}{成本(cost)}$$

其基本思路是:①功能不变,成本降低;②成本不变,功能提高;③功能提高,成本同时降低;④功能略有下降,成本大幅度降低;⑤成本略有提高,同时功能大幅度提高。

采购物资不仅是购买一种实物,更重要的是购买这种实物所包含的必要功能,这是价值分析理论在采购中应用的核心。以合理的价格采购物资是价值分析的目的之一。任何功能的实现都要为之付出费用,不切实际地追求多功能、高质量,势必造成浪费。降低物资的使用费用是价值分析的另一个目的。因此,应以功能价格比作为衡量物资采购成功与否的标志。

通过价值分析降低采购成本的途径有:①将产品设计简化以便于使用替代性材料或制造程序;②采用提供较佳付款条件的供应商;③采购二手机器设备而非全新设备;④运用不同的议价技巧;⑤选择费用较低的货运承揽业者或考虑改变运输方式(如将空运改为海运)——当然前置时间是否足够、是否会影响到其他工作,必须先行确认并作周密的评估。

情境链接

某公司运用 VA 降低采购成本的实践

某公司是一家专业电动机制造厂,引进了 VA。首先,由采购部门召集研发、生产、财务各部门及协作厂商共同组成项目改善小组,副总经理担任项目改善小组召集人,厂长担任副召集人,采购经理担任总干事,各部门主管担任项目改善小组干事。然后,在企业内召开成立大会,举行宣誓仪式,正式开展活动。

公司选定的对象是 2AP 电动机,目标设定为降低 20% 的零件成本。展开步骤如下。

1) 对选定对象进行情报的搜集、分析。①将 2AP 电动机的所有情况装订成册,分送项目改善小组的每位成员人手一册,并让其反复仔细审视,找出可以改善之处。②准备 2AP 电动机材料表,列出全部的料号、名称、规格和数量,并将 1 台电动机的实际材料放置于改善活动地点,以备研究之用。③将 VA 改善手法及程序摘要制成大字报张贴于活动地点的四周墙壁,以便让项目改善小组成员随时能看见,以增强记忆。④运用材料表,将其材料的品名、料号、材质、单位、单价、每台用量、每台价格及占总成本比例等予以展开,找出适合运用 VA 降低成本的材料。

2) 制作成本比重饼图,结果筛选出硅钢片(占 35%)、漆包线(占 25%)及轴承(占 10%),合计共占全部成本 70% 的 3 项,作为主要改善重点。

3) 列出同业竞争者比较表,并拆检竞争者同机种马达,以了解其用料与用量,希望能知己知彼,取长补短。

4) 提出改善方案,并准备实物和磅秤以确认其功能与重量及效果。

该方案实施 3 个月,共降低 2AP 电动机零件成本达 24 件,占电动机总零件 45 件的 53.3%,并在往后的 3 个月内又降低了 7 件,累计降低 31 件零件成本,占电动机总零件的 68.9%,其成本降低 6.3%,年节省零件采购成本达 1 亿元左右。

资料来源:杨赞,塞令香. 采购与库存管理[M]. 大连:东北财经大学出版社,2008.

(3) **作业成本法**

作业成本(activity based costing)法即基于作业的成本计算法。这种方法将间接成本依据在某一产品上实际花费的时间正确地进行配置,有别于传统会计作业将间接成本平均分摊的做法。运用到采购管理中,即将采购间接成本按不同的材料、不同的使用部门等进行分配,从而科学地评价每种材料、每个部门等实际分摊的采购间接费用。它可以让管理层更清楚地了解间接采购成本分配的状况。采购者可以利用作业成本法,取消不能产生价值增值的作业,减少作业的次数并且降低成本诱因率来降低供应商的成本。为了实现这些目标,采购者必须从供应商那里搜集信息,这些信息包括作业(特定任务)、成本诱因(一种衡量作业的方法)、成本诱因率(导致成本发生的比率)和成本诱因数量(作业的数量)。然后,采购者就可以确定哪些作业能增加价值应该进行,哪些作业不能产生增值而应该取消。即使一项作业是能够产生增值的,也有可能削减作业进行的次数,从而降低成本。

（4）目标成本法

目标成本(target costing)是指企业在新产品开发设计过程中,为了实现目标利润而必须达到的成本目标值,即产品生命周期成本下的最大成本允许值。它是由于市场竞争加剧,企业为了主动控制成本,以市场为出发点,在确保企业获得一定目标利润的前提下,通过市场定价经过倒推来确定的目标成本。目标成本法的核心就是制定目标成本,并且通过各种方法不断地改进产品与工序设计,最终使得产品的设计成本小于或等于其目标成本。这一工作需要由包括营销、开发与设计、采购、工程、财务与会计,甚至供应商与客户在内的设计小组或工作团队来进行。

产品的目标成本确定后,可与公司目前相关产品的成本比较,确定成本差距。而这一差距就是设计小组的成本降低目标,也是其所面临的成本压力。设计小组可把这一差距从不同的角度进行分解。例如,可分解为各成本要素(原材料和辅助设备的采购成本、人工成本等)或各部分功能的成本差距;也可按上述设计小组内的各部分(包括零部件供应商)来分解,以使成本压力得以分配和传递,并为实现成本降低目标指明具体途径。采购部门则要根据每种材料的目标成本进行采购,以保证最终产品的成本能达到目标成本的要求。

情境链接

目标成本法的发展历史

大多数美国公司及几乎所有的欧洲公司,都是以成本加上利润来制定产品的价格。然而,它们刚把产品推向市场,便不得不开始削减价格,重新设计那些成本太大的产品并承担损失。而且它们常常因为价格不正确,而不得不放弃一种很好的产品。产品的研发应以市场愿意支付的价格为前提,因此必须假设竞争者产品的上市价,再来制定公司产品的价格。定价受成本驱动的旧思考模式影响使得美国民生电子业不复存在。

目标成本法是由日本丰田汽车公司于20世纪60年代首创的。丰田公司和日产公司把德国的豪华型轿车挤出了美国市场,便是采用价格引导成本的方法。目标成本法在20世纪80年代末以后被美国人引进并通过英文专业杂志和教科书传播到全世界。

在美国,目标成本法被认为是一种管理方法,它不仅是一种成本控制的方法,更是一种利润计划和成本管理的综合方法。一些公司如 Boeing、Eastman Kodak、Daimler Chrysler 和 Texas Instruments 已成功应用目标成本法。

目标成本法目前在我国应用也非常广泛。

资料来源:http://baike.baidu.com/view/944350.htm.

（5）供应商早期参与

供应商早期参与(early supplier involvement)是在产品设计初期,选择具有伙伴关系的供应商参与新产品开发小组。通过供应商早期参与的方式,新产品开发小组对供应商提出性能规格的要求,从而借助供应商的专业知识来达到降低成本的目的。

相关研究表明:在所有的降低采购成本的方法中,供应商参与产品开发最具潜力,成本降低可达 42%;利用供应商的技术与工艺则可降低成本 40%;利用供应商开展即时生产可降低成本 20%;供应商改进质量可降低成本 14%;而通过改进采购过程及价格谈判等仅可达到 11%。由此可见在整体采购成本中,采购人员更应该关注上游采购,即在产品的开发过程中充分、有效地利用供应商。

技能训练 ①

采购成本控制

1. 目的

(1) 了解采购成本的构成。

(2) 能够运用价值分析法来分析采购成本。

(3) 提出降低采购成本的措施。

2. 方式

(1) 教学班按 5 人一组成立项目学习小组,在教师指导下统一相关标准。

(2) 对某生产企业或其他企业的采购部门进行调查,了解采购成本的相关资料。

(3) 以小组为单位对所搜集的资料进行分析并组织研讨。

(4) 在充分讨论的基础上,形成小组的课题报告。

3. 要求

(1) 对采购物资的种类、数量和成本等方面进行调查并作相应记录。

(2) 应用价值分析法分析采购成本。

(3) 根据分析结果提出降低采购成本的措施和策略。

案例分析 ①

从采购入手降低成本

某生产婴儿食品的大型公司过去每年花在采购方面的开支接近 8 亿美元。随着经济不断回落,市场增长速度减慢,该公司意识到,由于过去几年的采购过程未经严格的管理,现在不得不花更大的力气来降低采购成本,以保证利润。

该公司首先从保养、维修及运营成本入手并很快作出决定——请专家制定一套电子采购策略。这一做法有助于通过集中购买及消除企业大量的一般行政管理费用来达到节省开支的目的。然而在最后的分析中,节省的效果却并未达到该公司的预期。

为了寻求更佳的节省效果,该公司开始转向其主要采购商品,如原料、纸盒、罐头和标签。公司分析了可能影响到采购成本的所有因素,包括市场预测、运输、产品规格、地区差异、谈判技巧及与供应商关系等。通过深入的调查,一些问题开始浮出水面。结果显示,在材料设计、公司使用的供应商数量和类型、谈判技巧及运输方面均存在着相当明显的缺陷,具体表现在以下方面。

① 公司采购部门的谈判效率非常低。采购部门对是否争取有利的谈判地位并不关心,采购经理们通常习惯于在一个垂直一体化的卖家手中购买各种原料,而不是去寻找每种材料的最佳供应商。

② 公司几乎从不将自己的采购成本与竞争对手的采购成本进行比较。

③ 公司缺乏将营销及购买部门制度化集合在一起的机制。这也就意味着,公司没有对市场营销所需要材料的成本和收益进行评估的系统。

④ 公司节省成本的机制不灵活。即使当采购经理发现了节省成本的机会(可能需要改变生产机器规格或操作流程),他们也很难让整个企业对此及时采取措施。任何一次对系统的调整所耗去的时间都会比实际需要的时间长得多。

当意识到上述问题造成的诸多损失后,公司开始对这些问题进行全面的处理。

① 设定商品的优先次序,进行一系列成本收益的统计,并运用6个驱动力指标对竞争对手的情况进行比较。例如,按照营销部门对包装材料的规格要求,公司在制作包装盒时,使用的纸材比竞争对手的纸材更厚而且昂贵得多。这样的规格要求其实并无道理,因为高质量的纸材并不会给公司带来任何额外的好处。公司还发现,在给铁罐上色的过程中,整个流程需要4道工序,而事实上一道工序就足够了,这样也能减少很多开支。除此以外,公司在低价值品牌的产品包装上使用了2张标签(前后各一),事实上只用1张也已足够。最后,由于公司下属的品牌及规格品种繁多,并且考虑到地区性推广的时间问题及不同地区所采用的不同标签内容,公司所印制的标签的流通周期显得偏短。比较而言,延长印刷标签的周期会给公司节省很多钱。事实上,公司高达80%的标签是用作短期运作,而主要竞争对手80%的标签却是用作长期运作。

② 建立一套积极的谈判方式。在过去这些年里,商务谈判通常显得过于轻松随意,几乎没有人真正在谈判中保持应有的一丝不苟的态度。为了克服这种思想上的松懈,采购经理们在进行谈判前应作好准备,充分了解供应商成本,相互比较并对供应商的成本结构作深入分析。对于大多数商品而言,70%的成本是由产品特质决定,30%才是由供应商的竞争力决定。

例如,公司发现在购买一种主要原料时,其供应商的要价是最高的。在对供应商的成本结构进行分析后,公司发现事实上供应商是在其自身相对较高的成本基础上给产品定价的,对于该供应商而言这一定价确实已不能再低了。于是,公司对其他供应商的成本结构进行了研究。研究结果显示,有一些企业的成本结构使它们能够以较低的价格出售产品,从而占据有利的市场地位。公司同样对它的一家"一站式"供应商进行了研究,这家供应商不仅供应纸盒,而且还生产纸盒用的纸材并承揽纸盒印刷业务。经过对其他纸业及印刷业厂家成本的研究,公司发现,其实它能够以低得多的价格买到纸材并进行印刷。当公司在谈判中指出这一点时,供应商不得不降低了产品价格,否则它就将失去该公司的生意。

这些工作的结果使公司的采购绩效大幅改善,原料成本节省了12%。

问题:

1. 该公司在采购成本方面存在哪些问题?

2. 该公司采用何种方法、何种措施控制采购成本?

自我测试①

一、选择题

1. 采购价格是指采购方与供应商确定的所需采购物资和服务的(　　　　　)。

　　A. 谈判价格　　　　B. 交易价格　　　　C. 招标价格　　　　D. 合约价格

2. 在大型企业里,企业应采用(　　　　　)进行采购价格调查。
  A. 重点管理法   B. 定量管理法   C. 日常管理法   D. 定期管理法

3. 不属于采购价格信息搜集方式的是(　　　　　)。
  A. 水平法   B. 垂直法   C. 上游法   D. 下游法

4. 影响采购价格最根本的因素是(　　　　　)。
  A. 供应商成本的高低   B. 供应商的定价方法
  C. 采购数量   D. 付款条件

5. (　　　　　)是供应商最常见的定价方法。
  A. 竞争定价法   B. 投标定价法
  C. 目标利润定价法   D. 成本加成定价法

6. 下列哪项不属于采购成本?(　　　　　)
  A. 物资研发成本 B. 运输成本   C. 存货成本   D. 停工待料成本

7. 在采购成本中,(　　　　　)所占比例最大。
  A. 物流成本   B. 物资成本   C. 缺货成本   D. 持有成本

8. 在采购成本中,(　　　　　)属于变动成本。
  A. 仓库折旧   B. 仓库租金   C. 物资保险费用   D. 采购人员工资

9. 可有效降低采购成本的途径是(　　　　　)。
  A. 优化采购支出 B. 削减采购价格 C. 简化产品设计 D. 上述都是

10. 价值工程法的基本思路不包括(　　　　　)。
  A. 功能不变,成本降低   B. 成本不变,功能提高
  C. 功能提高,成本降低   D. 功能大幅度降低,成本略有降低

二、判断题

1. 采购价格调查中,采用上游法查询物资需求量及售价资料。　　　　　　　　(　　　)

2. 供应商成本是影响采购价格的内在因素。　　　　　　　　　　　　　　　(　　　)

3. 目标利润定价法最常用于垄断市场的供应商定价。　　　　　　　　　　　(　　　)

4. 由于采购数量大可使采购方获得数量折扣,因此采购数量越大越好。　　　(　　　)

5. 降低采购价格和提高物资质量往往相互矛盾,采购人员应优先考虑降低采购价格。
  　　　　　　　　　　　　　　　　　　　　　　　　　　　　　　(　　　)

6. 供应商是否采用随行就市的定价方法取决于市场中竞争对手的数量。　　　(　　　)

7. 招标方式适用于合同价值较低的标准化货物或服务采购的价格确定。　　　(　　　)

8. 谈判方式是最复杂、成本最高的价格确定方式。　　　　　　　　　　　　(　　　)

9. 订购成本和持有成本都可进一步划分为固定成本和变动成本。　　　　　　(　　　)

10. 企业若选择货到付款的方式,往往可以争取到供应商给予的数量折扣。　　(　　　)

在线测试

任务2 库存管理

引导案例　某公司产品服务部的库存管理问题

寒冬就快过去了,某公司产品服务部田总监的心情并没有因为天气转暖而有一丝轻松。该公司主要生产计算机、MP3 等数码产品,通过各地加盟服务点为客户进行维修等售后服务。随着该公司市场份额逐步扩大,销量稳步增加,其备件管理问题也日益突出。首先,在备件订单管理方面,各地服务点为了尽量降低库存,店内只存有很少的产品备件,而通过频繁补货来支持备件的消耗。产品备件订单具有少量、多频次的特点,单据的处理工作量大且效率低。面对这种情况,服务部需要设专人每天处理来自全国各地上百家加盟店传真到总部的备件订单。由于订单处理工作量大,因而订单处理人员成本较高。如果削减订单处理人员,则难以保证这一工作的时效性和准确性,导致备件不能按要求正常发货,直接影响到各加盟店的维修服务水平。

其次,面临备件库存持续增大的压力。该公司的产品销量不断增加,产品种类日趋多样化,为了达到目标满意度,备件库存就要不断增加。公司在外地的维修服务点都设有备件库房,面对高度分散的库房,服务部很难确定全国实际的备件库存量。另外,由于各地维修服务点采用“小步快跑”的库存策略,对备件运输的时效及准确率要求极高,由此造成了高昂的运输成本。由于备件需求的不可预知性,且缺乏有效的库存管理模型以及运作时间短、缺少统计预测数据等问题,为了提高备件订单的满足率,服务部只有采取增加备件库存的方法,但这又会造成库存严重积压。

问题:田总监应从哪些方面解决现有的库存问题?

2.1 库存与库存问题

1. 库存的含义

适时适量,是采购管理的目标之一。从供应商处采购回来的物资都要存放在企业仓库里,形成库存。公司通常在满足日常用量的基础上额外储备一些物资,即保持适量的库存。因此,采购管理同样需要关注库存,库存由采购而来,对企业的生产经营成本有着很大的影响。采购管理的重要原则之一,就是通过改善采购方式和库存控制方法,降低采购成本,减少资金占用。

库存是指为了满足未来需要而暂时闲置的资源。通俗地说,库存是指企业在生产经营过程中为现在和将来的耗用或销售而储备的资源。广义的库存还包括处于制造加工状态和运输状态的物资。

2. 库存的利弊

“库存是一个必要的恶魔”,库存的存在有利有弊。

（1）库存的作用

① 缩短客户订货提前期。当厂商维持一定数量水平的成品库存时，客户就能够及时得到所需的物资，于是缩短了客户的订货提前期，改善了客户的服务质量，有利于争取更多的客户。

② 保持生产的均衡性。在激烈的市场竞争中，外部需求变化多端，而企业一方面要满足客户的需求，另一方面又要保持内部组织生产的均衡性。库存将外部需求和内部生产相连接，起到水库一样的稳定作用。

③ 节省订货费用。订货费用是指订货过程中为处理每份订单和发运每批订货而产生的费用，这种费用与订货批量的大小无关。如果通过持有一定量的库存而增大订货批量，就可以减少订货次数，从而分摊订货费用。

④ 提高人员与设备的利用率。持有一定量的库存可以从 3 个方面提高人员与设备的利用率：一是减少作业更换时间，这种作业不增加任何附加价值；二是防止某个环节由于零部件供应缺货导致生产中断；三是当需求波动或季节性变动时，使生产均衡化。

（2）库存的代价

① 占用大量资金，产生库存成本。企业的资金是有限的，而仓库里的库存却占用了相当量的资金，不能给企业带来效益。此外，库存还要占用大量存储空间，发生很大费用，包括占用资金的利息、储藏保管费、保险费和库存物资价值损失费等。

② 掩盖企业经营管理中存在的问题。高库存可能掩盖企业生产运营管理中存在的一系列问题。例如，掩盖经常性的产品或零件的制造质量问题，当废品率和返修率很高时，一种传统的做法就是加大生产批量和在制品或成品的库存。供应商供货不及时或有质量问题、企业计划安排不当等，都可能用高库存来掩盖。

因此在生产经营中，不可避免地面临库存问题。如何优化库存成本，平衡生产与销售计划来满足一定的交货要求；如何避免浪费和不必要的库存；怎样避免需求损失和利润损失，这些都是采购管理者需要认真研究与把握的。

3. 库存过程

一个完整的库存过程一般会包括以下 4 个部分。

（1）订货过程

订货往往不能立即实现，需要一个过程，而订货也代表了一个库存过程的开始。订货过程是指从决定订货开始到发出订货单，然后进行订货谈判直到订货成交、签订订货合同为止的一段过程。订货过程完成以后，商品所有权也随之转移，也就是说，一定批量的物资的所有权已经从供货方手中转移到购买方手中，这时在购买方的账面上已经形成了一定的库存量。显然，此时货物还没有到达购买方的仓库，实际的库存还没有形成，因此订货过程还没有实际上增加购买方的库存量，而这种账面上的库存量又被称为名义库存量。

（2）进货过程

订货合同成功签订以后，合同标的的货物就会按照议定的运输方式在议定的时间从供货方所在地运送到购买方的仓库，这个过程就是进货过程。考察进货过程，可以发现，这个过程涉及货物的空间转移，即从供货方的地点通过交通工具转移到购买方的仓库。货物抵达购买方的仓库后，所采购的物资成为购买方的实际库存，因此进货过程实际上也是购买方库存量增加的过程。

（3）保管过程

物资入库后就进入保管过程,仓库保管员会使用各种工具和方法来保持仓库中物资数量和使用价值不变,直到物资销售或使用完为止。

（4）供应过程

物资在仓库中保管一段时间以后,就会被领出库,出库的原因可能是被销售,也可能是被使用,但无论是被销售还是被使用,供应过程实际上都使仓库中的物资减少。因此,供应过程实际上也是一个库存量减少的过程。

4. 库存分类

库存可以从以下不同的角度进行分类。

（1）按库存在生产和配送过程中所处的状态分类

① 原材料库存。它是企业已经买入,但尚未投入生产的存货。

② 在制品库存。它是已经经过了一定的加工程序,但尚未完成加工的半成品存货。

③ 成品库存。它是已经完成了加工制造过程,并已经验收入库,合乎规格和技术条件,正在等待装运的存货或可以作为商品对外销售的存货。

3 种库存可以放在一条供应链上的不同位置,如图 4.1 所示。

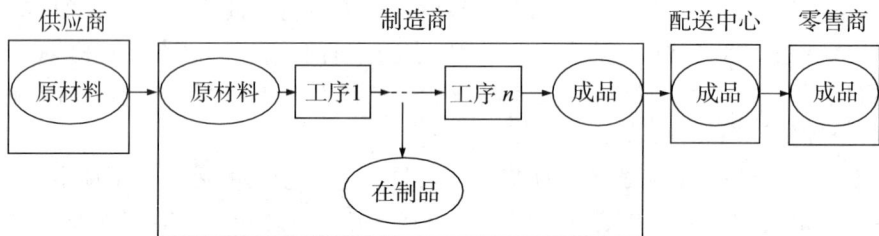

图 4.1　不同形态的库存及其位置

（2）按库存的作用分类

① 周转库存。当生产或订货是以每次一定批量,而不是以每次一件的方式进行时,这种由批量周期性形成的库存就称为周转库存。成批生产或订货一是为了获得规模经济;二是为了享受数量折扣。由于周转库存的大小与订货的频率有关,所以如何在订货成本与库存成本之间作出选择是决策时主要考虑的问题。

② 安全库存。它又称缓冲库存,是生产者为了应付需求和供应的不确定性,防止缺货造成的损失而设置的一定数量水平的库存。例如,供货商未能按时供货,生产过程中意外停水、停电等。安全库存的数量除受需求和供应的不确定性影响外,还与企业希望达到的客户服务水平有关,这些是安全库存决策时主要考虑的因素。

③ 调节库存。它是为了调节需求和供应的不均衡、生产速度与供应速度的不均衡、各个生产阶段的产出不均衡而设置的一定数量的库存。

④ 在途库存。它是处于相邻两个工作地之间或是相邻两级销售组织之间的库存,包括处在运输过程中的库存及停放在两地之间的库存。在途库存的大小取决于运输时间和运输批量。

5. 库存成本

库存成本即企业由于保有库存而产生的成本。简单来讲,与库存相关的成本主要有订货成本或采购成本、库存持有成本及缺货成本。

（1）订货成本

订货成本包括订货成本和创建成本。

① 订货成本。它包括核对库存、准备及填制订单、选择供应商、订立合同、向内运输、货物验收、支付货款、复查库存水平等成本（不包括货物的购买价格）。

② 创建成本。它是指生产线或销售场地布局变更所造成的成本。

（2）库存持有成本

库存持有成本是指与实际拥有和储存产品有关的成本项目。它由四部分构成。

① 资金占用成本。它是指企业由于拥有库存而失去了资金的可流动性所带来的成本。这实际上是一种机会成本,即如果将用于库存的资本投资于其他项目可以赚得的最大收入。在实际计算中可以用银行利率作为核算标准。

② 库存服务成本。它主要包括由于保有库存而负担的管理费用、财产税和为该库存支出的保险开支。

③ 储存空间成本。它是指为储存库存所需支出的仓储成本,包含自有仓库的土地使用费、建设费,公共仓库的租金及管理费等。

④ 库存风险成本。它包括库存过时、损坏和失窃等造成的成本及库存的重新安置成本,即货物在仓库之间移动以满足需求的成本。

（3）缺货成本

缺货成本即产品无现货供应导致的支出或机会成本。理想状态下,企业不存在缺货现象,自然也就不会有缺货成本,但通常维持百分之百的现货供应水平所需的成本过高,企业无力承担。企业需要在维持一定的现货供应水平与允许一定程度的脱销（即缺货）之间寻找平衡。

对于原材料或中间品、维修备件等生产用物资,缺货将直接导致生产线停工待料,甚至整个生产流程的中断,造成的损失往往是非常巨大的。因此,缺货成本可以通过企业停工造成的损失计算出来。

对于消费品,脱销会产生几种不同的后果。①客户依旧会订货,并且同意推迟交货时间;②客户购买替代商品;③客户暂不购买,但会在将来的某时间再来光顾、购买;④客户暂不购买,将来也不会来购买,等等。以上几种情形又可以简单地分为推迟交货和失销2种结果。推迟交货在订单处理和运输安排上会产生额外的成本,这些额外成本就构成缺货成本的一部分。失销成本的计算更加复杂,可能由于缺货丧失了本应能够赚取的利润,更可能由此失去曾经拥有的客户,并给企业声誉造成消极影响,所以失销成本的计算也包含很多主观因素。

通常缺货的负面影响远远超过其在账面上直接反映出的数值,对企业信誉和客户满意度也造成了负面影响,所以企业普遍对缺货现象比较重视,并尽可能采取措施避免缺货的发生。其中最简易也最常见的方法就是通过建立安全库存来应对不时之需。

上述这些成本之间存在一定的收益悖反关系,如图4.2所示。为了采购、运输中的规模经济效益而大批量订货时,采购成本减小;但由于大量货物同时到达,库存压力加大,库存持有成本增加。相反,如果采取小批量订货,库存持有成本减小,但采购、运输成本又会增加,运输与库存持有成本之间的反向关系依然存在。类似关系也存在于库存持有成本与缺货成本之间。当企业保有较多库存时,库存持有成本上升,但由于缺货现象减少,缺货成本下降;如果压低库存保有量,库存成本得到有效抑制,但现货供应水平会下降,缺货成本上升,仍然表现为2种成本的反向变化。

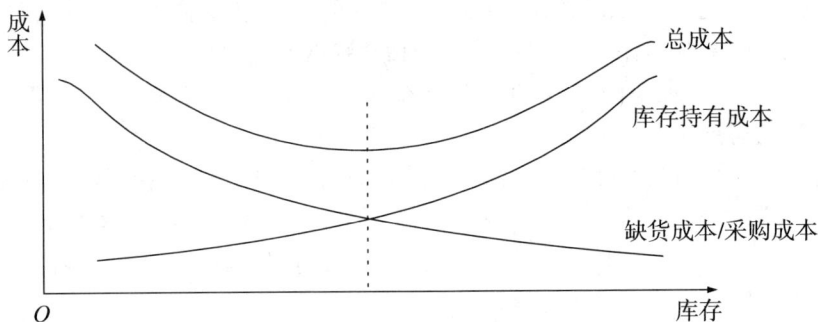

图4.2　库存成本关系

6. 库存问题

（1）单周期库存与多周期库存

根据对物资需求的重复次数可将物资分为单周期需求与多周期需求。

所谓单周期需求即仅仅发生在比较短的一段时间内或库存时间不可能太长的需求,也被称为一次性订货量问题。单周期需求出现在下面2种情况:①偶尔发生的某种物资的需求,如由奥运会组委会发行的奥运会纪念章或新年贺卡;②经常发生的某种生命周期短的物资的不定量的需求,如那些易腐物资（如鲜鱼）或其他生命周期短的、易过时的商品（如日报和期刊）等。

正是因为需求的偶发性和物资生命周期短,所以很少重复订货。对单周期需求物资的库存控制问题称为单周期库存问题。

情境链接

报童问题与单周期库存

报童每天早晨购入当日报纸,需在当日销售。如果报童每天早晨多准备了一些报纸而没有卖出去,由于报纸的时效性,剩余的自然就成了废旧报纸,于是折价出售或卖废品,则报童将会有未售出的报纸损失;但如果早晨准备少了,又会因为失去销售机会而少赚钱,则报童有缺货损失。那么这个报童每天应该购入多少份报纸,他当天的利润才最大化? 这就是报童问题。报童问题是一个典型的单周期随机库存问题。

多周期需求则指在足够长的时间里对某种物资重复的、连续的需求,其库存需要不断地补充。与单周期需求比,多周期需求问题普遍得多。多周期需求又分为独立需求库存与相关需求库存2种。对多周期需求物资的库存控制问题称为多周期库存问题。

（2）独立需求库存与相关需求库存

来自客户对企业产品和服务的需求称为独立需求。独立需求最明显的特征是需求的对象和数量不确定,只能通过预测方法粗略地估计。企业里成品库存的控制问题属于独立需求库存问题。

相反,把企业内部物资转换成各环节之间所发生的需求称为相关需求。相关需求也称非独立需求,它可以根据对最终产品的独立需求精确地计算出来。例如,某汽车制造厂年产汽车30万辆,这是通过预计市场对该厂产品的独立需求来确定的。一旦30万辆汽车的生产任务确定之后,对构成该种汽车的零部件和原材料的数量和需要时间就可以通过计算精确得到。对零部件和原材料的需求就是相关需求。相关需求可以是垂直方向的,也可以是水平方向的。产品与其零部件之间垂直相关,与其附件和包装物之间则水平相关。企业里在制品库存和原材料库存控制问题属于相关需求库存问题。

2.2　库存管理

库存管理也称库存控制,是指企业根据市场的需求及其经营战略,对企业各类物资的库存数量、采购时间和采购数量进行管理和控制,使其储备保持在经济合理的水平上。其核心是在满足客户服务要求的前提下通过对企业的库存水平进行控制,确定何时采购和采购多少,力求尽可能地降低库存水平,以强化企业的竞争力。

1. 库存管理的目标

库存管理的根本目标是要在管理的成本与收益之间寻找平衡点,以便既实现一定的客户服务水平,又使成本保持在可接受的范围之内,如图4.3中阴影部分所示。

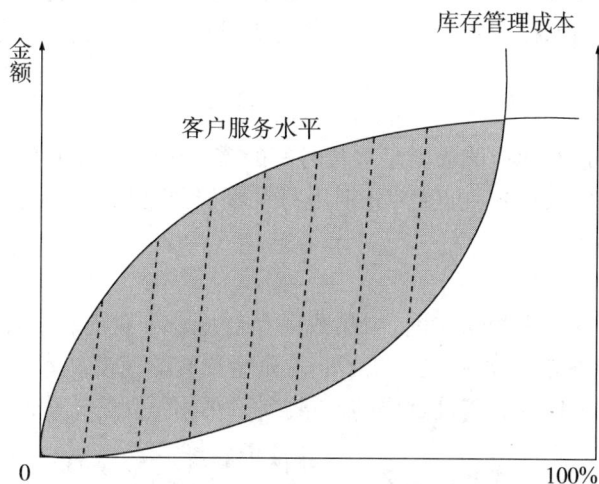

图4.3　库存管理目标

（1）降低成本

库存相关成本包括订货成本、持有成本和缺货成本,这些成本之间彼此联系,相互影响。其中,缺货成本基本反映了库存对市场的影响和对企业收益的作用;订货成本反映一定库存模式下,特定进货频率所带来的进货交易成本的调整;持有成本反映了保有库存所产生的各项支出和经济成本。因此,物流管理者权衡成本、收益的努力常常表现在权衡提高(或降低)库存水平、减少(或增加)订货次数、降低(或提高)订货成本、减少(或增加)缺货频率、降低(或增加)缺货成本与提高(降低)库存持有成本之间的利害得失。

除此之外,现实中的物流管理者还需要考虑另一项成本——进货成本,即企业购进的各种原料、辅料和制成品本身所需要支付的金额。特别当供应商给予一定程度的价格折扣或数量折扣时,进货成本会直接影响企业进货的数量,并间接导致库存保有数量的调整,左右各项相关成本。进货成本的公式表达如下。

$$进货成本 = 进货数量 \times 进货价格$$

库存管理应从总成本角度考虑降低采购成本、库存持有成本、缺货成本和进货成本的总和,而不是降低某一单项成本。因此,要充分了解各项成本之间的悖反规律,寻找使总成本最低的进货量和库存量,并据此确定库存周转次数和需要占用的仓库面积等。

（2）提高客户服务水平

企业的库存水平、库存管理能力直接影响企业对市场的供给能力,并左右客户服务水平。提高客户服务水平的目标,即在正确的时间和地点,将正确的商品送至正确的客户手中。

2. 库存管理的衡量指标

衡量库存的方法有许多,在管理中具有重要意义的衡量指标有平均库存值、可供应时间和库存周转率。

（1）平均库存值

平均库存值是指全部库存物资的价值之和的平均值。之所以用平均,是因为这一指标是指某一段时间内(而不是某一时刻)库存所占用的资金。这一指标可以告诉管理者,企业资产中的绝大部分是与库存相关联的。企业管理人员可根据历史数据或同行业的平均水平来衡量企业的情况。

（2）可供应时间

可供应时间是指现有库存能够满足多长时间的需求。这一指标可用平均库存值除以相应时段内单位时间的需求得到,也可以分别用每种物资的平均库存量除以相应时段内单位时间的需求得到。

（3）库存周转率

库存周转率是指在一定的期间内,制品或商品经过若干次周转的比率。库存周转率主要反映企业库存用于供应的效率,也反映了企业资金周转的速度。库存周转越快,表明库存管理的效率越高。它是库存管理最重要的衡量指标,可用下列公式表示。

$$库存周转率 = \frac{全部供应金额}{平均库存金额} \times 100\%$$

或

$$库存周转率 = \frac{全部供应数量}{平均库存数量} \times 100\%$$

库存周转率受库存金额和消费(或出货)金额双方面的影响。有时出货减少而库存增

166

加,被视为库存周转率的急剧恶化,可见库存周转率可以敏感地反映出库存状态。从库存管理的目的讨论,以库存周转率衡量库存管理效率比仅就金额或数量作为标准更加科学,而且库存周转率也不像库存金额那样易受物价变动的影响。它既能立刻反映需求的变化,其计算又非常简单明了,因此在各类企业中这个指标得到了广泛采用。

3. 库存管理方法

（1）ABC 分类法

企业库存物资的种类很多,每种物资的销售或使用量、价值、缺货损失等都不尽相同,对每种物资都给予同样的关注和管理是不必要的,而且也做不到。库存管理常用 ABC 分类法来分别对库存物资加以管理。ABC 分类法在库存管理中的应用就是提醒人们,应对存货单元加以分别对待,采用不同的策略分别加以管理。

ABC 分类一般会以库存中各品种物资每年消耗的金额为标准,物资每年消耗的金额指的是该品种物资的年消耗量与其单价的乘积。按照年消耗金额从高到低的次序,将年消耗金额高的划为 A 类,次高的为 B 类,其余的为 C 类。具体划分标准及各级物资在总消耗金额中所占的比例并没有统一硬性的规定,根据各个企业库存的实际情况和企业经营的意图不同,可以有一定程度的差别。根据众多企业多年运用 ABC 分类的经验,一般可以按照各类物资在总消耗金额中所占的比重来进行分类,参考数值如表 4.3 所示。

表 4.3　库存物资 ABC 分类

类　别	年消耗金额比重/（%）	品种数比重/（%）
A	60～80	10～20
B	15～40	20～30
C	5～15	50～70

将 A、B、C 三类物资按品种累计和金额累计相应绘图,结果呈现如图 4.4 所示的 ABC 分级曲线。

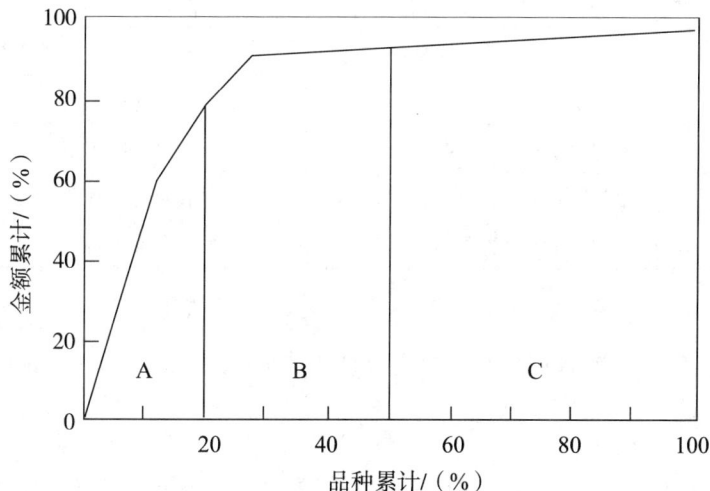

图 4.4　ABC 分级曲线

由图 4.4 可以看出,A 类物资品种数少,却占用了大部分年消耗金额,且其曲线形状陡峭,斜率变化很快,表示 A 类物资的年消耗金额会随着其品种数量的变化同方向急剧变化;B 类物资的品种数量与其消耗金额百分比基本相等,其曲线斜率近似呈 45°;C 类物资品种最多,但所占消耗金额的百分比却极小,曲线平缓,斜率变化很小,曲线基本呈水平状态。

经过 ABC 分类,企业经营者可以了解所管理物资消耗的基本情况,采取不同的策略进行管理。

A 类物资数量少但库存量金额大,对企业的生产和经营最为重要,因此要进行严格管理和控制,对此类物资要定期、定时盘点,详细统计其进、出、存和品质变化等情况,既不能缺货,又必须尽可能降低库存量,以控制总库存成本。

B 类物资的重要性一般,管理强度介于 A 类与 C 类物资之间,对其库存情况要进行正常的控制和例行管理。

C 类物资数量很大但资金占用比例低,对企业的重要性相对偏低,对这类库存一般进行简单的控制和管理,可以在一定范围内大量采购而且大量库存,相对减少管理设施和人员,并且可以适当延长检查盘点的间隔时间。

ABC 分类法的操作十分简单,在库存管理中普遍应用。但需要注意的是,ABC 分类法一般是以库存价值为基础进行分析的,它并不能反映库存品种对利润的贡献度、紧迫性等情况,而在某些情况下,C 类库存缺货所造成的损失也可能是十分严重的。

（2）关键因素分析法

在有些企业里,虽然某些原材料价值很低,对成品总价值的贡献很小,被定为 C 类,如拉链和螺母之类,却是生产过程中所不可缺少的,一旦缺货将导致生产线的瘫痪。因此,除 ABC 分类法外,很多企业还同时使用 CVA(Critical Value Analysis,关键因素分析)法加强对物资的管理。CVA 法根据库存产品使用的重要性和优先程度将其分为最高优先级、较高优先级、中等优先级和较低优先级 4 个级别,再分别制定不同的库存管理策略。其中,优先级别越高的产品,对生产经营的影响越大,缺货成本越高,要求的现货可得率越高;优先级别低的产品,则相反。CVA 法库存品种及其管理策略如表 4.4 所示。

表 4.4　CVA 法库存品种及其管理策略

库存类型	特　点	管理措施
最高优先级	关键物资或 A 类重点物资	不允许缺货
较高优先级	基础性物资或 B 类存货	允许偶尔缺货
中等优先级	比较重要的物资或 C 类存货	允许合理范围内缺货
较低优先级	需要但可替代物资	允许缺货

企业为达到理想的库存管理目标,可将 ABC 分类法和 CVA 法有机地结合在一起。这样既保证生产经营中关键物资的供应,又可以有针对性地制定不同的管理规则,从整体上提高资源的利用水平,提高客户满意度。

（3）定期订货法

定期订货法是指按照预先确定的订货时间间隔,周期性地检查库存物资数量,随后发出订货通知,将库存补充到目标水平的一种库存控制方法。订货时间间隔又称订货周期,是指相邻 2 次订货之间的时间间隔。在定期订货法中，按固定的订货时间间隔订货，如每间隔 3 天订货 1 次，或 1 个月订货 2 次，而每一次订货量却不一定相同，根据库存的情况来决定。当订货到达时，系统达到最高库存水平，然后库存按一定的需求率减少，系统每经过一个固定的间隔期 t，便发出一次订货，新的订货到达，库存量又达到最高水平，如图 4.5 所示。

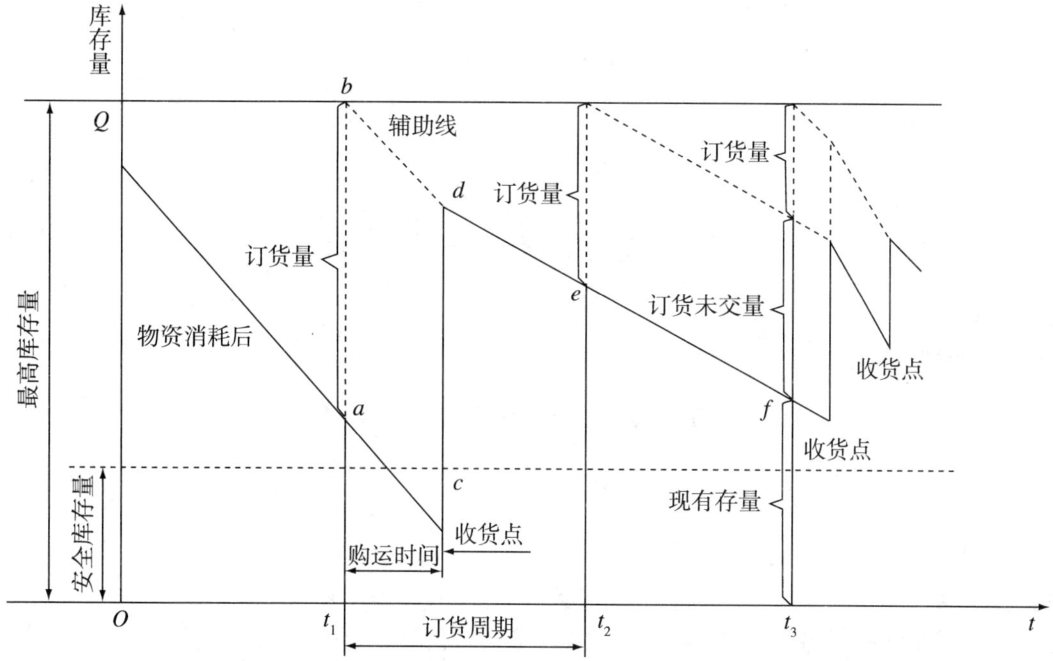

图 4.5　定期订货法

定期订货法是一种基于时间的订货控制方法，它主要靠设定订货周期和最高库存量来达到控制库存量的目的。只要订货周期和最高库存量控制得当，就可以既不造成缺货，又节省库存费用。

（4）定量订货法

定量订货法也称订货点法，是指在日常管理中不断地监控库存物资数量，当库存物资数量降低到预先设定的某一基准（订货点）时，就发出订货通知并按预先设定的订货批量（经济订货批量）补充订货的一种库存控制方法。

定量订货法是一种订货数量确定而订货时间不固定的订货方法，主要靠控制订货点和订货数量 2 个参数来控制订货，达到既能最好地满足库存需求，又能使总费用最低的目的。其具体办法是预先规定一个订货点，当库存余量下降到重新订货点（Reorder Point, ROP）时，就要发出订货通知，每次订货量均为一个固定量 Q。经过一段时间，即提前期（Lead Time, LT），所发出的订货到达，库存量增加了 Q，如图 4.6 所示。

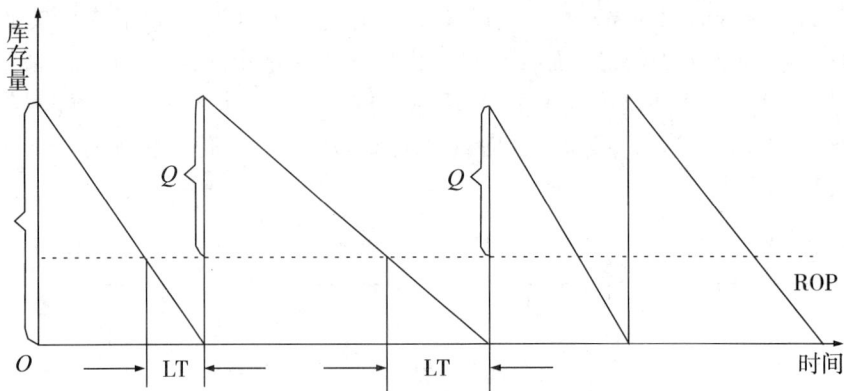

图4.6　定量订货法

情境提示

定期订货法与定量订货法比较

在定期订货法中,每次订货数量变化而订货周期不变;在定量订货法中,订货周期是变化的,而每次订货数量保持不变。

定期订货法不需要随时检查库存量,到了间隔期就提出订货,这样既简化了管理,又节省了订货费。但定期控制系统的缺点除了库存较高外,不论库存水平降到多少,都要按期发出订货。当库存量水平很高时,某些物资或在某些时间订货量很小,造成浪费。

定量订货法必须连续监控剩余库存量,它要求每次从库存里取走货物和添加货物时,必须刷新记录,确定是否已达到订货点。当库存量降到再订货点时,就要进行订货。定量订货法比较适合控制重要物资和关键维修零件,因为该系统对库存的监控更加密切,可以对潜在缺货更快地作出反应。但是由于每一次补充库存和出货都要进行记录和盘点,就使维持定量订货系统显得比较麻烦和费时间。

对于定量订货系统,每次的订货量可以用经济订货批量法确定。所谓经济订货批量法,就是使年库存总成本达到最小的每次订货批量。经济订货批量是采用数学模型计算得出的。它假定每次订货的订货量相同,每次订货的费用、货物的购入成本和储存费用率等都是确定的值,而且不考虑缺货和数量折扣等。如果订货提前期固定,需求率固定不变,则库存的年度总费用可表示如下。

$$库存的年度总成本 = 库存持有成本 + 订货成本 + 物资购买成本$$

经济订货批量的计算公式如下。

$$经济订货批量 = \sqrt{\frac{2 \times 年需求量 \times 每次订货的成本}{单位产品的保管成本}}$$

情境链接

库存管理实例

海华公司每年需要用 A 零件 1 000 件,该零件的平均年库存保管成本为 4 元,每次订货费用为 5 元,其经济订货批量、年订货总成本以及年保管总成本计算如下。

$$经济订货批量 = \sqrt{\frac{2 \times 年需求量 \times 每次订货的成本}{单位产品的保管成本}} = \sqrt{\frac{2 \times 1\,000 \times 5}{4}} = 50(件)$$

$$年订货总成本 = \frac{每次订货成本 \times 年需求量}{经济订货批量} = \frac{5 \times 1\,000}{50} = 100(元)$$

$$年保管总成本 = \frac{经济订货批量 \times 单位产品的保管成本}{2} = \frac{50 \times 4}{2} = 100(元)$$

从计算结果可见,以经济订货批量订货时,年订货总成本与年保管总成本相等,这时库存总成本最小。

4. 零库存管理

零库存管理也称 JIT(Just In Time)管理、准时制或适时管理,强调任何库存都是一定程度上资产的闲置与浪费,因此它极力主张降低库存水平,甚至实现零库存状态,最大限度地提高供应链的灵活性,消除非增值环节。

零库存概念应当包含以下含义:①库存的数量趋于 0 或等于 0(即近似于无库存物资);②库存设施、设备的数量及库存劳动耗费同时趋于 0 或等于 0(即不存在库存活动)。而后一种意义上的零库存,实际上是社会库存结构的合理调整和库存集中化的表现。就其经济意义而言,它并不亚于通常意义上的仓库物资数量的合理减少。

值得注意的是,零库存并不等于不要储备或没有储备,即某些经营实体(如生产企业)不单独设立仓库和不库存物资,并不等于取消其他形式的储存。实际上,企业(包括生产企业和商业企业)为了应付各种意外情况(如运输时间延误、到货不及时、生产和消费发生变化等),常常要储备一定数量的原材料、半成品和成品,只不过这种储备不采取库存的形式罢了。

由于零库存管理严格控制各环节库存水平,因此需要高效率的供应链配合客户越来越高的服务要求。按单生产、按单配送体现了 JIT 管理的理念,在这 2 种情形下,企业并不保有成品库存,而是通过订单拉动生产、配送过程完成对市场的供应。供应链反应速度对市场满意度影响巨大,因而成为 JIT 管理最为关注的评价指标之一。与此同时,全程的质量控制、完善的供应商管理制度和可靠的运输服务也是必不可少的,这样才能保障供给的有效性和可靠性。但零库存管理模式也给企业带来一定的风险,特别是在供给不稳定或流程过长,运输服务可靠性较弱,或者突发事件频繁发生的情况下,会造成供给的中断。一旦供给出现问题,由于各环节库存数量非常有限,因此很容易造成局部停工、停产,或者频繁出现缺货现象,引起较高的失销成本。

情境链接

JIT 的产生

JIT 的产生源于1973年爆发的全球石油危机及由此引起的日益严重的自然资源短缺,这对当时靠进口原材料发展经济的日本冲击最大。生产企业为提高产品利润、增强竞争力,在原材料成本难以降低的情况下,只能从物流过程中寻找利润源,降低由采购、库存和运输等方面所产生的费用。基于这种情况,日本丰田汽车公司的创始人丰田喜一郎最早在汽车生产中提倡"非常准时"的管理方法,即"丰田生产方式"、JIT 生产方式。它的基本思想是"彻底杜绝浪费""只在需要的时候,按需要的量,生产所需要的产品"。

丰田汽车的零组件管理方式叫做准时制管理方法,又叫做"看板方式",即把当前所需装配的必要量视为一个单位,并在盛装这个单位的箱子上面贴以明信片大小的传票,传票上记载何时生产、生产多少、运往何处等作业指示。装配工厂在零组件用尽时,将空箱送往零组件工厂,零组件工厂则根据看板上的指示,生产并装入指定品种、指定数量的产品,且在指定时间送到指定地点。丰田汽车工厂采用这种作业方式,使库存下降到通常的1/5。

实施看板方式要采用一种逆向管理模式,并且要使生产秩序有条不紊。丰田汽车的装配工作,并不是一种预测生产,而是销售公司订货多少,就生产多少。以这个为前提,每一个工序按照看板的指示先向前一道工序一次索取零组件,然后向后一道工序送达。这就要求每一道工序生产作业的平稳化,否则其他工序的生产计划就无法进行。看板方式的经营不是生产过多,而是按计划生产所需的东西。

JIT 的应用促进了日本企业的崛起。20世纪80年代以来,西方经济发达国家将它用到生产管理和物流管理等方面。有关资料显示,1987年,已有25%的美国企业应用 JIT 技术,到现在绝大多数美国企业仍在应用 JIT。JIT 已从最初的一种减少库存水平的方法,发展成为一种内涵丰富,包括特定知识、原则、技术和方法的管理哲学。

现在越来越多的人,把这种管理思想运用到各个领域,形成各个领域的准时制管理方法。因此现在除了 JIT 生产之外,又逐渐出现了 JIT 采购、JIT 运输、JIT 储存及 JIT 预测等新的应用领域。实际上现在 JIT 应用已经形成了一个庞大的应用体系。

资料来源:李恒兴,鲍钰. 采购管理[M]. 北京:北京理工大学出版社,2007.

5. 供应商管理库存

VMI(Vendor Managed Inventory,供应商管理库存)是在供应链协作层次管理库存的一种新方法。在 VMI 管理方式下,企业并不是由自身管理企业内保有的库存,而是由供应商代为控制和监督,包括决定适当的订货批量、产品组合和合理的安全库存量。

与传统库存管理方法不同,VMI 管理方式下的企业并不会由供应链上的单个企业根据自己设定的再订货点启动订货程序,拉动供应链供给。相反,采用 VMI 管理方式的企业认为上游的供应商通过集中决策能够更好地对整个供应链的供应进行统筹,削弱由于中间商错误估计而形成的长鞭效应。在一些企业中,VMI 管理方式获得了令人瞩目的成功,企业的收益包括供应链整体库存成本下降,各储存点之间的调拨成本减少,当然也包括各种中转费用的节省等。

　　需要注意的是,VMI 管理通常要求企业拥有完善的信息系统,还要求供应链合作伙伴之间,特别是企业与供应商之间存在良好的即时数据传输系统。企业内部的销售时点数据(POS 数据)或原料消耗数据首先借助条码系统或最新的无线射频辨识技术(RFID)进入信息系统,接着利用企业间的电子数据交换(Electronic Data Interchange,EDI)系统或与供应商共享的其他供应链系统软件传送到供应商的决策系统。然后根据双方事先商定的规则,供应商决定是否需要向仓库补货,如果需要,则根据产品的属性、规格安排运输车辆,下达装车计划,同时会将货物即将到达的信息传给合作伙伴,以便安排接货。

　　通过使用 VMI 系统,供应商可以获得准确的市场销售数据,提高预测精度,有效降低库存投资,完善供货计划,加强与客户的联系。而工厂、企业可以减少缺货现象,提高库存周转率,降低库存成本,同时提高客户服务水平,压缩管理开支。但是,使用 VMI 系统是一个巨大挑战。一方面,VMI 要求供应商对库存的管理控制能力非常高,否则可能会导致企业供货的困难,在市场上处于被动局面;另一方面,与很多供应链合作模式一样,VMI 要求企业与供应商之间相互信任——企业既要避免怀疑供应商为自己私利调整库存计划,又要采取适当措施防止供应商处理不当时给本企业造成重大影响,管理难度可想而知。

情境链接

雀巢公司与家乐福公司的合作

　　雀巢公司与家乐福公司在确立了亲密伙伴关系的基础上,采用各种信息技术,由雀巢公司为家乐福公司管理它所生产产品的库存,即 VMI。雀巢公司为此专门引进了一套 VMI 信息管理系统,家乐福公司也及时为雀巢公司提供其产品销售的 POS 数据和库存情况,通过集成双方管理信息系统,再通过 Internet /电子数据交换系统交换信息,就能及时掌握客户的真实需求。为此,家乐福公司的订货业务情况为:每日 9:30 以前,家乐福公司把货物售出和结余库存等信息用电子数据方式传送到雀巢公司;9:30 到 10:30,雀巢公司将收到的资料合并到销售数据库系统中,并产生预估的补货需求,系统将预估的需求量写入后端的 ERP 系统,依实际库存量计算出可行的订货量,产生建议订单;在 10:30 前,雀巢公司将建议订单以电子数据方式传给家乐福公司;10:30 到 11:00,家乐福公司在确认订单并进行必要的修改后回传至雀巢公司;最后在 11:00 到 11:30,雀巢公司依据确认后的订单进行拣货与出货,并按照订单规定的时间交货。

　　由于及时地共享了信息,因此雀巢公司对家乐福物流中心的产品到货率由原来的 80% 左右提升到 95%;家乐福物流中心对零售店面的产品到货率也由 70% 左右提升至 90% 左右,而且仍在继续改善中;库存天数由原来的 25 天左右下降至目标值以下;在订单修改率方面也由 60% ~70% 的修改率下降至 10% 以下。

　　过去,雀巢公司与家乐福公司是单向的买卖关系,家乐福公司要什么,雀巢公司就给什么,甚至尽可能地推销产品。供应方的雀巢公司和经销方的家乐福公司都忽略了真正的市场需求,导致卖得好的商品经常缺货,而不畅销的商品却有很多库存。现在的情况是,雀巢公司作为供应商,不仅关心自身的利益,还为家乐福公司的利益着想,和家乐福公司一起关心市场的需求。这样一来,它们都能根据真实的市场需求来决定商品的供应和库存,真正做到了供应链上的双赢或多赢。

　　资料来源:http://www.itpub.net.

技能训练②

库存管理

1. 目的

(1) 了解库存的种类。

(2) 掌握库存管理的目标。

(3) 理解库存管理的方法。

(4) 理解经济订货批量的设定方法。

2. 方式

(1) 将教学班分为5人一个小组,以实训室为依托,模拟企业库存管理系统。

(2) 对企业库存用ABC分类法进行分类。

(3) 确定某种物资采用定量订货方式,确定其订货量,计算经济订货批量。

(4) 确定某种物资采用定期订货方式,说明订货期间的确定方式。

3. 要求

(1) 正确使用ABC分类法对企业库存物资进行分类,并说明每种类型物资管理要点。

(2) 正确确定经济订货批量的参数。

(3) 正确计算年库存保管总成本和年订货总成本。

案例分析②

ABC分类法在库存管理中的应用

安科公司是一家专门经营进口医疗用品的公司,2001年该公司经营的产品有26个品种,共有69个客户购买其产品,年营业额为5 800万元。对安科公司这样的贸易公司而言,进口产品交货期较长,库存占用资金大,因此库存管理显得尤为重要。

安科公司按销售额的大小,将其经营的26种产品排序,划分为A、B、C三类。排序在前3位的产品占到总销售额的97%,因此把它们归为A类产品;第4、5、6、7位产品每种产品占总销售额的0.1%~0.5%,把它们归为B类;其余的21种产品共占总销售额的1%,将其归为C类。

对于A类的3种产品,安科公司实行了连续性检查策略,每天检查库存情况,随时掌握准确的库存信息,进行严格的控制,在满足客户需要的前提下维持尽可能低的经常量和安全库存量。

通过与国外供应商的协商,并且对运输时间作了认真的分析,计算出了该类产品的订货前置期为2个月,也就是从下订单到货物从安科公司的仓库发运出去,要2个月的时间。因此如果预测在6月份销售的产品,应该在4月1日下订单给供应商,才能保证在6月1日可以出库。

由于该公司的产品每个月的销售量不稳定,因此每次订货的数量就不同,要按照实际的预测数量进行订货。为了预防预测及工厂交货的不准确,公司还要保持一定的安全库存,安全库存是下个月预测销售数量的1/3。

该公司对该类产品实行连续检查的库存管理,即每天对库存进行检查,一旦手中实际的存货数量加上在途的产品数量等于下 2 个月的销售预测数量加上安全库存时,就下订单订货,订货数量为第 3 个月的预测数,可能大于或小于预测值,所以每次订货的间隔时间也不相同。

这样进行管理后,这 3 种 A 类产品库存的状况基本达到了预期的效果。由此可见,对于货值高的 A 类产品应采用连续检查的库存管理办法。

对于 B 类产品的库存管理,该公司采用周期性检查策略。每个月检查库存并订货一次,目标是每月检查时应有以后 2 个月的销售数量在库里(其中 1 个月的用量视为安全库存),另外在途还有 1 个月的预测量。每月订货时,再根据当时剩余的实际库存数量,决定需订货的数量。这样就会使 B 类产品的库存周转率低于 A 类。

对于 C 类产品,该公司则采用了定量订货的办法。根据历史销售数据,得到产品的半年销售量为该种产品的最高库存量,并将其 2 个月的销售量作为最低库存。一旦库存达到最低库存时就订货,将其补齐到最高库存量。这种方法比前 2 种更节省时间,但是库存周转率更低。

该公司实行了产品库存的 ABC 分类管理以后,虽然 A 产品占用了最多的时间、精力进行管理,但得到了满意的库存周转率。而 B 类和 C 类产品虽然库存的周转率较慢,但相对于其很低的资金占用和很少的人力支出来说,这种管理也是个好办法。

问题:试分析安科公司如何对库存进行 ABC 分类及各类库存物资的管理重点。

案例分析③

美的的零库存实践

美的内部流传着一句话:"宁可少卖,不多做库存。"这句话体现了美的控制库存的决心。由于没有资金和仓库占用,零库存是库存管理的理想状态。美的也一直在追求最大限度的零库存。

美的库存一般有分公司库存、在途库存和经销商库存等几种。如何提高库存管理的准确率是美的一直努力解决的问题。自 2002 年度开始,美的开始导入 VMI。美的作为供应链里面的"链主",如何在自身与供应商之间处理好库存管理显得非常重要。目前,美的各种型号产品的零配件加起来一共有 3 万多种,居于美的产业链上游且较为稳定的供应商共有 300 多家。由于美的是家电强势企业,吸引了众多的产业上游企业,60% 的供应商在美的总部顺德周围,还有部分供应商处在车程 3 天以内的地方,基本上没有跨出省界。只有 15% 的供应商距离美的较远。在这个现有的供应链之上,美的实现 VMI 具有明显的优势。

聚集在美的顺德制造基地周围的供应商,在库存管理的问题上比较简单,关键是另外的 15% 的远程供应商。美的在顺德总部建立了很多仓库,然后把仓库分成很多片。运输距离超过 3 天以上车程的外地供应商,一般都会在美的的仓库里租赁一个片区,并把零配件放到片区里面储备。在美的需要用到这些零配件的时候,就会通知供应商,然后进行资金划拨和取货等工作。这时,零配件的产权才由供应商转移到美的手上。在此之前所有的库存成本都由供应商承担。也就是在零配件的交易之前,美的一直把库存转嫁给供应商。

美的国内营销本部物流部部长陈军介绍说,美的导入 VMI 之后,零库存这一目标已有实现的态势。他认为,实现零库存就是最大限度地逼近零库存。而且对于零库存的理解也有必要澄清——有去向的货叫订单而不叫库存。目前,美的在进口的原材料中有一些库存,包括一部分长线材料、10%的进口材料(主要是集成电路等),因为整个国际运货周期和订货周期都比较长,还需要美的自己备货,而国内采购的原材料和零部件则全部由供应商管理库存。实施 VMI 之后,美的的零部件库存由原来平均的 5~7 天存货水平,大幅降低为 3 天左右,而且这 3 天的库存也是由供应商管理并承担相应成本的。

陈军还认为,由于受到不确定供应、不确定需求和生产连续性等诸多因素的制约,企业的库存不可能为 0,基于成本和效益最优化的安全库存是企业库存的下限。但是通过有效的运作和管理,企业可以最大限度地逼近零库存。作为供应链链主(核心企业)的角色要强势一些,这样才能有凝聚力,带动上下游相关产业的发展。在整个供应链上,零库存应尽量减少,但适度的库存是不可缺少的。目前,美的空调成品的年库存周转率大约接近 10 次,而美的的短期目标是将成品空调的库存周转率再提高 1.5~2 次。美的空调成品的年库存周转率不仅远低于戴尔等计算机厂商,也低于年周转率大于 10 次的韩国厂商。

问题:美的的库存管理的目的是什么? 使用了哪种方法? 体现了哪些原则?

自我测试②

一、选择题

1. 下列哪项不属于企业的库存? (　　　)。
   A. 原材料　　　　B. 产成品　　　　C. 在制品　　　　D. 库存记录
2. 下列哪项是企业维持库存的原因? (　　　)。
   A. 保持生产运作对库存的依赖性　　B. 满足需求的波动
   C. 防止员工报酬的增加　　　　　　D. 防止供应商改变设计
3. 库存的弊端是(　　　)。
   A. 增加订货费用　　　　　　　　　B. 增加保管费用
   C. 增加设备维护费用　　　　　　　D. 增加废品率
4. 下列哪项不属于库存成本? (　　　)。
   A. 订货成本　　　　　　　　　　　B. 持有成本
   C. 被盗损失　　　　　　　　　　　D. 仓储设施折旧
5. 需要连续监控剩余库存量的管理方法是(　　　)。
   A. 定期订货法　　　　　　　　　　B. 定量订货法
   C. 定点订货法　　　　　　　　　　D. 定额订货法
6. 某公司每年需要某特种零件 4 000 件,该零件的平均年库存保管费用为 4 元,每次订货费用为 20 元,其经济订货批量为(　　　)。
   A. 250 个　　　　B. 200 个　　　　C. 160 个　　　　D. 400 个
7. 有关 ABC 分类法,说法错误的是(　　　)。
   A. ABC 分类法将物资分为 A、B、C 三类
   B. ABC 分类法操作简便
   C. ABC 分类法不能反映库存品种对利润的贡献度
   D. ABC 分类法一般是以库存数量为基础进行分析的

8. 有关经济订货批量,说法错误的是(　　　　　)。

 A. 经济订货批量用于定期订货方法

 B. 以经济订货批量订货时,年订货总成本和年保管总成本相等

 C. 经济订货批量就是使年库存总费用达到最小的每次订货批量

 D. 经济订货批量假定每次订货量相同

9. "零库存"是指维持系统运行所需的(　　　　　)。

 A. 最少库存　　　　B. 调节库存　　　　C. 安全库存　　　　D. 在途库存

10. 衡量库存管理最主要的指标是(　　　　　)。

 A. 库存周转率　　　B. 平均库存时间　　　C. 经济订货批量　　　D. 前置期

二、判断题

1. 库存管理的目标只是要降低维持库存费。　　　　　　　　　　　　　　　　(　　　)

2. 库存物资的 ABC 分类法是按照物资的单价高低进行的。　　　　　　　　　(　　　)

3. 安全库存是由年需求量决定的。　　　　　　　　　　　　　　　　　　　(　　　)

4. 平均库存量和每年订货次数成反比。　　　　　　　　　　　　　　　　　(　　　)

5. 定期订货方法用于关键物资和重要物资的库存管理。　　　　　　　　　　(　　　)

6. 关键因素分析法是根据库存产品的重要性和优先性进行分级,再分别制定库存管理策略。　　　　　　　　　　　　　　　　　　　　　　　　　　　　　　　　　　(　　　)

7. 对世博会纪念章的需求属于单周期需求。　　　　　　　　　　　　　　　(　　　)

8. 单周期需求库存可分为独立需求库存和相关需求库存。　　　　　　　　　(　　　)

9. 在 VMI 系统下,库存成本完全由供应商承担。　　　　　　　　　　　　　(　　　)

10. 零库存管理就是根本不设库存。　　　　　　　　　　　　　　　　　　(　　　)

在线测试

项目 5

采购评估

知识目标

1. 了解采购商品如何验收。
2. 掌握采购商品检验的标准。
3. 熟悉采购商品检验常用的方法。
4. 掌握采购质量管理的内容和方法。
5. 熟悉采购风险的成因和防范对策。
6. 掌握采购绩效考核评估的指标、标准和方法。
7. 掌握采购绩效改进的途径。
8. 熟悉回扣产生的原因及杜绝回扣的措施。

能力目标

1. 能够准确进行采购的验收工作。
2. 能够正确运用商品检验方法完成商品检验作业。
3. 能够识别质量不合格的商品。
4. 能够对采购商品质量进行有效管理。
5. 能够提出提高采购绩效的合理化建议。
6. 能够正确运用采购绩效评估指标和标准进行采购绩效评估作业。

任务 1 采购质量管理

引导案例 如何权衡采购物资的质量与价格

S 是 A 公司的重要产品 X 零配件唯一的供应商,在 A 公司与 S 供应商的来访沟通会上,S 供应商提出了 2 个需要亟待解决的问题。

① 对 A 公司要求的 X 零配件质量标准问题,S 供应商认为质量标准太高,是没有必要的。

② S 供应商认为由于原材料价格上升,要求 A 公司要么提高单价,要么降低质量标准。

问题:面对 S 供应商的要求,A 公司应如何选择?

任何采购都存在隐患。如果一个部件有问题,而问题没有检查出来,则某些出错的风险就潜藏到新的产品中。所以,无论采购产品有多么小,检验每个独立产品的质量都至关重要。

1.1　采购商品验收

1. 验收准备

（1）确定交货与验收时间

一般情况下,采购合同中应明确供应商的交货日期,并于交货前先将交货清单送交采购人员,以便采购人员准备验收工作。对于交货验收的时间应以采购合同中写明的时限要求为准,通常有以下 4 种情况。

① 供应商的交货日期。

② 生产过程所需的预报操作时间。

③ 供应商如有延期交货或需要变更交货时,采购人员在根据供应商的说明函件并与供应商确认后,确定验收时间。

④ 特殊器材技术验收时所需时间或采取分期交货的时间。

（2）确定交货验收地点

对于交货验收地点,一般以合同指定的地点为主。若预定交货地点因故不能使用,需要转移他处办理验收工作时,采购人员应事先通知供应商。采购人员可根据货物的实际情况、理化性质等,经双方协商,确定最佳的验货地点。一般的验货地点有以下 4 种。

① 双方指定仓库或交货地点验收。这是采购业务中最常见的交货验收地点,一般在采购合同的条款中列明。

② 在供应商生产地验收。发货前,由采购双方的检验人员共同对货物进行检验,供应商只对货物离开生产地前的质量负责,离开生产地后在运输过程中出现的风险和意外,由采购方自行负责。

③ 在采购货物使用地点验收。对于那些密封包装、精密复杂的货物,不宜在使用前拆包检验,或者需要安装调试后才能检验的货物,可将验收工作推迟至采购商使用地点,由双方认可的检验机构检验并出具证明。

④ 其他约定的验货地点。

（3）明确采购验收职责

国内采购的验收工作职责由双方共同办理,以示公平,如有争议提交仲裁解决。而国外采购因涉及国际贸易,所以通常委托公证机构办理。在采购合同中关于采购验收职责的条款,一般有 3 种情况需要双方共同约定。

① 委托检验。通常用于国外采购或特殊规格采购。委托第三方检验机构进行检验,检验结果客观公正,容易为采购双方认可和接受。

② 自行负责验收。通常用于国内采购。一般由采购双方根据采购合同中关于货物数量、质量、规格、品质等的规定,协同检验货物,操作流程简单,费用较低。

③ 由供应商出具产品合格证书。供应商信誉良好且有长期合作历史,以往所提供的货物品质优良,且运输、仓储等物流条件较好的情况下,可考虑在验收阶段仅参考供应商提供

的产品合格证书。

（4）选择合适的检验方法

2. 货物验收

（1）核对凭证

认真核对每批进场（库）物资的发票、运单和质量证明是否符合进货计划（合同）的要求,无误后按照证件的内容,逐项加以检验。

（2）质量验收

现场物资的质量验收由于受客观条件所限,主要通过目测对物资外观进行检查和对材质、性能等质量证件进行检验,执行企业的质量管理制度中物资检验的相关规定和要求。

凡一般物资的外观检验,应检验物资的规格、型号、尺寸、颜色、形状及完整性,作好检验记录;凡专用、特殊及加工制品的外观检验,应根据加工合同、图纸及翻译资料,会同有关部门进行质量验收并作好记录;进口材料及设备要会同出入境检验检疫局共同验收,作好详细记录。

（3）数量验收

① 原则上不允许夜间物资进场验收,如遇特殊原因,日间供应不能满足制造所需时,应经有关部门同意后,在夜间进场验收物资,并将现进物资与原堆场分开堆放,或做好明显分隔标志,验收人员必须旁站监督卸车,验收。

② 现场物资数量验收一般采取点数、检斤和检尺等方法,对分批进场的要作好分次验收记录,对超过磅差的应通知相关方处理。

（4）验收手续

① 经核对质量、数量无误后,可以办理验收手续。验收手续根据不同情况采取不同形式。一般由收料人依据进料凭证和实际验收数量,填制物资验收入库单,属于多次进料最后结算（或月结等）办理验收手续的,如大堆物资,则由收料人依据分次进料凭证和验收记录,核对填写验收码单。在结算时,仓管员依据验收码单,填制入库单。

② 每批货物验收后填制验收入库单,不得补填、补签和涂改,要保持单据真实、清楚、整洁。

（5）验收问题的处理

① 质量不符合质量证明或合同要求时,应报有关部门加以鉴定处理。在此之前物资不能入库,更不能发放,应做出"待检"标志。

② 数量不符者且损溢在规定磅差内,按实际验收数量入库;超过规定磅差时,应查对核实,作好验收记录并报有关部门,未解决处理前不得动用。

（6）验收的要点

① 确认供应商。物资来自何处,有无错误或混乱,尤其是向两家以上的供应商采购的物资,应分别计算。

② 确定送到日期和验收日期。前者用来确定供应商是否能如期交货,以作为是否延迟罚款的依据。后者用来督促验收时效,避免无故推脱,并作为将来付款期限的依据。

③ 确定物资的名称和品质,是否与合同或订单的要求相符。

④ 清点数量。实际交货数量是否与运送凭证或订单相符。

⑤ 通过验收结果。使用部门据此安排生产进度,采购部门据此结案,财会部门据此登记入账付款或扣款、罚款。

⑥ 处理短损。若发生短损,应立即向供应商要求赔偿,或向运输单位索赔,或办理内部报损手续等。

⑦ 处理不合格品。

⑧ 处理包装材料。包装材料或准备加以利用,或积存至一定数量后对外出售,对于无法再使用或出售的,最好由供应商收回。

⑨ 标志。对已验收储存的物资必须加以标志,以便查明验收经过及时间,也易于与未验收的同类物资相区别。

情境链接

某超市采购商品的验收工作

1. 职责

① 仓管员负责根据"商品订货单"对采购商品进行验收。

② 领班负责对采购商品复核。

③ 领班负责与业务联系,并对特殊需求的商品入库审核。

④ 计算机录入员负责输入并打印"商品验收单"。

2. 验收流程

验收流程如图5.1所示。

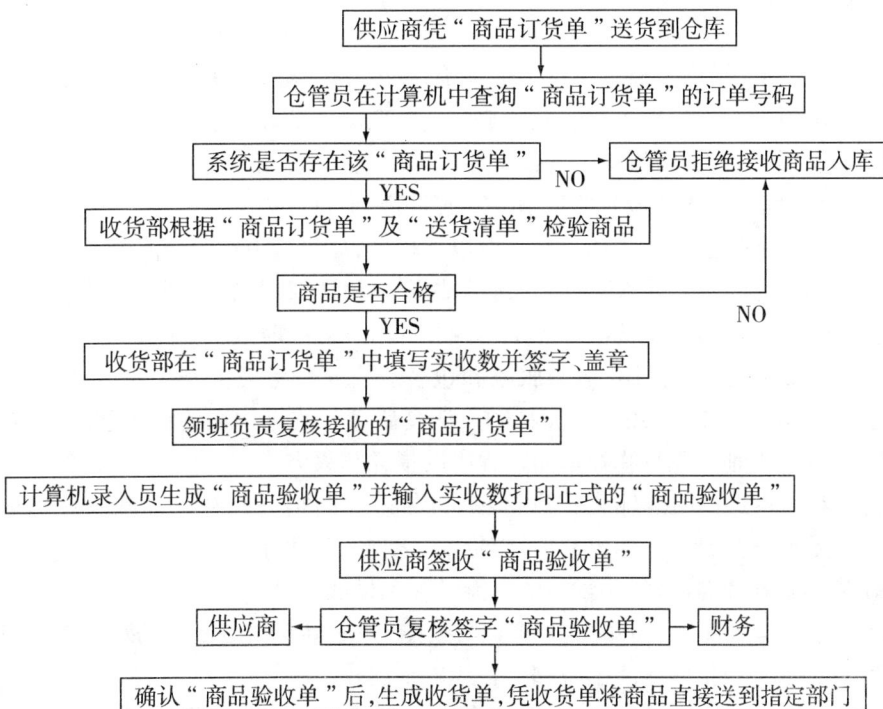

图5.1 验收流程

情境链接

某企业不合格品的处理

1. 不合格品的处理方法

某企业对不合格品(包括产品、零部件和原材料等一切所采购的物品)通过指定机构负责评审,经过评审后作以下处理。

① 原样使用。在以下情况下不合格品可以原样使用:不合格程度轻微,不需要采取返修、补救措施仍能满足预期使用要求的,直接接收使用。这种情况必须有严格的申请和审批制度,并得到客户的同意。

② 返工。通过返工可以使不合格品完全符合规定要求,返工后必须经过检验人员的复验确认。

③ 降级。降级是指根据实际质量水平降低不合格品的产品质量等级,或作为处理品降价出售。

④ 返修。对不合格品采取补救措施后仍不能完全符合质量要求,但基本能满足使用要求的,应返修不合格品,修复程序应得到需求方的同意,修复后也必须经过复验确认。

⑤ 报废。对不合格品如不能采取以上处理时只能报废,报废时应按规定开出废品报告。

2. 不合格品的处理流程(见下页图5.2)

3. 货物索赔的预防措施

货物索赔的预防措施是通过建立一个系统,减少在采购过程中出现的索赔情况。通常,导致货物索赔的情况有:货物丢失、损坏、破碎;由于运输等原因导致货物不再适合销售,如由于运输延迟,导致货物腐烂;由于货物未在规定时间到达目的地,导致对方索赔;不适当的包装;不适当的理舱;不适当地处理货物或堆放货物,导致货物受损等。

为使损失降到最低水平,采购方可采取以下措施,尽量避免索赔情况的发生。

① 相关单据的内容要具体说明要求索赔的原因和详细情况,特别在采购合同中要列明索赔应具备的基本条件、依据的法律规定、索赔的操作程序、时效等。

② 应改进货物的质量控制、运输服务和包装。要充分考虑货物运输途中的天气情况、被偷窃的问题、造成货物破损的可能因素等,认真研究和改进货物的包装和理舱技术,提高其安全性,最大限度地减免货物在运输过程中的损耗和灭失。

③ 对几种可供选择的运输方式进行综合评估,并制定各种补救措施及评估成功的概率。在综合权衡运输成本、运输可靠性、交货期、货物适航性等因素的基础上,合理选择运输方法、正确安排运输线路,将货物索赔的可能性降到最低。

④ 应鼓励承运人雇用足够的员工来预防索赔,并尽早与供应链中的承运人及其他各方进行磋商,以采取补救措施解决困难和监督运输情况。

⑤ 编制预防索赔手册,包括制定报告货物丢失和损坏情况的程序,并对全体员工进行索赔预防的培训,尽可能降低导致货物索赔的人为因素。

制造部门	检验部门	设计部门	质管部门	总工程师 总质量师

产品零件

操作者自检

专职检验　　必要时　　会签

不合格品　合格品

合格品　不合格品

转序或入库　　做让步标志　　同意让步回用

废品　返工品　返修品　让步回用

报废　返工　返修

必要时　批准

新产品审批

让步申请　　让步审批

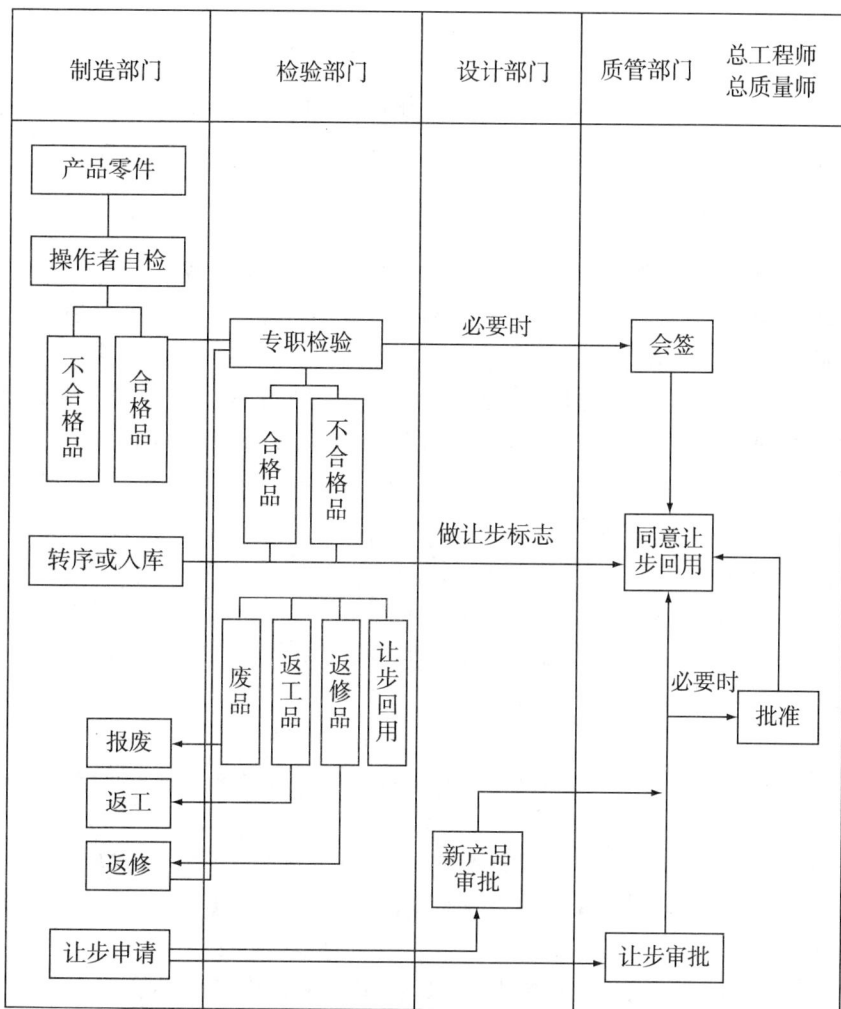

图5.2　不合格品的处理流程

1.2　采购商品检验

1. 采购商品检验的含义

采购商品检验是指商品的卖方、买方或第三方在一定条件下借助某种手段和方法,按照合同、标准或国内外有关法律、法规、惯例,对商品的质量、规格、重量、数量、包装、安全及卫生等方面进行检查,并作出合格与否或通过验收与否的判定,或者为维护买卖双方的合法权益,避免或解决各种风险损失和责任划分的争议,便于商品交接、结算而出具的各种有关证书的业务活动。

采购商品检验的目的是运用科学的检验技术和方法,正确评定商品质量。采购商品检验的任务是:①从商品的用途和使用条件出发,分析和研究商品的成分、结构、性质及其对商品质量的影响,确定商品的使用价值;②拟定商品质量指标和检验方法,运用各种科学的检测手段评定商品质量,并确定是否符合规定的标准要求;③研究商品检验的科学方法和条件,不断提高商品检验的科学性、精确性和可靠性,使商品检验工作更加科学化、现代化;④探讨提高商品质量的途径和方向,为选择适宜的包装、保管和运输方法提供依据。

2. 采购商品检验的类型

(1) 按检验目的的不同分类

① 第一方检验。它又称生产检验、卖方检验,是由生产企业或其主管部门自行设立的检验机构,对所属企业采购的原材料、半成品和成品进行检验的活动。目的是及时发现不合格产品,保证质量,维护企业信誉。经检验合格的商品应有"检验合格证"标志。

② 第二方检验。它又称买方检验,是由商品的买方为了维护自身及其客户利益,保证所购商品符合标准或合同要求所进行的检验活动。目的是及时发现问题,反馈质量信息,促使卖方纠正或改进商品质量。在实践中,企业常派"驻厂员",对商品质量形成的全过程进行监控,对发现的问题及时要求对方解决。

③ 第三方检验。它又称公正检验、法定检验,是由处于买卖利益之外的第三方(如专职监督检验机构),以公正、权威的非当事人身份,根据有关法律、标准或合同所进行的商品检验活动。目的是维护各方面合法权益,协调矛盾,促使商品交换活动的正常进行。

(2) 按接受检验商品的数量不同分类

① 全数检验。它又称全额检验、全面检验,是指对待检产品100%地逐一进行检验。全数检验常用于对后续工序影响较大的项目;精度要求较高的产品或零部件;品质不太稳定的产品;需要对不合格品进行100%重检。

质量检验中如无必要通常不采用全数检验的方式,这是由于全数检验缺点较多,表现为:a. 需要投入很大的检验力量,受检个体太多,削弱了检验质量保证程度;b. 检验工作量大,成本高,周期长,占用的检验人员和设备多,难以适应现代化大生产的要求;c. 由于受到各种因素的影响,难以避免差错;d. 对批量大,但出现不合格品也不会引起严重后果的产品,经济上得不偿失。

② 抽样检验。它是指按照已确定的抽样方案,从整批商品中随机抽取少量商品用作逐一测试的样品,并依据测试结果去推断整批商品质量合格与否的检验。它具有占用人力、物力和时间少的优点,具有一定的科学性和准确性,是比较经济的检验方式。

但抽样检验也有一些缺陷,表现为在被判检为合格的总体中会混杂一些不合格品,或存在相反情况,即易出现将合格品判检为不合格品而拒收或将不合格品判检为合格品而接收的错误,从而造成较大的经济损失。

由于上述缺陷,抽样检验一般只适用于检验不经济、不必要或无法实施的范围。目前实践中广泛采用随机抽样检验,即整批商品中的每一件商品都有同等被抽取的机会,抽样者按照随机的原则,以完全偶然的方法去抽取样品,比较客观,适用于各种商品的抽样。常用的抽样方法有简单随机抽样法、分层随机抽样法、多段随机抽样法和系统随机抽样法。

(3) 按检验实施的位置特征分类

① 固定检验。它又称集中检验,是指在生产单位内设立固定的检验站,各工作地的产品加工以后送到检验站集中检验。固定检验站专业化水平高,检验结果比较可靠,但需要占用生产单位一定的空间,容易使生产工人对检验人员产生对立情绪或造成送检零件之间的

混杂等。

② 流动检验。它是由检验人员直接去工作地进行的检验。流动检验的应用有局限性，但由于不受固定检验站的束缚，检验人员能深入生产现场，及时了解生产，容易和生产工人建立相互信任的合作关系。

（4）按检验目的的特征分类

① 监控检验。它又称过程检验，目的在于检验生产过程是否处于受控状态，以防由于系统性质量因素的出现而导致不合格品的大量出现。

② 验收检验。验收检验的目的是判断受检对象是否合格，从而作出接收或拒收的决定。它广泛存在于生产全过程，如外购件、原材料及配套件的进货检验、半成品的入库检验和产成品运出厂检验等。

（5）按检验对象检验后的状态特征分类

破坏性检验，即检验后受检物的完整性遭到破坏，不再具有原来的使用功能，如强度试验、寿命试验及爆炸试验等都是破坏性检验。随着检验技术的发展，破坏性检验逐渐减少，而非破坏性检验的使用范围则在不断扩大。考虑到经济因素，破坏性检验只能采用抽样检验的方式。

（6）商品检验的其他类型

① 工厂签证，商业免检。工厂生产出来的产品，经工厂检验部门检验签证后，销售企业可以直接进货，免于检验程序。该形式多适用于生产技术条件好、工厂检测手段完善、产品质量管理制度健全的生产企业。

② 商业监检，凭工厂签证收货。商业监检是指销售企业的检验人员对工厂生产的半成品、成品及包装，甚至原材料等，在工厂生产全过程中进行监督检验，销售企业可凭工厂检验签证验收。该形式适用于比较高档的商品质量检验。

③ 工厂签证交货，商业定期、不定期抽验。对于某些工厂生产的质量稳定的产品，质量信得过的产品或优质产品，一般是工厂签证后便可交货，但为确保商品质量，销售企业可采取定期、不定期抽验的方法。

④ 商业批检。商业批检是指销售企业对厂方的每批产品都进行检验，否则不予收货。该检验形式适用于质量不稳定的产品。

情境链接

进出口商品检验

进出口商品检验大致要经过接受报检、抽样制样、检验拟稿和签证放行等环节。具体是由具有申请检验资格的单位按照申请检验鉴定的工作项目填写报验单，提供应附的有关单证，在限定的时间内到当地的商检机构申请检验。商检机构受理报验申请后，经过专业检验人员一系列的抽样、制样及检验鉴定工作，拟制检验鉴定结果初稿，最后签发相应的检验或鉴定证明书。

3. 采购商品检验标准

采购商品检验标准是为了保证采购商品的适用性，对商品必须达到某些或全部要求所制定的标准,包括品种、技术要求、试验方法,检验规则、包装、标志、运输和储存等。它对提高和保证采购商品质量,维护消费者和客户的合法权益都具有重要作用。

采购商品检验标准主要有以下内容。

(1) 根据适用范围分类

根据《中华人民共和国标准化法》(以下简称《标准化法》)的规定,我国采购商品检验标准分为国家标准、行业标准、地方标准和企业标准4类。

① 国家标准。由国务院标准化行政主管部门制定的,需要全国范围内统一的技术要求,称为国家标准。

② 行业标准。没有国家标准而又需要在全国某个行业范围内统一的技术标准,由国务院有关行政主管部门制定并报国务院标准化行政主管部门备案的标准,称为行业标准。

③ 地方标准。没有国家标准和行业标准而又需要在省、自治区和直辖市范围内统一的工业产品的安全、卫生要求,由省、自治区和直辖市标准化行政主管部门制定并报国务院标准化行政主管部门和国务院有关行业行政主管部门备案的标准,称为地方标准。

④ 企业标准。企业生产的产品没有国家标准、行业标准和地方标准可用的,应当制定相应的企业标准。对已有国家标准、行业标准或地方标准的,鼓励企业制定严于国家标准、行业标准或地方标准要求的企业标准。由企业自行组织制定的并按省、自治区和直辖市人民政府的规定备案的作为组织生产依据的相应标准,称为企业标准。

这4类标准主要是适用范围不同,不是标准技术水平高低的分级。

情境链接

国际标准

国际标准是指国际标准化组织(ISO)、国际电工委员会(IEC)和国际电信联盟(ITU)制定的标准,以及国际标准化组织确认并公布的其他国际组织制定的标准。国际标准在世界范围内统一使用。例如,ISO9000族标准中有用于指导各国企业建立质量管理体系并获取外部认证的标准(ISO9001:2000),有用于指导企业自身强化质量管理的标准(ISO9004),有用于统一各国质量术语的标准(ISO8402),也有用于规范质量审核的标准(ISO010011),等等。所有这些标准构成了一个相对严密的标准系列,对质量管理界具有深远的意义。

(2) 根据法律的约束性分类

1〉强制性标准

强制性标准(GB)主要是为保障人体健康、人身、财产安全的标准和法律、行政法规规定强制执行的标准。对不符合强制标准的产品应禁止生产、销售或进口。根据《标准化法》的规定:企业和有关部门对涉及其经营、生产、服务和管理有关的强制性标准都必须严格执行,任何单位和个人不得擅自更改或降低标准;对违反强制性标准而造成不良后果以至重大事故者由法律、行政法规规定的行政主管部门依法根据情节轻重给予行政处罚,直至由司法机关追究刑事责任。

强制性标准是国家技术法规的重要组成,它符合 WTO/TBT(世界贸易组织贸易技术壁垒协定)关于"技术法规"的定义,即技术法规是"强制执行的规定产品特性或相应加工方法的包括可适用的行政管理规定在内的文件。技术法规也可包括专门规定用于产品、加工或生产方法的术语、符号、包装标志或标签要求。"为了使我国强制性标准与 WTO/TBT 规定衔接,其范围要严格限制在维护国家安全、防止欺诈行为、保护人身健康与安全、保护动植物的生命和健康以及保护环境 5 个方面。

2) 推荐性标准

推荐性标准(GB/T)是指导性标准,基本上与 WTO/TBT 对标准的定义接轨,即推荐性标准是"由公认机构批准的,非强制性的,为了通用或反复使用的目的,为产品或相关生产方法提供规则、指南或特性的文件。标准也可以包括专门规定用于产品、加工或生产方法的术语、符号、包装标准或标签要求。"推荐性标准是自愿性文件。

推荐性标准是协调一致的文件,不受政府和社会团体的利益干预,能更科学地规定特性或指导生产,《标准化法》鼓励企业积极采用。为了防止企业利用标准欺诈消费者,要求采用低于推荐性标准的企业标准组织生产,企业应向消费者明示其产品标准水平。

3) 标准化指导性技术文件

标准化指导性技术文件(GB/Z)是为仍处于技术发展过程中(为变化快的技术领域)的标准化工作提供指南或信息,供科研、设计、生产、使用和管理等有关人员参考使用而制定的标准文件。

情境链接

3C 认证

3C 认证是中国产品强制认证(China Compulsory Certificate)的英文缩写。作为国家安全认证(CCEE)、进口安全质量许可制度(CCIB)和中国电磁兼容认证(EMC)三合一的 3C 权威认证,是中国质检总局和国家认监委与国际接轨的一个先进标志,有着不可替代的重要性。自 2003 年 8 月 1 日起,我国对人类健康安全、动植物生命安全和健康以及环境保护和公共安全的 19 类 132 种产品实行统一的强制性产品认证制度,其中与人们息息相关的家电类产品几乎都在其中,3C 认证是一种对产品的合格评定。

(3) 根据标准化的对象和作用分类

1) 技术标准

技术标准是对技术活动中需要统一协调的事物而制定的技术准则。技术标准一般包括以下内容。

- 基础标准。它是标准化工作的基础,是制定产品标准和其他标准的依据。常用的基础标准主要有:通用科学技术语言标准;精度与互换性标准;结构要素标准;实现产品系列化和保证配套关系的标准;材料方面的标准,等等。
- 产品标准。它是指对产品质量和规格等方面所作的统一规定,它是衡量产品质量的依据。产品标准的内容一般包括:产品的类型、品种和结构形式;产品的主要技术性能指标;产品的包装、储运和保管规则;产品的操作说明,等等。
- 方法标准。它是指以提高工作效率和保证工作质量为目的,对生产经营活动中的主要工作程序、操作规则和方法所作的统一规定。它主要包括检查和评定产品质量的方法标准、统一的作业程序标准和各种业务工作程序标准或要求等。

- 安全标准。它是以保护人和物的安全为目的而制定的标准。
- 卫生标准。它是为保护人的健康,对食品、医药及其他方面的卫生要求而制定的标准。
- 环境保护标准。它是为保护环境和有利于生态平衡对大气、水体、土壤、噪声、振动和电磁波等环境质量、污染管理、监测方法及其他事项而制定的标准。

2) 管理标准

管理标准是指为了达到质量目标,对企业中重复出现的管理工作所规定的行动准则。它是企业组织和管理生产经营活动的依据和手段。管理标准一般包括以下内容。

- 生产经营工作标准。它是对生产经营活动的具体工作的工作程序、办事规则、职责范围和控制方法等的具体规定。
- 管理业务标准。它是对企业管理部门的各种管理业务工作要求的具体规定。
- 技术管理标准。它是为有效地进行技术管理活动,推动企业技术进步而制定的必须遵守的准则。
- 经济管理标准。它是指对企业的各种经济管理活动进行协调处理所制定的各种工作准则或要求。

情境链接

宝洁包装设备的采购标准

宝洁采购包装设备时,首先考虑进口包装设备的质量和安全性好不好,其次是包装设备的可靠性、低维护性或免维护性等其他指标是否符合宝洁的要求,此外就是包装设备速度的快慢和使用的方便与否,因为宝洁公司的产品种类繁多,特别需要一些灵活性比较高的设备。在采购流程中,宝洁对每一套要购买的包装设备都有一个测试标准,再将测试标准转换成数字标准,作为检测供应商提供的包装设备的参照标准。制定这些测试标准前,先由总部提供一个标准,再由工程部把这些标准制定为数字标准。当然价格因素也很重要,但是相对来讲,设备如果运作起来,生产效率高、产品包装质量好,加之宝洁的生产量很大,设备价格的高低与否也就显得不那么重要了。

资料来源:宝洁如何采购包装设备,http://www.3722.cn/listknowhow.asp?articleid=6677.

思考

中国的 A 公司和美国的 B 公司签订了采购一批针织 T 恤的合同,你会为合同的标的选择哪种标准?

4. 采购商品检验方法

采购商品的检验方法应与所采购商品的特点和检验的成本等相联系,这样才能做到事半功倍。常见的检验方法有以下几种。

（1）感官检验

感官检验是借助人的感觉器官的功能和实践经验来检测、评价商品质量的一种方法。也就是利用人的眼、鼻、舌、耳和手等感觉器官作为检验器具，结合平时积累的实践经验对商品的外形结构、外观疵点、色泽、声音、气味、滋味、弹性、硬度、光滑度、包装和装潢等质量情况，以及商品的品种、规格和性能等进行识别。感官检验主要有视觉检验、听觉检验、味觉检验、嗅觉检验和触觉检验。

感官检验法在商品检验中有着广泛的应用，特点如下。

① 方法简单，快速易行。

② 不需要复杂特殊的仪器设备、试剂或特定场所，不受条件限制。

③ 一般不易损坏商品。

④ 成本较低。

当然，感官检验法也存在一定的局限性，表现如下。

① 不能检验商品的内在质量，如成分、结构和性质等。

② 检验的结果不精确，不能用准确的数字来表示，是一种定性的方法，结果只能用专业术语或记分法表示商品质量的高低。

③ 检验结果易带有主观片面性，常因检验人员知识、技术水平、工作经验、感官的敏锐程度及检验时心理状态等因素影响结果的准确性。

（2）理化检验

理化检验是在实验室的一定环境条件下，借助各种仪器、设备和试剂，运用物理、化学的方法来检测、评价商品质量的一种方法。它主要用于检验商品的成分、结构、物理性质、化学性质、安全性、卫生性，以及对环境的污染和破坏性等。

理化检验法的特点如下。

① 检验结果精确，可用数字定量表示（如成分的种类和含量，某些物理、化学和机械性能等）。

② 检验结果客观，不受检验人员主观意志的影响，保证商品质量评价的客观性和科学性。

③ 能深入分析商品成分、内部结构和性质，反映商品的内在质量。

但是，理化检验法也有一定的局限性，表现如下。

① 需要一定的仪器设备和场所，成本较高，要求条件严格。

② 往往需要破坏一定数量的商品，消耗一定数量的试剂，费用较大。

③ 检验需要的时间较长。

④ 要求检验人员具备扎实的基础理论知识和熟练的操作技术。

因此，企业在采购商品检验中，常把理化检验法作为感官检验之后，必要时进行补充检验的方法，或委托商检机构进行理化检验。

（3）生物学检验法

生物学检验法是通过仪器、试剂和动物来测定食品、药品和一些日用工业品以及包装对危害人体健康安全等性能的检验。

采购商品检验方法因商品种类的不同而有所差异，有的商品采用感官检验法即可评价质量（如茶叶），有的商品既需要采用感官检验法，也需要采用理化检验法（如搪瓷），有的商品需要以理化检验的结论作为评价商品质量的依据(如钢材)。要使商品检验的结果准确无误,符合商品质量的实际,经得起复验,就要不断提高检验的技术和经验,采用新的检验方法和新的检测仪器。

5. 采购商品检验的内容

(1) 质量检验

质量检验是根据合同和有关检验标准规定或申请人的要求对商品的使用价值所表现出来的各种特性,运用人的感官或化学、物理等各种手段进行测试、鉴别,其目的就是判别、确定该商品的质量是否符合合同中规定的商品质量条件。它包括外观品质和内在品质的检验。

① 外观品质检验。它是指对商品外观、尺寸、造型、结构、款式、表面色彩、表面精度、软硬度、光泽度、新鲜度、成熟度和气味等的检验。

② 内在品质检验。它是指对商品的化学组成、性质和等级等技术指标的检验。

(2) 规格检验

规格表示同类商品在量(如体积、容积、面积、粗细、长度、宽度和厚度等)方面的差别,如鞋类的大小、纤维的长度和粗细、玻璃的厚度和面积等规格,表明商品之间在量上的差别。商品规格是确定规格差价的依据。

由于商品的品质与规格是密切相关的 2 个质量特征,所以采购合同中的品质条款一般都包括了规格要求。

(3) **数量和重量检验**

数量和重量是买卖双方成交商品的基本计量和计价单位,直接关系双方的经济利益,也是商品采购中容易引起争议的因素之一。数量和重量检验包括商品个数、件数、双数、打数、令数、长度、面积、体积、容积和重量等。

(4) **包装质量检验**

商品包装本身的质量和完好程度,不仅直接关系商品的质量,还关系商品的数量和重量。一旦出现问题,它是分清责任归属、确定索赔对象的重要依据之一。例如,检验中发现存在商品数(重)量不足、包装破损的情况,责任在运输部门;包装完好的情况下,责任在生产部门。

包装质量检验的内容主要是内外包装的质量。例如,包装材料、容器结构、造型和装潢等对商品储存、运输和销售的适宜性,包装体的完好程度,包装标志的正确性和清晰度,包装防护措施的牢固度等。

(5) **安全、卫生检验**

商品安全检验是指对电子、电器类商品的漏电检验、绝缘性能检验和 X 光辐射的检验等。商品的卫生检验是指对商品中的有毒有害物质及微生物的检验,如食品添加剂中砷、铅、镉的检验,茶叶中的农药残留量检验等。

对进出口商品的检验除上述内容外,还包括海损鉴定、集装箱检验、进出口商品的残损检验、进出口商品的装运技术条件检验、产地证明、价值证明及其他业务的检验。

1.3　采购质量管理

1. 采购质量管理的含义

采购质量是指一个企业通过建立采购质量管理保证体系,对供应商提供的产品进行选择、评价和验证,从而确保采购的产品符合规定的质量要求。它包括采购质量的计划、组织、协调和控制,通过对供应商质量评估和认证,建立采购管理质量保证体系,以保证企业的物资供应活动。

采购质量对采购活动提出了 3 个必须要面对和解决的问题:①怎样把质量管理的思想运用到采购部门自身的各项活动中去;②怎样与供应商合作,不断改进和提高产品的质量;③怎样建立采购质量保证体系。

情境提示

质量的定位要恰当地处理质量与成本、供应、服务等要素之间的关系。不同的物资、不同的应用场合,其质量定位的标准也不同,不能采取"一刀切"的方法。

质量与成本之间的关系最常用的是使用性价比来平衡。但是质量并不是越高越好,质量过高会产生质量过剩,并使成本大大增加。

质量与供应之间的关系也应恰当处理。对于大批量的供应来说,对质量的过高要求,可能会导致供应商加工周期过长,严重时可能会导致缺货,特别是对于自动化不连续的机械供应商,只要物资不影响产品质量,就不要像精品一样逐个检验物资。

质量与售后服务之间的关系也较为密切。产品组成部件的质量问题会导致故障频繁出现,不仅使产品在客户心目中的印象较差,而且给售后服务带来麻烦,增加服务成本。

2. 采购质量分析

(1) 采购技术规格

技术规格描述了产品技术方面的要求,技术规格一般由企业技术部门和产品设计部门确定,它是企业进行生产的依据或标准,也是企业质量检验部门所遵循的标准。

产品设计是产品质量的基础,而且后期的改动会造成成本增加。因此,采购的技术规格要求必须纳入产品的开发计划。

在新产品开发过程中,大型的采购商常从以下几个方面与供应商进行沟通与合作。

① 采购设计。采购人员是新产品设计小组的一员,他们根据采购标准对设计提出意见,把客户对产品需求的信息纳入到新产品的设计中去。

② 供应商的上游企业参与。供应商与其上游企业的长期合作,使得它有可能邀请上游企业对新产品的设计和材料的选择提出建议,从而使设计不至于因为今后的更改而耗费更多的成本。

③ 派驻采购人员。采购人员到供应商处,专门协助解决产品设计中的各种问题。有的供应商向采购方派驻工程师,目的是解决开发过程中出现的设计和制造问题。

在供应商开发新产品时,采购人员在开发阶段介入,有助于更好地理解产品的功能和结构,能够有效地降低成本和改进产品。

（2）采购需求规格

规格是对采购的产品或劳务的要求条件所做的精确说明,是生产制造的标准及交货验收的依据。规格内容除包括产品或劳务的名称、外观(形状)、尺寸、材料成分、强度、精密度、耗损率、不良率、色泽、表面处理、性能要求、重量、容积、安全保护、包装方式和单位包装量、标志内容或方法、验收要项、检验方法、接收水准、结构蓝图及交货安装等各种品质(硬件)的特性外,还包括各种服务(软件)的特性,如服务效率、服务品质、次数、地点、方式、技术资料文件及训练、计算机软件及技术管理顾问的咨询服务与其权利和义务等。换言之,规格是买方将采购产品的要求、质量及一切条件告知卖方的书面说明,也是验收时是否予以接收的依据。

采购部门必须保证产品需求规格能在供应商处得到满足,同时必须确保供应商能遵守交货时间、交货质量和价格等其他协议。因此,采购方应进行全面质量管理,而采购需求规格是首先要确定的问题。

一种产品的规格可以用多种形式进行描述,因此,采购需求规格就是指产品的描述方式,也可以是几种描述方式的综合,通常包括以下几种。

① 品牌描述。与使用品牌有关的问题主要是用品牌描述的可行性及如何选择某种品牌。

通过品牌描述意味着对供应商诚实和声誉的信赖。当通过品牌购买所需产品时,如果产品在它最初设想的用途上使用效果令人满意,采购方就会越发相信,以后再购买同样品牌的产品,也会具有同样的质量。

当然,使用品牌描述会造成对品牌的过度依赖,这会减少潜在供应商的数量,也会使采购者丧失机会,享受不到竞争带来的价格降低或质量改进。

② 至少同等规格。在招标采购中,采购方规定一种品牌或生产商的产品型号后,紧接着就注明"或者至少同等规格"。在这种情形下,采购方把责任留给了投标者,让他们去制定同等或更高的质量标准,而不必自己再耗费精力制定详细的产品规格。

③ 规格描述。它是所有使用的描述方法中最常见的一种。包括如下内容。

- 物理和化学特性的规格。通过物理和化学特性制定规格时,能够限定采购方所希望的物资属性。产品规格中所界定的这些可测量的属性,是保证产品能够被满意使用的必要条件,并且能以最低成本保证质量。
- 性能或功能规格。性能规格的核心是理解所需要的性能。用动名词的组合来描述功能时,如提供扭矩、传送电流和盛放液体等,能让人很明确地想到设想的功能。

在某种程度上,性能或功能规格常常和招标并用。主要原因是性能和规格是面向使用或结果的,它把决策权留给了供应商,这使得供应商能够利用最新的技术进步,由供应商自己考虑怎样生产最合适的产品。

- 物资和制造方式规格。这种方式既规定了物资又限定了制造方式,除了军队之类的政府购买外,只有出现特殊要求或采购方愿意承担后果时,才使用这种方式。很多企业不会处于这种境地,所以较少采用这种规格方式。
- 工程制图描述。通过蓝图或尺寸图来描述是很常见的,它也可以和某种描述性的文本资料一起使用。这种方法尤其适用于建筑、电子和电气装配线、电动部件等的采购。当然,这是一种昂贵的描述方式,这不仅在于准备蓝图或计算机程序本身的成本,而且还在于它用来描述的产品,往往非常特殊,因此需要巨大的耗费才能生产。然而,它可能是所有描述方法中最准确的一种,尤其适用于购买那些生产中需要高度完美和精密度很高的产品。

采用规格描述方法进行采购具有很多优点。例如,购买前就已经思考和详细研究了需求及通过何种方式满足需求;防止由于物资不合适而造成的拖延和浪费;可以有机会从不同的供应商采购相同技术规格的产品。

采用规格描述方法进行采购也有一些缺点。例如,有很多产品,对它们的规格无法做出充分描述;尽管从长期看,使用规格描述可能会节约开支,但它却会增加直接成本;制定的产品规格可能会低于能够获得的标准产品的规格;采购方所规定的最低规格很可能是供应商所能提供的最高水平。

④ 国际标准和国家标准。标准件无须画图,也无须样品,只需写明所需产品的大小及供应商应遵守的国家标准或国际标准即可。

⑤ 其他描述方法。

- 市场等级描述。根据市场等级进行采购仅适用于某些主要物资,如小麦、棉花、木材、钢材、铜及其他商品都可以应用这种方法。为了达到某种目的,通过等级购买是非常令人满意的,它的应用价值取决于市场等级的准确程度及通过检验来判别物资等级的难易程度。而且评级工作还必须由有能力和忠实的一方来完成,这样采购方才能信服评级结果。

- 样本描述。几乎所有的采购者都时不时地使用这种方法,但是它占采购总量的比例很小,并且或多或少是因为没有别的方法可用。能较好地应用这种方法的例子,就是通过视觉来判断产品是否接受,如木材的品种、颜色、外观和气味等。

- 技术文件。这种方法常用于那些难以用图样表达或难以呈送的商品。例如,常用的工程塑料颗粒,就无法用图样来描述,也不便呈送样品(样品不宜保存),化学药品的规格也使用技术文件来规定。

⑥ 多种描述方法的综合运用。采购方通常会用到 2 种或 2 种以上的描述方法。对采购方而言,究竟将哪些方法结合使用才能产生最满意的效果取决于企业需求的类别。

(3) 采购标准化

所谓采购标准化就是对具有多样性和复杂性的商品,在一定范围内作出的统一规定,并经过一定的标准程序,以特定形式颁布的规范和法规。制定标准和贯彻标准的活动称为标准化。

采购标准化意味着可以简化采购工作量,意味着采供双方就明确的尺寸、质量、规格达成协议。通过加强采购的标准化工作,可以减少采购的品种,降低库存,从而降低采购商品的成本。

标准化可分为工业标准和企业标准。工业标准是指为简化产品品种、规格、质量及性能而制定的一系列规范、规定,如产品系列的确定、零部件标准化、通用化范围的规定和主要产品技术标准的制定等。这类标准如果是行业或全国通用的,分别称为行业标准和国家标准,这是每个企业必须严格执行的。

值得注意的是,符合国际标准、国家标准及行业标准的商品并不一定是消费者满意的商品。商品是为了满足客户需求而采购的,能否满足客户需求是采购商品质量的根本依据和标准,这就是市场标准。

3. 采购质量管理的内容

采购质量管理的主要内容包括3个方面:一是采购部门本身的质量管理;二是对供应商的质量管理考核;三是采购质量管理保证体系的建立与运转。

(1)采购部门的质量管理

采购部门本身的质量管理是企业质量管理的一项基本管理活动,它的根本任务是根据生产的需要,保证采购部门适时、适量、适质和品种齐全地向需求部门提供各种所需商品。

① 商品采购的计划工作。采购部门首先要进行需求分析,在面临较复杂的采购情况下(一般是在多品种、多批次需求的情况下),涉及采购商品的结构、种类、质量、价格、服务,以及设备、工具和办公用品等各种物资时,要进行大量的、彻底的统计分析,在此基础上编制商品采购计划,并检查、考核执行情况。

② 商品采购的组织工作。依据商品采购计划,按照规定的商品品种、规格、质量、价格和时间等标准,与供应商签订订货合同或直接采购。

③ 组织运输与到货。确定供应商与采购方式后,根据采购计划内容(包括质量、运输方式、交货时间和交货地点等)要求,组织运输与到货,并保证在合理的时间内完成。

- 验收。商品运到后,根据采购商品验收标准,经有关部门对商品进行品种、规格、数量和质量等各个方面的严格检验核实后,方可验收入库。
- 储存。对已入库的商品,要按科学、经济、合理的原则进行妥善的管理,保证质量完好、数量准确和生产方便。
- 配送。根据需求部门的需要,按计划、品种、规格、质量和数量及时配送。

④ 商品采购供应的协调工作。采购部门与采购品需求部门由于分工不同往往会产生矛盾与冲突,这些矛盾和冲突需要进行协调,协调的对象归根结底是人际关系,通过沟通来克服阻力,从企业的目标和利益出发进行协调,从而达到提高产品质量和经济效益的目的。

⑤ 商品采购供应的控制工作。由于采购活动涉及资金的流动及各方的利益关系,为了减少贿赂等原因所带来的采购商品质量问题及采购活动本身所带来的风险,必须加强采购控制工作,制定采购计划制度、采购请示汇报制度、采购评价制度、资金使用制度、货到付款制度和保险制度等。

(2)对供应商的质量管理考核

采购管理的实质是通过企业一系列的管理工作来保证和提高产品质量,因此采购管理的对象主要是采购商品的质量,这就使得对供应商的质量管理与控制成为采购管理的重点和难点。统计表明,一个企业如果能将1/4的质量管理精力放在供应商管理上,那么采购方的质量通常会比原来提高很多。

对供应商质量考核的目的是通过对供应商的奖惩,促使采购品质量日益精良。对于绩效优的供应商给予提前付款、提高订购量及当有新产品开发时,列入优先考虑的合作对象;对于绩效差的供应商则降低订购量,加强辅导、扣款,降低使用量,甚至淘汰。

企业可以把供应商分成2类进行管理和评估:一类是现有的供应商;另一类是潜在的供应商。考核的重点依产品的不同而不同,但是大都以不良品率或不良品数作为计算质量绩效的基础。此外,处理质量问题的态度与解决问题的时效、质量提升计划的配合度及执行成效也都是考核的重点。

同时,企业应将每次进货的检验结果于月底编制"质量月报表",并提供质量异常报告,作为供应商奖惩的依据。

情境提示

由于企业的需求和供给都在不断变化,所以在保持供应商相对稳定的情况下,应该根据实际情况及时修改供应商评估标准,进行新的供应商管理与评估,因此,合格供应商的队伍应当始终保持动态的状态,从而形成一种激励机制和竞争机制,这样有利于保持采购产品质量。

在供应商评估指标体系中,质量是最基本、最重要的前提,虽然价格也很重要,但是只有在保证质量的前提下,讨论价格才有意义。此外,供应商在行业中的地位、声誉、信用状况和领导的素质也具有很重要的参考价值。

情境链接

宝洁公司如何选择包装供应商

宝洁首先要对包装供应商作评估,因为不可能找到完全符合宝洁要求的供应商,而且宝洁提出的要求很高,所以有时公司专案经理会组织公司资源去帮助供应商弥补它们的缺陷。例如,宝洁有一家日本供应商,这家公司规模不大,只有100多人,但这家公司提供给宝洁的包装设备却超过1亿元。供应商公司虽小,但宝洁还是选择了这家日本公司,因为宝洁看到这家日本公司有潜力、有发展。宝洁在与其合作过程中,互相弥补缺陷,力争获得满意的包装设备。

宝洁采购包装设备的心得是非常重视包装质量,有很多国内公司只抓生产流程那一部分,而宝洁是从购买原材料和确保供应商的素质开始,把包装采购工作做得很全面。所谓的全面包括控制原材料的质量、供应商的素质、进口包装设备的质量及生产流程的质量,甚至最终到消费者手中的产品质量,都有十分完善的标准来控制这些因素。

资料来源:宝洁如何采购包装设备,http://www.3722.cn/listknowhow.asp?articleid=6677.

(3)采购质量管理保证体系的建立与运转

采购质量管理保证体系是企业质量保证体系的一个组成部分,是一个专项的质量管理体系,它具有目的性、集合性、相关性、整体性和适合性等特征。

1)采购质量目标

采购质量目标是开展采购质量管理工作预期达到的成果,要保证采购的产品能够达到生产经营所需要的质量要求,就要保证企业采购的商品是质量合格的产品。采购质量目标与采购质量成本有关。质量成本是指为了保证满意的质量而发生的费用及没有达到满意的质量所造成的损失。质量成本包括的含义很广,大部分的质量成本可以用货币来衡量,但由于质量不良带来的损失则无法用货币来衡量,如企业信誉的损失、消费者不满等。

思考

如何才能做到在降低采购成本的基础上保障采购质量?

2〉采购质量管理机构

为了使采购质量管理保证体系卓有成效地运转,发挥其应有的作用,使采购部门采购的商品符合规定的要求,这就需要建立一个负责采购质量的组织、协调、督促和检查工作的部门,作为采购质量管理保证体系的组织保证。这个部门就是专职的采购质量管理机构。

采购质量管理机构建立以后,其他部门仍然要负起相应的采购质量责任。采购质量管理机构能协调采购部门与仓储等部门,以及供应商与采购部门之间的关系,使各部门更好地配合。因此,设立采购质量管理机构能够避免各自为政,发挥综合优势,更好地提高采购质量。

3〉采购质量管理制度

分析采购管理工作中有关质量业务的工作流程,使之合理化、标准化并固定下来,这就是采购质量管理制度。建立采购质量管理制度可以使采购质量管理条理化、规范化,避免职责不清、界限不明、相互推诿,因此它既是采购管理质量保证体系的重要内容,又是建立采购质量管理保证体系的一项重要的基础工作。

- 加强进货检验的质量管理。它包括进货的验收、检查和质量识别等;进货检验的方法及判断依据等;使用的工具、量具、仪器仪表和设备维护及使用的要求;对检验员技能的要求。

- 作好采购质量记录。它包括与接收产品有关部门的记录,如验收记录、进货检验报告和不合格品反馈单等;可追溯的质量记录,如验收记录、发货记录、检验报告和使用记录,等等。

- 采购质量的检查。它包括的主要内容有:是否与供应商建立并保证了采购质量控制的制度与程序;审查供应商的资格和供货能力,对按 ISO9000 质量标准要求选择的供应商,要对其质量体系进行审核;对供应商进行供货能力和持续供货能力的评估,并保存好档案。

- 制定采购文件。在制定采购文件前,要对采购的商品、供应商、采购合同进行验证,保存好记录,并对采购商品的适用性进行认真的审核。

- 制定详细的质量保证协议。要与供应商达成明确的质量保证协议,其中的质量要求要适当,充分考虑其有效性、成本和风险等方面的因素。通常质量保证协议的内容要包括供应商的质量体系、货物的检验数据,以及过程控制记录和供应商进行全数检验或批次抽样检验记录。

- 制定采购商品验证方法的协议。它的作用是对供应商提供的产品验证方法作出明确规定,同时防止由于验证方法的不一致所产生的对质量评价的不一致,从而引起争端。

4〉供应商的质量保证活动

供应商的质量保证活动是采购质量管理保证体系的重点,也是全面质量管理的一个重要组成部分。供应商质量保证活动主要包括以下 3 个方面的内容。

- 采购人员要认真准备订单说明书。充分的准备是采购工作成功的基础,说明书主要有详细的商品质量要求及包装、运输等方面的说明。
- 采购人员对供应商进行定期验证、检查和评估,包括产品审查、工艺审查和系统审查。产品审查可以发现供应商各方面的运转情况,如通过退货率可以反映产品的质量水平。工艺审查是通过对供应商的工艺系统调查,判断其工艺是否满足要求,通常审查4M,即人员(Men)、材料(Materials)、设备(Machines)和方法(Methods),检查操作者是否能用适当的设备和技术保证生产出合格的产品。系统审查是将质量体系与外部标准进行比较,外部标准可以是企业自行制定的,也可以是权威认证机构制定的,如国家标准、行业标准。
- 明确供应商质量保证的内容。

情境链接

全面质量管理

全面质量管理是指企业中所有部门、组织、人员都以产品质量为核心,把专业技术、管理技术和数理统计技术集合在一起,建立起一套科学、严密、高效的质量保证体系,控制生产过程中影响质量的因素,以优质的工作、最经济的办法提供满足客户需要的产品的全部活动。

全面质量管理要求控制产品质量的各个环节、各个阶段,其特点如下。

① 它是全过程的质量管理。

② 它是全员参与的质量管理。

③ 它是全社会参与的质量管理。

由此可见,全面质量管理是以质量管理为中心,以全员参与为基础,目的是通过让客户满意和本企业所有者、员工、供应方、合作伙伴或社会等相关方受益而使企业达到长期发展的一种管理途径。

4. 采购质量管理的方法

采购质量管理工作中,必须了解采购商品的质量状况,分析影响商品质量波动的原因,并采用相应的方法进行采购质量问题的分析工作,以达到提高采购质量的目的。

（1）调查表法

调查表是利用图表记录和积累数据,并进行整理和粗略分析采购质量问题的一种常用工具。利用调查表法时,第一,要确定调查目的和调查对象;第二,设计调查表;第三,作好调查记录;第四,观察分析并找出主要原因。

常用的调查表有采购质量分析调查表、不合格品项目调查表、矩阵调查表、操作检查表、缺陷位置调查表、不良原因调查表和矩阵调查表等。下面介绍2种具有代表性的调查表。

1）不合格品项目调查表

企业需要对供应商提供商品中的不合格品项目及其所占比例大小进行调查。如表5.1所示是一张不合格品项目调查表,通过调查表的填写,搜集提供不合格品的日期、供应商、供应量和不合格品量并计算其不合格品率等数据,从而对不合格品的原因进行粗略的分析。

表5.1 不合格品项目调查

日期	供应商	供应量	不合格品量	不合格品率	不合格品项目							
					1	2	3	4	5	6	7	其他
合计												

2〉缺陷位置调查表

该表主要用于记录、统计、分析不同类型的物品外观质量缺陷所发生的部位和密集程度,进而从中找出规律性,为进一步调查和找出解决问题的办法提供事实依据。

缺陷位置调查表(见表5.2)就是先画出物品示意图或展开图,把图面划分成若干小区域,并规定不同外观质量缺陷的表示符号,然后逐一检查样本,把发现的缺陷按规定的符号在同一张示意图中的相应位置上表示出来。

表5.2 缺陷位置调查

	×	×	×	×	×	×		
			○				○	
×		×		×		×		×
		○						

说明:表5.2是调查铁制品表面涂漆缺陷情况分布调查表,×表示伤痕,○表示气泡。调查200张铁片,有15张铁片存在14个缺陷。调查表就是把缺陷位置标出后的平面图,从中可明显看出伤痕集中在2条直线上,经查证是涂漆机所致,经与供应商协商修理后基本消除了伤痕。

(2) 分类法

分类法又称分层法,就是把搜集来的数据根据不同的目的,按性质、来源、影响因素等加以分类进行研究的方法。

在数据分类时,分类的关键是应该按照一定的标准,根据分析目的将性质相同,在同一条件下搜集的数据归纳为一类。分类时,应尽可能减小同一层内的数据波动幅度,拉大不同类别的差距。如表5.3所示为某年某月供应商不合格品分类。

表5.3 某年某月供应商不合格品分类

供应商名称	不合格品数量/件			
	A	B	C	合计
甲	5	10	20	35
乙	8	4	8	20
丙	3	1	2	6
合计	16	15	30	61

在采购质量管理中,分类法通常与调查表法一起使用,这样效果更好。

（3）因果分析图

因果分析图又称特性因素图,因其形状颇像树枝或鱼刺,故又称树枝图或鱼刺图。它是分析采购质量特性与影响采购质量有关因素之间关系的图表,在采购质量管理中是一种常用的有效方法。

在采购过程中,影响采购质量的原因多种多样、错综复杂,因果图可以分析和寻找影响产生质量问题的各种原因及原因之间的关系。因果分析图是通过带箭头的线,将采购质量问题与原因之间的关系表示出来,如图5.3所示。

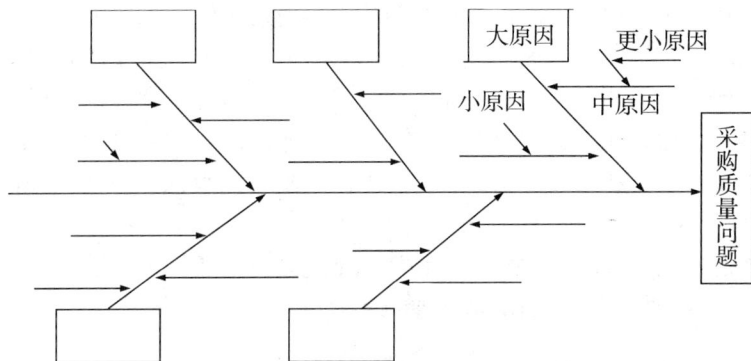

图5.3 因果分析

运用因果分析图时,首先,要明确分析的采购质量问题和确定需要解决的采购质量特性,将采购质量问题写在图的右边,画一条带箭头的主干线,箭头指向右端,以确定造成采购质量问题的大原因;其次,按各大原因引导分析,将提出的原因按大中小顺序及相互之间长短不等的箭头线画在图上,展开分析到能采取措施为止;再次,把重要的、关键的原因分别用粗线或其他颜色的线标出来,或者加上框框,关键原因只能有两三个,用投票法或评分法确定。最后,记下必要的有关事项,如绘制日期、制图者、制作单位、参加讨论的人员及其他可供参考的注意事项。

技能训练①

采购商品质量管理

1. 目的

（1）了解采购商品验收的流程。

（2）熟悉采购商品质量检验标准。

（3）掌握采购商品质量管理的内容和方法。

2. 方式

（1）将教学班按5人一组成立项目学习小组,调查、搜集当地某一大型制造企业采购商品的验收、检验和质量管理的相关资料。

（2）各项目小组相互交流,选出代表进行成果展示。

3. 要求

（1）绘制所调查企业采购商品的验收流程。

（2）描述所调查企业采购商品的检验标准及内容。

（3）分析所调查企业采购商品质量管理的方法。

案例分析①

"阿吉里斯的脚踝"的故事

古希腊神话中有一位伟大的英雄阿吉里斯,他有着超乎普通人的神力和刀枪不入的身体,在激烈的特洛伊战争中无往不胜,取得了赫赫战功。但就在阿吉里斯为攻占特洛伊城奋勇作战之际,站在对手一边的太阳神阿波罗却悄悄一箭射中了伟大的阿吉里斯,在一声悲凉的哀叹中,强大的阿吉里斯竟然倒下了。原来这支箭射中了阿吉里斯的脚踝,这是他全身唯一的弱点,只有他的父母和天上的神才知道这个秘密。在他还是婴儿的时候,他的母亲——海洋女神特提斯,曾捏着他的脚踝,把他浸在神奇的斯堤克斯河中,被河水浸过的身体变得刀枪不入,近乎于神。可那个被母亲捏着的脚踝由于浸不到水,成了阿吉里斯全身唯一的弱点。母亲造成的这个唯一弱点要了儿子的命!

由于局部细微的弱点而导致全局的崩溃,就是这则故事所揭示的道理。

问题:试分析这个故事对采购质量管理的启示。

自我测试①

一、选择题

1. 采购质量管理的方法主要有（　　　）。
   A. 询问法　　　B. 调查表法　　　C. 分类法　　　D. 因果分析法
2. 采购商品检验标准根据适用范围分类主要有（　　　）。
   A. 国家标准　　B. 行业标准　　　C. 地方标准　　　D. 企业标准
3. 采购商品检验常用的方法有（　　　）。
   A. 感官检验　　B. 理化检验　　　C. 生物学检验　　D. 混合检验
4. 不合格品的处理方法有（　　　）。
   A. 原样使用　　B. 返工　　　　　C. 降级　　　　　D. 返修
5. 采购质量管理的主要内容包括（　　　）。
   A. 采购部门本身的质量管理　　　　B. 对供应商的质量管理
   C. 产品的验收、把关等工作　　　　D. 采购质量管理保证体系的建立与运转
6. 采购人员对供应商的工艺审查是通过对供应商的工艺系统调查,判断其工艺是否满足标准要求,通常审查4M。4M是指（　　　）。
   A. 人员（Men）　　　　　　　　　B. 材料（Materials）
   C. 设备（Machines）　　　　　　　D. 方法（Methods）
7. 采购需求规格是指产品的描述方式,也可以是几种描述方式的综合,包括（　　　）。
   A. 品牌描述　　　　　　　　　　　B. 至少同等规格
   C. 规格描述　　　　　　　　　　　D. 国家标准或国际标准

8. 采购商品检验的内容除了质量检验外,还包括(   )。

  A. 规格检验　　　　　　　　　　B. 数量和重量检验

  C. 包装质量检验　　　　　　　　D. 安全、卫生检验

9. 适合建筑、电子和电气装配线、电动部件等采购需求规格的描述是(   )。

  A. 物资和制造方式规格　　　　　B. 工程制图描述

  C. 样本描述　　　　　　　　　　D. 市场等级描述

10. 按检验目的的不同,采购商品检验的类型可分为(   )。

  A. 第一方检验　　B. 第二方检验　　C. 第三方检验　　D. 监控检验

二、判断题

1. 全面质量管理是以质量管理为中心,以全员参与为基础,目的在于通过让客户满意和本组织所有者、员工、供方、合作伙伴或社会等相关方收益而使组织达到长期成功的一种管理途径。　　　　　　　　　　　　　　　　　　　　　　　　　　　　(   )

2. 采购质量目标就是要尽可能地降低采购质量成本。　　　　　　　　(   )

3. 符合国际标准、国家标准,以及行业标准的商品一定是消费者满意的商品。(   )

4. 采购方必须进行全面质量管理,而采购需求规格是首先要确定的问题。(   )

5. 实践中,企业常派"驻厂员",对商品质量形成的全过程进行监控,对发现的问题,及时要求生产方解决。　　　　　　　　　　　　　　　　　　　　　　　　　(   )

6. 对供应商的质量管理与控制是采购质量管理的重点和难点。　　　　(   )

7. 建立采购质量管理制度既是采购管理质量保证体系的重要内容,又是建立采购质量管理保证体系的一项重要的基础工作。　　　　　　　　　　　　　　　　(   )

8. 为了保证采购商品的质量,检验中必须采用全数检验方式。　　　　(   )

9. 在供应商评估指标体系中,质量是最基本、最重要的前提,虽然价格也很重要,但只有在保证质量的前提下,讨论价格才是有意义的。　　　　　　　　　　　　(   )

10. 木材、钢材、铜以及其他商品的需求规格可以采用样本描述。　　　(   )

在线测试

任务2　采购绩效评估

引导案例　**IBM 成功实施电子化采购的案例**

　　当电子化采购(e-procurement)还只是一个与供应链相关的概念时,IBM公司就已经在认真考虑这件事。20世纪90年代中期,这家年营业额达884亿美元的公司开始了无纸化采购的进程。该公司制定了详细的规划,包括重新定义和重新设计采购流程,到1998年底雄心勃勃地推出电子化采购计划,旨在使所有的供应商都能

在网上开展业务。

IBM采购战略和流程改革副总裁 Pat Knight 说:"这是一个价值取向的战略,我们承担不起仍然通过纸面来做生意。"为此,IBM立即行动,与供应商达成网上交易共识:通过集成IT和其他流程,以统一的姿态与供应商开展业务;重组业务流程,实施集中采购战略;与供应商协作,通过因特网增加供应链的可见度。

对于IBM来说,收效是明显的,电子元件和其他硬件的采购额占IBM销售商品总成本的76%,如今在该公司每年采购的460亿美元商品和服务中,逾九成通过网络系统进行。

资料来源:http://wenku.baidu.com/view/e49e0f1aff00bed5b9f31d40.html.

问题:IBM电子化采购的目的是什么?

管理学家詹姆斯·哈林顿指出:测量是关键。如果你不能测量它,你就不能控制它;如果你不能控制它,你就不能管理它;如果你不能管理它,就不能改进它。

采购工作是否达到了预期的目标,企业对采购的货物是否满意,需要经过考核评估后才能下结论。

2.1 采购风险

1. 采购风险的含义

采购风险通常是指采购过程中可能出现的一些意外情况,包括人为风险、经济风险和自然风险。例如,采购预测不准导致物资难以满足生产要求或超出预算,供应商群体产能下降导致供应不及时,货物不符合订单要求,呆滞物资增加,采购人员工作失误或和供应商之间存在不诚实甚至违法行为,这些情况都会影响采购预期目标的实现。

2. 采购风险的类型

(1) 外因型风险

① 意外风险。物资采购过程中由于自然、经济政策、价格变动等因素所造成的意外风险。

② 价格风险。一是由于供应商操纵投标环境,在投标前相互串通,有意抬高价格,使企业采购蒙受损失;二是当企业采购认为价格合理情况下而批量采购,但该种物资价格可能出现下降而引起的采购风险。

③ 采购质量风险。一方面,由于供应商提供的物资质量不符合要求而导致的损失;另一方面,因采购物资的质量问题,直接影响到企业产品的整体质量、制造加工与交货期,降低企业的信誉和产品竞争力。

④ 技术进步风险。一是企业制造的产品由于社会技术进步而引起贬值、无形损耗甚至被淘汰,致使原有的已采购物资的积压或因质量不符合要求而造成损失;二是采购物资由于新项目开发周期缩短,如新型计算机不断出现,更新周期愈来愈短,刚刚购进了大批计算机设备,但因信息技术发展,所采购的设备已经被淘汰或使用效率低下。

⑤ 合同欺诈风险。以虚假的合同主体身份与他人订立合同;以伪造、假冒、作废的票据

或其他虚假的产权证明作为合同担保;接受对方当事人给付的货款、预付款,担保财产后逃跑;签订空头合同,而供货方本身是"皮包公司",将骗来的合同转手倒卖,从中谋利,所需的物资则无法保证;设置合同陷阱,如供应商无故中止合同,违反合同规定等可能造成的损失。

（2）内因型风险

① 计划风险。因市场需求发生变动,影响到采购计划的准确性;采购计划管理技术不适当或不科学,与目标发生较大偏离,导致出现采购计划风险。

② 合同风险。一是合同条款模糊不清,盲目签约,违约责任约束简化,口头协议、君子协定偏多,鉴证、公证合同比例过低等;二是合同行为不正当,供应商为了改变在市场竞争中的不利地位,往往采取一系列不正当手段,如对采购人员行贿,套取企业采购标底,以某些好处为诱饵公开兜售假冒伪劣产品,而有些采购人员贪图蝇头小利,牺牲企业利益,不能严格按规定签约;三是合同日常管理混乱。

③ 验收风险。在数量上缺斤少两;在质量上鱼目混珠、以次充好;在品种规格上货不对路、不合规定要求等。

④ 存量风险。采购量不能及时供应生产的需要,生产中断造成缺货损失而引发的风险;物资过多,造成积压,大量资金沉淀于库存中,失去了资金的机会利润,形成储存损耗风险;物资采购时对市场行情估计不准,盲目进货,造成价格风险。

⑤ 责任风险。许多风险归根到底是一种人为风险,主要体现为责任风险。例如,合同签约过程中,由于工作人员责任心不强未能把好合同关,引起合同纠纷,或是采购人员假公济私,收受回扣,牟取私利。

情境链接

招标采购中的风险

招标采购由于受到客观和人为因素的影响,实施过程中存在很多风险,对招标方而言最大的风险莫过于付出较高的费用,得到非期望甚至是质量低劣的产品或服务。

招标采购过程包括招标准备、招标实施、开标与评标、定标与备案、合同签订与备案 5 个阶段。总结起来存在的主要风险可归纳为内部风险和外部风险,其中内部风险主要是人为风险和管理风险,而外部风险主要是经济风险和政策风险。

3. 采购风险产生的原因

从上述采购风险的分类中可以看出,采购风险产生的原因主要有以下 3 个方面。

（1）供应商交货时间的波动

在供应链管理模式下,采购活动追求的零库存是以订单驱动方式进行的,制造订单的产生是在客户需求订单的驱动下产生的,然后制造订单驱动采购订单,采购订单再驱动供应商。订单驱动使供应商和零售商都围绕订单同时运作自己的业务。如果供应商不能按时交货,就会导致一系列的恶果。例如,影响企业产品生产和销售,导致企业信用丧失等。因此,供应商准时交货对于保证企业的正常运营是十分重要的。加强与供应商之间的合作,建立牢固的合作关系,可以降低由供应商的交货时间引起的风险。

（2）价格的波动

近年来,一方面,新技术地不断应用使某些商品的价格迅速下跌,在采购这些商品时,就会存在很大的风险;另一方面,由于世界经济日益一体化,任何企业的生产运营都不可能脱离国际市场,而国际市场上商品的价格受政治动荡、战争、金融危机等诸多因素的影响,会产生较大的价格波动。

（3）采购中的法律道德因素

在采购过程中,采购人员和供应商之间可能存在舞弊行为。采购人员为了个人私利,可能会与供应商合谋,利用自己手中的权力,使该供应商在采购过程中处于优势地位,破坏采购所奉行的公开、公平准则,给采购带来极大的法律道德风险。

企业类型不同,产生风险的主要因素也不同。企业应针对自身的具体情况,详细分析本企业产生采购风险的可能因素,并采取相应的对策和措施。

情境提示

采购过程中,风险因素很多,如果对所有的风险予以同等的关注及应对,会使风险管理成本显著提高,这与提高投资效益的原则是相悖的。在采购风险管理中,只有识别和量化影响采购主要目标的重要风险,才可以基本达到风险管理的目的,即进行采购风险管理时,根据采购风险对采购主要目标的影响来确定采购风险管理的等级显得尤为重要。例如,对目标影响较小和能被接受的风险可以进行一般的管理。

4. 采购风险防范

任何事物都有风险,采购风险归根结底是可以通过一定手段和有效措施加以防范和规避的。

（1）建立与完善企业内控制度,加强教育,提高素质

建立与完善企业内部控制制度与程序,加强对职工尤其是采购业务人员的培训和教育,不断增强法律观念,重视职业道德建设,做到依法办事,培养企业团队精神,增强企业内部的风险防范能力,从根本上杜绝采购风险。

（2）加强对采购招标与签约的监督

① 检查采购招标是否按照规范的程序进行,是否存在违反规定的行为发生;采购经办部门和人员是否对供应商进行调查,选择合格供应商,是否每年对供应商进行一次复审评定。

② 加强签约监督。检查合同条款是否有悖于政策、法律,避免合同因内容违法,当事人主体不合格而无效;通过资信调查,切实掌握对方的履约能力;对不讲效益、舍近求远、进人情货等非正常情况严格审查;审查合同条款是否齐全,当事人权利和义务是否明确,是否以单代约,手续是否完备,签章是否齐全。

同时,建立合同台账,做好合同汇总,运用先进管理手段,向相关部门提供及时、准确、真实的反馈信息,也是加强合同管理,控制合同风险的一个重要举措。

（3）加强供应商管理

企业要降低质量、交期、价格、售后服务和财务等方面的采购风险,最关键的是与供应商

建立并保持良好的合作关系。

① 供应商的初步考察阶段。在选择供应商时,应对供应商的品牌、信誉、规模、销售业绩和研发等进行详细的调查,有可能派人到对方企业进行现场了解,以作出整体评估。必要时成立一个由采购、质管和技术部门组成的供应商评选小组,对供应商的质量水平、交货能力、价格水平、技术能力和服务等进行评估。在初步判断有必要进行开发后,建议将自己企业的情况告知供应商。在这一阶段,企业应采用备选方案及备选供应商,以减少对个别供应商的过分依赖,或防止独家供应带来的采购风险。

② 产品认证及商务阶段。对所需的产品质量、数量、价格、付款期和售后服务等信息进行逐一测试或交流,经常对供应商进行质量检查。在这一阶段,企业应充分利用专业化的信息网站,以便更方便、更准确地获取信息,从而为评估供应商和产品提供依据。

③ 小批量认证阶段。对供应商的产品进行小批量的生产和交货日期方面的论证。

④ 大批量采购阶段。根据合作情况,逐步加大采购的力度。

⑤ 对供应商进行年度评价,对合作很好的供应商,邀请其到企业交流下一年度的工作。

⑥ 建立与供应商的双赢关系,发展多供应商、多地域的供应渠道。

(4)加强对物资采购全过程、全方位的监督

全过程是指从计划、审批、询价、招标、签约、验收、核算、付款和领用等所有环节的监督。重点是对计划制订、签订合同、质量验收和结账付款4个关键控制点的监督,以保证不弄虚作假。全方位的监督是指内控审计、财务审计和制度考核三管齐下。科学规范的采购机制,不仅可以降低企业的物资采购价格,提高物资采购质量,还可以保护采购人员和避免外部矛盾。

① 加强对物料需求计划的审计。审查企业采购部门物料需求计划是否科学;调查预测是否存在偏离实际的情况;计划目标与实际目标是否一致;采购数量、采购目标、采购时间、运输计划、使用计划和质量计划是否有保证措施。

② 加强对物资采购执行的审计。它包括审查交货期执行情况,物资验收工作执行情况,对不合格品控制执行情况及物资采购绩效考核的审计,以尽量避免采购风险的发生。

情境提示

采购作为连接企业与供应商之间的窗口和桥梁,作为企业的输入部门(营销为输出部门)和利润中心,不能只考虑预测和防范采购风险,更应该站在整个企业的角度上,考虑由此对企业制造、物流、财务、营销、质量和售后服务等各方面造成的影响。要注意核算企业总权益成本,而不只是采购成本,从而使整个企业的利润最大、成本最低、风险最小,利于由外向内、由下向上对企业的管理进行整合。

为了更好地解决这方面的问题,提高总体利润,同时将风险与损失降至最低,有的企业将采购划分为货源开发(sourcing)小组与采购(buyer)小组。货源开发小组主要负责成本控制、风险防范、产品质量与供应商综合能力的评估(包含供应商的物流状况、售后服务、企业财力和整体管理能力等);采购小组根据货源开发小组提供的信息,结合企业的生产状况与需求量进行购买与跟踪订单。

需要明确的是,采购风险是无法绝对避免的,在风险发生后,控制采购风险所带来的相关成本就变得相当重要。

情境提示

招标采购风险的防范措施

1. 风险规避

风险规避主要是针对招标人无法控制的招标风险因素。例如,外部风险(经济、政策风险和地区保护主义的风险)和招标采购合同风险等客观存在,而招标人又无法采取有效措施进行控制及改变的因素,主要内容如下。

① 资格预审策略。资格预审可以规避不具备招标文件规定资质的单位投标及不正当竞争造成的风险。

② 招标策略。制定有效的招标策略可以规避采购过程风险、人为风险和决策风险造成的招标人的损失。它通过招标条件、内容与合同条款的有机融合以规避项目实施过程风险。

③ 评标策略。合理的评标策略可以确定有实力的投标单位中标,以规避投标过程中道德风险造成的行贿,屈从领导意志,专业人员水平不足等情况的出现。

④ 合同主要条款的设置策略。通过对合同设置针对性的策略,防止合同的漏洞对招标人带来损失,另外可以利用合同条款进一步明确当事人的权利和义务,转移部分采购风险。

2. 风险转移

风险转移可以将招标人无法规避的风险,部分转移给投标人或其他方,共同承担风险。常用的方法如下。

① 履约担保。根据《中华人民共和国招标投标法》的规定,是否采用履约保证金制度应在招标文件中明确规定,如果没有规定则不能要求投标人提供。但是如果招标项目使用的是财政性资金,那么它与社会公共利益相关,必须确保合同顺利履行,法律应规定采取强制性的履约担保制度。招标人为保证中标人能够按合同要求完成招标合同规定的义务,要求中标人提供履约担保。一般说来,在整个合同的履行期限内,履约担保都应当有效,合同履行完毕,担保也就终止。履约担保可以转移中标人违反合约的风险,将风险转移给担保人。

② 投标担保。通过投标担保可以有效控制招标采购中投标人或中标人中途撤标的风险,是转移违规行为风险,保证招标人招标活动成功进行的有效方式,通常采用交纳保证金的方式。

③ 保证保险。保证保险是保险人为被保证人(供应商)向权利人(招标人)提供担保的保险。保险标的是被保证人的信用风险,当被保证人的作为或不作为致使权利人遭受经济损失时,保险人负经济赔偿责任。因此,保证保险实际上是一种担保业务。在招标采购过程中可采用合同保证保险和商业信用保证保险来转移供应商行为可能带来的信用风险和所提供的商品质量风险。

资料来源:http://exam.cbi360.com/zbs/246181.html.

思考

你有防范采购风险的好办法吗?

2.2 采购绩效评估

在采购管理中,绩效评估扮演着一个举足轻重的角色,使用得当可以促进企业采购绩效大幅度地提高,使用不当则会阻碍企业变革和采购绩效的提升。

为了对采购工作进行全面、系统的评价和对比,从而判断采购部门的作业是否符合采购战略目标,采购人员是否需要培训,采购流程该如何优化重组等,企业应通过自我评估、内审和管理评审等方式对采购绩效进行评估,以确保采购目标的实现。

1. 采购绩效评估的含义

采购绩效是指采购产出与相应的投入之间的对比关系,它是对采购效率进行的全面整体的评价。评估即评价估量,就其本义而言,是评价估量货物的价格,现在泛指衡量人物、事物的作用和价值。绩效即功绩、功效,也指完成某件事的效益和业绩。简单地说,采购绩效评估就是考评采购工作质量的好坏;具体地说,采购绩效评估是指通过建立科学、合理的评估指标体系,全面反映和评估采购政策功能目标和经济有效性目标实现程序的过程。

2. 采购绩效评估的基本要求

(1) 采购主管必须具备对采购人员工作绩效进行评估的能力

采购主管对商品采购工作负有领导和监督的责任,因此采购主管的业务水平和道德素质对整个采购工作的优劣起到非常重要的作用,准确、客观地对采购人员工作绩效进行评估是一名采购主管所必备的能力。

(2) 采购绩效评估应坚持持续性、整体性和开放性的原则

① 持续性。评估必须持续进行,要定期检查目标达成的程度,当采购人员知道会被评估绩效,自然能够致力于绩效的提升。

② 整体性。它是指必须以企业整体目标的观点来进行绩效评估。

③ 开放性。采购作业绩效会受到各种外来因素的左右,评估时不但要衡量绩效,还要检查各种外来因素所产生的影响。

(3) 选择适宜的评估尺度

评估时,可以使用过去的绩效为尺度,也可将过去的绩效作为评估的基础,更可以采用与其他企业的采购绩效比较的方式进行评估。

情境链接

缺少有效的绩效考核制度一直是采购管理的难点,由此引发了采购人员积极性低、采购回扣不断等负面现象。而零售业的沃尔玛素以采购成本低闻名,除了需求量大,签订最低价供货协议等因素外,还有一点就是,沃尔玛的采购人员必须对自己采购商品的销售和利润情况负责,所以和同行相比,沃尔玛采购工作人员格外卖力和清白。

思考

面对竞争激烈的零售业市场,国内零售企业能否仿效沃尔玛做采购绩效考核?

3. 采购绩效评估指标

采购绩效考核与评估的关键在于制定一套客观有效的,能够充分展现采购绩效,对考核对象有指导作用的指标体系,这样才能够充分、真正地发挥出采购绩效考核和评估的监督、激励、惩罚的作用。同时应该注意,在设定采购绩效考核与评估指标时,要选择合适的指标,确定绩效指标符合相关原则并充分考虑绩效指标的目标值。

情境提示

采购绩效评估指标的目标值

在确定采购绩效评估指标目标值时要考虑以下前提。

① 内部客户的要求,即满足生产、品质管理等部门的需要。原则上,供应商的质量水平、交货等综合表现应该高于本企业内部质量与生产计划要求,只有这样供应商才不至于影响本企业的内部生产与质量。

② 所选择的目标及绩效指标要同企业的大目标一致。

③ 具体设定目标时既要实事求是、客观可行,又要有挑战性。

(1) 计划绩效指标

计划绩效指标是指供应商在实现接收订单、交货过程中的表现及运作水平,它涉及采购运作、交货周期及交货可靠性的表现。

① 计划系统。它是指供应商采用 MRP 等计划系统的程度,实行 JIT 供应商的数量和比例、物资库存量与供应商数量、订单数量等。

② 订单与交货。它包括供应商平均的订单接受率、订单确认时间、首次交货周期、正常供货的交货周期、交货运输时间、准时交货率、交货频率、交货数量的准确率、平均收货时间、平均退货时间和退货后补货时间等。

(2) 价格与成本指标

价格与成本指标是企业最重视、最常见的绩效衡量标准。通过价格与成本指标分析,可以衡量采购人员议价能力及供需双方势力的消长情形。采购的价格与成本指标包括参考性指标和控制性指标。

① 参考性指标。它是进行采购过程控制的依据和出发点,常提供给企业管理层参考,主要包括年采购总额、各采购物资年度采购基价、各供应商年采购额、各采购人员年采购额及年平均采购基价等,一般是作为计算采购相关指标的基础,同时也是展示采购规模,了解采购人员和供应商负荷的参考数据。

② 控制性指标。它是指反映采购改进过程及其成果的指标,包括采购降价、平均付款周期和本地化采购比率等。

（3）时间绩效指标

这项指标主要衡量采购人员处理订单的效率，以及对于供应商在交货时间上延迟交货或提早交货所造成的缺货或库存费用的增加。

① 停工待料损失指标。它是指停工期间作业人员薪资损失、客户订单流失、作业人员离职，以及恢复正常作业时对机器必需的各项调整。

② 紧急采购费用指标。它是指紧急运输方式的费用与正常运输方式的差额。紧急采购会使采购价格偏高，品质欠佳，以及因为赶工时间必须支付额外的加班费用。

（4）采购效率指标

采购效率指标主要衡量采购人员的工作能力和效率。采购效率指标包括：采购金额占销货收入的百分比、开发新供应商个数、处理订单的时间、订购单的件数、错误采购发生率、采购指标完成率和采购部门的费用等。

（5）数量绩效指标

当采购人员为争取数量折扣以达到降低价格的目的时，可能导致存货过多，甚至发生废料的情况。

① 存储费用指标。它是指现有存货占有资金利息及保管费用与正常存货水准利息及保管利息费用的差额。

② 废料处理损失指标。它是指处理废料的收入和其取得成本的差额。存货积压越多，利息及保管的费用越大，废料处理的损失越高，显示采购的数量绩效就越差。

（6）质量绩效指标

质量绩效指标主要是指供应商的质量水平及供应商所提供的产品或服务的质量表现，主要包括供应商质量体系、商品质量水平等方面，可通过验收记录及生产记录来判断。

① 质量体系。它包括通过 ISO9000 的供应商比例、来料免检的供应商比例、开展专项质量改进的供应商数量及比例、实行来料质量免检的物资比例和来料免检的价值比例等。

② 商品质量。它包括批次质量合格率、商品免检率、商品抽检缺陷率、商品返工率、商品在线报废率、退货率、对供应商投诉率及处理时间等。

（7）其他采购绩效指标

其他采购绩效指标是指其他与供应商表现相关的指标。它包括以下 2 个方面。

① 技术与支持。它包括采用计算机系统处理业务的供应商数量、使用电子商务的供应商数量、参与本企业产品开发的供应商数量及参与程度等。

② 综合。它包括供应商总数、采购的物资种类及项目数量、供应商平均供应的物资项目数量、独家供应的供应商数量及比例、合作伙伴型供应商和优先型供应商的数量及比例等。

情境链接

某集团公司的采购绩效管理

采购绩效不是抄袭全球 100 强的考核指标，生搬硬套只能给企业的采购业务戴上枷锁。

我国某集团公司业务涉及产品加工制造、海陆空运输服务、房地产开发销售、商场百货运作、酒店及物业运作等。该集团公司的采购业务由其多业务决定,采购物资品类齐全,上至大型运输设备,下至厨房柴米油盐,都是采购组织的日常工作范畴,同时各业务都有自身的采购体系,不同业务的采购人员不同,掌握的供应商不同,采购所侧重的物资也不同。如何管理和提高此类企业的采购绩效?

该集团的采购组织为了适应集团飞速扩张的发展要求,寻找咨询公司协助其共同制定采购战略,提出要不断提高自身采购组织的盈利能力来确保为集团采购正确的物资。作为该采购战略的初步实施,管理层分析了当前所有物资的供应情况,制定了以下管理策略及目标。

① 打破信息壁垒,实施集中采购。统一物资和供应商数据,统一全集团的采购资源,规范各类流程。

② 差异分析各类物资及供需关系,实施多维度物资分类,针对不同物资采取不同的管理方法,尽量发挥自身优势,规避风险,部分物资需要尽量压低价格,部分物资需要不断提升品质,部分物资需要加强与供应商协作,意图不同,方法也不同。

③ 为了保障以上策略和目标的有效实施,通过绩效分析勾勒每项目标的落实情况:物资采购量达到一定程度时,集中采购的优势是否已发挥;相同区域的供应商,其供货比例分布;不同物资类别的采购费用支出,其量的分布比较;不同物资类别的供应商,其供货绩效优劣;不同分工的采购员,其工作绩效排序。

资料来源:杨哲. 采购绩效:战略采购实施之亮剑,http:// articles. e-works. net. cn/purchase/article74421. htm,2009 – 12 – 26.

4. 采购绩效评估标准

采购绩效考核与评估的关键是不仅要制定一套客观的,能够充分展现采购人员绩效,对考核对象有导向作用的指标体系,而且还要制定出相应的、合理的、适度的标准。因此,有了绩效评估指标之后,必须考虑将何种标准设为与目前实际绩效比较的基础。一般常见的标准有以下几种。

(1) 以往企业绩效

选择企业以往的绩效作为评估目前绩效的基础是切实可行、有效的做法。但只有企业的采购部门,无论组织、职责或人员等,均应在没有重大变动的情况下,才适合使用此项标准。

(2) 预算或标准绩效

若过去的绩效难以取得或采购业务变化较大,则可以以预算或标准绩效作为衡量基础。标准绩效的设定要符合以下3种原则。

① 固定性。它是指标准一旦建立,就不再改动,要有持续性和连续性。

② 挑战性。它是指标准的实现要具有一定的难度,采购部门或采购人员必须经过努力才能完成。

③ 可达成性。它是指在现存内外环境和条件下应该可以达到的水平。通常依据当前的绩效加以衡量设定。

(3) 同业平均绩效

若其他同行业企业在采购组织、职责及人员等方面,均与本企业相似,则可与其绩效比较,以辨别彼此在采购工作成效上的优势。若个别企业的绩效资料不可得,则可与整个行业绩效的平均水准来比较。

(4)目标绩效

预算或标准绩效是代表在现在情况下应该可以完成的工作绩效;而目标绩效则是指在现况下,非经过一番特别的努力,否则就无法完成的较高境界。目标绩效代表企业管理层对采购人员追求最佳绩效的期望值。

5. 采购绩效评估的人员与方式

(1)评估人员

1)采购部门主管

由于采购主管对管辖的采购人员最为熟悉,而且所有工作任务的指派或工作绩效的优劣,都在他们的直接督促之下,因此由采购主管负责评估,可以全面、公正、客观地评价每个采购人员的工作绩效。

2)会计部门或财务部门

采购金额占企业总支出的比例非常高,采购成本的节约对企业利润的贡献相当大,尤其在经济不景气时,对资金周转的影响很大。会计部门或财务部门不但掌握公司产销成本数据,对资金的取得与支出也全盘掌控,因此对采购部门的工作绩效可以从采购成本的节约,对企业利润的贡献及资金周转等方面进行评估。

3)工程部门或生产主管部门

若采购项目的品质及数量对企业的最终产出影响重大时,有时可由工程及生产主管人员从采购是否保证生产和项目建设顺利进行来评估采购部门的绩效。

4)供应商

有些企业通过正式或非正式渠道向供应商探询其对于采购部门或人员的意见,以间接了解采购作业的绩效和采购人员的素质。

5)外界的专家或管理顾问

为避免企业各部门之间的本位主义或门户之见,可以特别聘请外界的采购专家或管理顾问,针对采购制度、组织形式、人员及工作绩效,作出客观的分析与建议。

(2)评估方式

采购绩效的评估方式,可分为定期方式及不定期方式。

定期评估是配合企业年度人事考核制度进行。一般而言,以工作人员的表现,如工作态度、学习能力、协调精神和忠诚程度等为考核内容,对采购人员的激励及工作绩效的提升并无太大作用。若能以目标管理的方式,即从各种工作绩效指标当中,选择当年度重要性比较高的项目作为目标,年终按实际达成程度加以考核,则必能提升个人或部门的采购绩效,并且因为摒除了"人"的抽象因素,以"事"的具体成就为考核重点,也比较客观、公正。

不定期的绩效评估以专案方式进行。例如,企业要求某项特定产品的采购成本降低10%,当设定期限一到,即评估实际的成果是否高于或低于10%,并就此成果给予采购人员适当的奖惩。这种评估方式对提升采购人员的士气有相当大的作用,特别适用于新产品开发计划、资本支出预算和成本降低专案等。

6. 采购绩效评估方法

采购绩效评估方法直接影响评估计划的成效和评估结果的正确与否。

（1）排序法

在直接排序法中,主管按绩效表现从好到坏的顺序给员工排序,这种绩效表现既可以是整体,也可以是某项特定工作的绩效。

（2）两两比较法

两两比较法是指在某一绩效标准的基础上把每一个员工都与其他员工相比较来判断谁"更好",记录每一个员工和任何其他员工比较时被认为"更好"的次数,根据次数的高低给员工排序。

（3）等级分配法

等级分配法能够克服上述2种方法的弊病。这种方法由评估小组或主管先拟定有关的评估项目,按评估项目对员工的绩效进行粗略的排序。

7. 采购绩效改进途径

企业盈利能力的提升,从本质来讲分为两个方面:开源与节流。开源意味着创新,开发新的产品、新的技术和新的市场;节流意味着"挖潜",有效的细化与控制企业各环节的成本。

企业采购成本一般占产品总成本的60%,随着供应链的发展和外包的深入,这一比重还将上升。有统计表明,如果采购环节节约1%,企业利润将增加5%～10%,采购环节管理已成为企业降低成本,提升运营效益的关键因素。面临原材料成本上升,市场竞争加剧,利润空间下滑等重重压力的企业,尤其应该重视采购管理环节,全面提升企业的采购绩效。

情境提示

与国内外采购绩效领先的企业相比,很多国内企业的采购管理仍然停留在日常事务层面,主要工作集中在采购订单的执行、跟踪与监督和价格谈判等方面,降低成本的手段主要是通过谈判与竞价,逼迫供应商降价。采购活动是零散的、短期的、被动的,缺乏策略性、预见性和整体性,这就限制了采购环节的功能发挥,难以真正实现成本的控制与企业竞争优势的构建。

（1）策略采购的大力运用

传统的采购是用合适的价格在适当的时间,把适合数量和质量的物资输送到适合的地点,采购活动是短期的、零散的。但是,市场竞争、价格压力和供应商关系等种种因素的存在,都要求企业用更加策略性的方式去购买产品和服务。

策略采购就是针对某特定物资或服务,通过内部客户需求及外部供应市场、竞争对手和供应基础等因素的分析,在标杆比较的基础上设定该物资的长、短期采购目标,达成目标所需的采购策略及行动计划。计划内容包含采用何种采购技术,与什么样的供应商打交道,建立何种关系,如何培养与建立对企业竞争优势具有贡献的供应商群体和日常采购执行,等等。

情境提示

标杆比较

标杆比较就是企业将自己的产品、服务、生产流程与管理模式等,同行业内或行业外的领袖型企业作比较,借鉴与学习他人的先进经验,改善自身不足,从而提高竞争力,追赶或超越标杆企业的一种良性循环的管理方法。通过学习,企业重新思考和改进经营管理实践,创造自己的最佳实践模式,这实际上是模仿、学习和创新的过程。

标杆比较的基本原理就是企业将关键业绩指标与最强的竞争对手或那些在行业中领先的、最有名望的企业的关键业绩指标作为基准进行评价与比较,分析这些基准企业的绩效形成原因,并在此基础上建立企业可持续发展的关键业绩标准及绩效改进的最优策略的程序与方法。

情境链接

策略采购现已被世界500强中的1/3企业采用,通过策略采购,企业一般可以使采购成本降低10%~15%。

策略采购的实施可以通过电子采购来优化采购流程,节约内外部交易成本,提高采购需求的响应速度。

20世纪80年代,IBM的采购像所有的传统采购方式一样各自为政,重复采购现象非常严重,采购流程各不相同,合同形式也是五花八门。这种采购方式不仅效率低下,而且无法获得大批量采购的价格优势。20世纪90年代,IBM公司决定通过集成信息技术和其他流程,以统一的姿态出现在供应商面前。IBM开发自己的专用交易平台,实施电子化采购,有效地降低了管理成本,缩短了订单周期,更好地进行了业务控制,其竞争优势因此得到显著提高。

资料来源:http://blog.china.alibaba.com/blog/guitenglei/article/b0-i1959452.html.

(2)跨部门、跨企业采购团队的运用

长期以来,随着企业规模的扩大和专业门类的细化,大企业内部各部门之间的壁垒越来越严重,特别是产品研发设计部门、采购部门、制造部门和供应商之间缺乏协调沟通,常常只是从本部门、本企业的立场出发,精力集中于个别零部件如何降低成本,而不是从整体出发加以考虑,导致成本居高不下,产品丧失竞争力。在传统的企业中,采购职能往往由采购部门独立承担,但在采购绩效领先的组织中,采购职能往往通过跨部门、跨企业的采购组织来担当。这种采购组织包括采购、制造、工程、产品研发、财务、销售和IT部门,甚至供应商也可能参与其中,它们确定战略采购的重点和优先顺序,制定物资采购策略,并设计供应商选择与评价的衡量体系和相关因素。

情境链接

日产汽车的重新崛起离不开有力的成本削减,而跨部门、跨企业采购团队的应用则被认为对"日产"大幅度降低成本具有重要贡献。在实施"日产复兴计划"的3年间,采购、研发和零部件厂商三位一体,开展"3－3－3推进活动",在亚洲、美国和欧洲三大地区的生产基地大力开展降低成本活动,目标是降低成本6 000亿日元。为全面协调该项活动,还专门成立了负责该项活动的"3－3－3推进室"。3－3－3推进室的职责是从技术、采购等公司内部相关部门和零部件厂商处搜集信息,研究降低综合采购成本的方案。人员由280名来自全公司的技术和管理人员组成,包括产品设计、试制、生产工艺和采购等各类专业人员,并按电子、内饰等系统划分成六大商品群,技术人员与采购人员的办公桌并排在一起,这种现象不但在全球汽车厂商中十分罕见,而且还改变了日产技术中心多年来的闭门造车,轻视成本控制的新车研发作风。

资料来源:http://blog.china.alibaba.com/blog/guitenglei/article/b0-i1959452.html.

(3) 着重与供应商建立长期伙伴关系

与供应商建立良好的合作伙伴关系是采购管理的一个重要内容。对采购和供应双方来讲,都要考虑成本和利润、长期伙伴和短期买卖关系等问题。好的供应商最终会带来低成本、高质量的产品和服务。采购绩效领先的公司更注重建立与供应商的关系,从长期及帮助供应商成长的角度去降低成本。采购绩效领先者渐渐摈弃传统的拼命压价的采购方式,不再千方百计逼迫供应商让步,或寻找多个供应商并采取分而治之的方式。现在长期的合作供应关系更受青睐。

情境链接

克莱斯勒已经放弃了与供应商的对立态度,不再强硬要求对方降价。它取消了由许多供应商相互竞价的规定。现在,它帮助供应商设计并制造高质量、合乎通用规格、低成本的零配件。事实上,当供应商找到降低成本的新途径时,克莱斯勒会与之共享其成,供应商也可能因此得到长期合同。

资料来源:http://blog.china.alibaba.com/blog/guitenglei/article/b0-i1959452.html.

情境链接

西门子的供应商管理策略

在21世纪的采购管理中,供应商早已不是以前的小供货商,而是企业的战略联盟者。对于这些不再俯首帖耳,有时甚至还会高高在上的"伙伴"们,如何才能让它们为西门子移动公司的业务作更大的贡献呢?

西门子公司的高级采购工程部门能够起到从设计源头上压缩采购成本的作用。如果设计原型中一个元器件的价格是11欧元,但目标价格只有6欧元,那么设计就要作相应的修改,采用更少的元器件或用更加集成的元器件。有时候高级采购工程部门的任务就是用目标价格倒推成本。"我们对供应商的要求是每年都能比上一年节省更多的成本。"西门子公司的采购管理人士如是说。

除了给供应商持续的成本压缩压力以外,西门子公司还充分利用订单份额来做诱饵,让现有的两三个供应商充分竞争。只有价格最低的供应商,才会得到西门子公司更多的订单。

西门子公司有时也会故意放一两个新的供应商进场，打破原有的供应商竞争格局。新供应商更好的服务和更低的价格会迫使老供应商降低价格，提高服务，西门子移动公司就可以坐收"渔翁"之利。

每年年底，西门子移动公司内部所有与供应商有过接触的部门还会对供应商进行价格、物流服务和产品质量三方面的总成本评分，成本最高的供应商可能就会失去大笔订单。在竞争面前，供应商自然会对自己的产品质量、价格和物流服务等各方面严格审视，以期达到西门子公司的高标准、严要求。

为了使选择供应商的过程尽可能公平透明，西门子公司还使用了一套网上竞价系统。西门子公司对现有的长期供应商相当有人情味，为了保持良好的供应商关系，现有的供应商在这套系统中有一定的优先权。而想新加入的供应商则必须靠过硬的质量、价格和服务来与现有的供应商竞争。这套体系的好处是所有的供应商都知道其他供应商能做什么，这样就能把价格和服务的底线推到循环竞争的极限。在未来的规划中，西门子移动公司 50% 的采购量都会通过这套系统来进行。

通过保持这样一种充分竞争的环境，西门子移动公司能非常高效率地管理自己的供应商，节约采购成本。

资料来源：http://wenku.baidu.com/view/f8927da1b0717fd5360cdc68.html.

8. 采购回扣的产生与杜绝

采购回扣有两方面的含义：一是指供应商非法支付给采购方或采购人员的贿赂金；二是采购方向供应商或供应商员工支付回扣以期取得供应商员工的欺诈性合作，借以提高利润，而这一切都是以牺牲采购方的利益为代价的。

（1）供应商支付回扣的原因

供应商支付回扣给采购人员进行串通欺诈时，通常意在获取以下 2 种利益。

① 非法提高利润率。提高利润率是供应商支付回扣的目的所在。供应商通过支付回扣给采购人员，使其同意不正当的订单变动、价格上涨；买通采购方的检验和质量控制部门，使低于标准的材料和不符合规格要求的产品得以使用，并设法避开其他采购方职能部门对质量和价格的抱怨。

② 非法争取业务。一些企业运用回扣，先于竞争对手获得有关采购方计划和战略方案信息，以及采购方估价小组所使用的未公开的投标估价准则，偷看竞争对手的密封投标，向竞争对手提供误导性信息，使其不具备投标资格，笼络采购方有影响的人员否决其他竞争对手，或者使标的设计要求只有支付了回扣的供应商才能达到，以此来达到自己获利的目的。

（2）采购人员索取回扣的方式

① 差价法。假设实际采购价格为 N 元，而向公司报的价格大于 N 元。这是最常用、最简单的回扣索取方式，通常用于现金采购活动。

② 同价异名法。这种方法下，采购人员对产品的特性较为熟悉，知道其品质要点，根据市场其他叫法，结合生产单位或技术部门人员认同的新名称或替代产品，虽然达到同种用途，但是价格会有所偏差。采购人员利用财务部门对产品不熟悉的漏洞，瞒过财务部门进行采购作业，并从中获取利益。

③ 技术限制法。这种方法通常是采购人员和技术负责人联合，保证只有给回扣的供应

商的产品质量过关,而劣化其他供应商的产品质量而从中获取回扣。多用于涉及产品配方的化学产品及要求技术水平较高的机器设备、电子产品采购。

④ 拖延货款法。这种方法的前提是采购人员负责对账,采购人员在对账时很不积极,经常拖延,导致供应商没办法必须给回扣。

⑤ 提成法。在市场竞争激烈的情况下,采购人员事先向供应商透露采购单价,使供应商的报价与市场价格较为接近,以使供应商与采购企业达成采购合同,再由供应商按采购金额的百分比支付给采购人员回扣。

情境提示

不规范的回扣、折扣可能导致商业贿赂的泛滥

商业贿赂,是指经营者为销售或购买商品而采用财物或其他手段贿赂对方单位或个人的行为。

传统上,人们将商业贿赂等同于回扣,这其实是不正确的。非法的回扣、折扣都是商业贿赂的一种形式。商业贿赂行为直接妨碍了市场的公平竞争,扭曲了正常的质量、价格和服务的竞争机制。而《中华人民共和国反不正当竞争法》规定的回扣、折扣只要按法律规定明示入账即是合法的,对其也就不应加以限制,但由于现行财务制度对于收受回扣、折扣的记账科目及用途等没有规定,这就容易产生问题。例如,目前我国回扣、折扣最为严重的药品销售,它在医疗机构、医药生产经营企业之间展开的严重的回扣、折扣大战,导致当前药品购销秩序的混乱。收受回扣、折扣的医疗单位在表面上将回扣、折扣计入法定财务账,取得了合法形式。但由于现行财务制度无明确规定,使医疗机构一方面通过大额回扣、折扣方式在国家规定的批发价之下竭力压低实际购销价格,而在国家规定的批发价基础上确定零售价格,以此获取高额回扣、折扣;另一方面又将回扣、折扣款根据需要计入"其他收入"等可以自由支配的财务科目,使这种形式的回扣、折扣丧失"减价"的固有意义,同时也使商业贿赂行为变得更为隐蔽,因为其已经按照我国法律规定具备了表面合法性。这种形式下的回扣、折扣,不仅严重损害了市场竞争秩序,导致伪劣商品泛滥,而且还助长了社会腐败风气,造成国家税款的大量流失。

资料来源:回扣与折扣的法律再思考,http://www.lawtime.cn/info/lunwen/ipfbzdjzf/2006102655199_4.html.

(3) 杜绝采购回扣的措施

采购中的回扣问题一直是一个不容易杜绝的现象,很多企业管理者对因人为原因所造成的采购中的腐败行为痛恨却束手无策。那么如何才能杜绝采购回扣的出现?

跨国公司的考核制度、企业文化和采购制度建设是限制采购人员腐败的主要手段,这些做法值得国内企业借鉴。

① 考核为先。好的绩效考核可以达到这样的效果:采购人员主观上必须为公司的利益着想,客观上必须为公司的利益服务,没有为个人谋利的空间。

跨国公司每半年进行一次考核。考核中交替运用两套指标体系,即业务指标体系和个人素质指标体系。这些都是硬指标,很难加以伪饰,因此这种评价有时显得很残酷,那些只会搞人际关系而没有业绩的采购人员这时就会原形毕露,评估的结果当然就不会如其所愿。

在评估完成之后,跨国公司会把员工划分成若干个等级,或给以晋升、奖励,或维持现状,或给以警告、辞退。可以说,跨国公司半年一次的绩效考核与员工的切身利益是紧密联系在一起的。

在绩效评估结束之后,安排的是职业规划设计。职业规划设计包含下一个半年的主要业务指标和为完成这些指标所需要的行动计划。

当前,国内企业也进行绩效考核,但是这些考核有些流于形式,其缺陷就是没有量化的指标和能力评价,考核时也不够严肃,同时缺乏培训安排。

② 采购制度建设。控制采购人员拿回扣的现象主要应从建立一套严格的、完善的管理监控奖惩机制入手,使得采购人员拿回扣更加困难,更加容易被发现,受到的惩罚更大,从而大大增加采购人员拿回扣的风险成本。当采购人员发现拿回扣的风险代价大于拿回扣可获得的经济利益时,一般就不会去做这种得不偿失的事了。

为了规范跨国采购行为,适应在不同文化背景下开展业务,跨国公司编写有诸如《对外业务开展手册》《全球采购人员手册》等制度和政策说明,每个不同国家的采购人员人手一份。这些手册并不是单纯地宣告公司对于腐败行为的处理规定,而是具体地运用案例和情境告诉采购人员该做什么不该做什么。例如,有些跨国公司规定,只有存在回请机会的前提下,才可以出席供应商的宴会;在出差的发票上必须注明费用发生的时间、地点等。

规模较小的公司由总经理本人定期抽查采购价格,与来自其他非供应商的价格相比较,从中可以分析出是否存在问题;规模较大的公司则建立正式的监察系统,对一些大宗物资或价值较大物资的采购进行监视。

情境链接

沃尔玛对暗扣的态度

沃尔玛对待暗扣一直持否定的态度,认为这是零售行业发展的一个大的绊脚石,损害的是零售商与供应商双方的利益,在沃尔玛绝对不容许暗扣现象的存在。

沃尔玛对员工的第一要求就是诚信,这是优先于其他,包括学历、经验及素质等方面的要求,因此沃尔玛在员工的选拔上非常严格。在进入公司以后还要进行一系列的公司文化的培训,使得诚信成为每一个沃尔玛人的工作第一准则。在公司的各个角落都可以看到有关诚信的宣传,这样通过潜移默化的作用,沃尔玛就把员工教育成为有道德操守的社会人。公司相关部门经常会发送一些相关的文件到各管理层,提请管理层注意,与下属员工讨论,特别是在员工会议上讨论,以便全体员工更好地了解公司的政策与信仰,防止类似事情发生。

如果说沃尔玛在人才选拔上面已经做到了把诚信作为第一要素的话,那么严格的管理制度则成为杜绝暗扣的第二重保险。

沃尔玛有严格的规定,公司对于包括和供应商吃饭、喝茶这样的在外人看来很小的事情上面都有严格的规定,严禁接受供应商任何形式上的赠与,哪怕是一瓶水都不允许接受。

公司政策规定:所有员工不得以私人名义接受客户、供应商或有业务关系公司的礼品、馈赠、小费、现金和样品等。

请客也是一种馈赠,与供应商共同进餐时应各付其款,公司总部或分支机构均要遵守此规定。员工以个人名义向供应商提出任何要求都应由本人直接向公司主管汇报。

资料来源:沃尔玛如何看待暗扣问题,http://www.cszk.com.cn/n7336c30.aspx.

③ 让回扣合法化。

情境链接

安徽古井贡酒厂独树一帜地打出了让回扣合法化,允许采购人员要回扣,但同时又规定一定的份额。为什么这样做?一方面,要不要回扣这个问题不能机械的规定,如果把回扣一概视为非法,严格禁止,反而会刺激一些采购人员拿回扣的欲望;另一方面,不加限制的允许拿回扣,必然会给企业带来巨大的损失,该压的价格不压,采购的成本就会上涨。基于以上认识,古井贡酒厂成立价格管理委员会,拥有对所有合同的定价权和审定权,根据定价、采购、质检和财务四权分开的原则,制定了一系列规章制度,使有定价权的不管采购不管钱,有采购权的不管定价不能付款,采购的商品又要受到质检部门的严格检查,从而形成了人人都有权,人人都无权的相互制约机制,这样既在宏观上把握了对价格的控制,又能促使采购人员尽职尽责地去压低价格,这是减少采购环节浪费的一个成功的做法。

资料来源:http://www.telewiki.cn/myweb/baike/WordContent.aspx?id=m381028330.

④ 开放采购渠道。公司要定期招标,做到货比三家,择优择廉选购。在招标中,有的供应商未能中标,可由监察部门定期与其联系或请来座谈,责成供应部门定期向供应商发出公开信,要求供应商对产品的质量、价格经常与公司联系、沟通,以此打破供应渠道的封闭性,了解对方的供货质量和价格情况,再与已中标的供应商的产品质量和价格进行综合比较,以确定招标结果是否合理。

⑤ 提高采购人员的工资。许多企业认为采购工作比推销工作容易得多,因而往往会派一些资质平平的人员从事采购工作,工资待遇比较低。然而采购工作对降低企业运营成本的作用十分重要,因此应选派最优秀的人才承担采购任务,并从利益分配上对其予以激励。提高采购人员的工资待遇可以增加采购工作的吸引力,进而增进采购人员对企业的忠诚度,同时高工资待遇也使得采购回扣的诱惑大大减小。

在制定内部分配方案时,可适当向采购人员倾斜,对于基本工资、岗位工资或奖金,可适当提高一个幅度,以便使其体会到企业的关心和照顾,安守本分地为企业工作。

⑥ 轮换采购人员。企业可借机构调整之机,对采购人员进行调整,避免"轻车熟路""老朋友好办事"的现象出现,对于企业的敏感性岗位应当经常进行轮换才能避免出现大的问题。经常对采购人员进行轮换有以下好处:供应商知道采购人员要经常轮换从而无法建立长期的关系,使其大大减少付出回扣的积极性;采购人员经常轮换使其不容易与供应商建立密切的关系;对采购人员进行轮换的同时,必然要对其前一段工作情况进行总结考核,也使得采购人员拿回扣的风险更大。

情境链接

识别常见的采购作弊方式

在采购工作中,常见的作弊方法有虚列采购、押金抵物、有单无货和涂改发票单价等,下面就对此一一进行介绍。

1. 虚列采购

虚列采购是指会计人员或采购人员利用物资采购业务管理及核算上的漏洞,伪造物资采购业务事项,从而达到支取货款,中饱私囊的目的。其主要作弊手法如下。

① 伪造原始凭证,用其代替购货发票以支取货款。

② 本单位人员与客户内外勾结,以假发票、假进货等方式作弊。

③ 会计、保管员和采购员相互勾结开具假发票及假入库单入账,共同获得好处。

④ 会计人员无证记账,虚支货款。

⑤ 涂改以前年份的采购发票,在本期支取货款和入账。

为防止类似事情的发生,企业审计部门在进行审计时应注意从以下几个方面进行审查。

① 审查采购业务原始凭证的真实性,以落实是否采取伪造或涂改凭证的手法进行作弊。

② 审查采购业务原始凭证的合法性,以落实是否用自制凭证或假发票进行作弊。

③ 审查采购业务记账依据的完备性,以落实是否采取无证记账的方法进行作弊。

④ 审查采购业务处理的正确性,以落实是否利用账务处理技巧套取现金或转移资金等。

2. 押金抵物

押金抵物是指会计人员利用材料核算及管理上的可乘之机,把应向客户收回的保证金抵作物资采购入账,并将其款项侵吞为己有的一种作弊方法。

下面是一个实例,某厂会计把采购设备时借用的设备附件保证金 2 000 元作为包装物采购处理。

借:材料采购——包装物　　　　　　　　　　　　　　　　　　　2 000

　　贷:银行存款　　　　　　　　　　　　　　　　　　　　　　　　2 000

借:其他应收款——存出保证金　　　　　　　　　　　　　　　　2 000

　　贷:银行存款　　　　　　　　　　　　　　　　　　　　　　　　2 000

由于该会计人员已将应收回的押金作为采购支出报账,故在收回押金时,采取收款不记账的办法直接侵吞现金。为了应对该作弊方法,可以采取以下对策。

① 审查材料采购的记账依据是否真实、合法,以落实是否将押金收据作为入账依据。

② 审查材料采购的价格是否合理,以落实是否将应退的包装物价格一并计入的情况。

③ 审查押金核算的账务处理是否正确,以落实是否不通过往来科目而直接作采购支出报账。

④ 向客户有关部门及人员进行查证,以落实押金是否退回,是否直接侵吞等。

3. 有单无货

有单无货是指采购人员、会计或保管人员之间相互勾结,利用采购管理上的漏洞和可乘之机,以正式的采购单据报账结算,但却将实物据为己有的一种作弊方法。

这种作弊方法大都发生在内部控制不完善,材料验收入库及报账制度(不附入库单)不严密的单位,在内部控制较为严密的单位则表现为合伙作弊,即采购人员与验收人员(保管人员)或会计人员相互勾结,采取开假入库单等方法报账。

为了防止这种情况的发生,企业审计部门在进行审计时应注意从下述几个方面进行审查。

① 审查采购业务内部控制的严密性,以判断其是否存在薄弱环节和漏洞,进而分析是否有发生作弊的可能性。

② 审查采购业务原始凭证的真实性及合格性,以落实其是否以伪造、涂改原始凭证的手法进行作弊。

③ 审查财物验收制度是否严密,以落实是否存在有单无货的情况发生,审查采购业务记账依据的完备性及账务处理的正确性,以落实是否有套取现金的现象。

4. 涂改发票单价

涂改发票单价是指采购人员利用采购业务的职务便利条件,擅自涂改供货方开具的发票单价及金额,然后采取虚报货款的手段骗取会计部门的信任,使会计部门多付货款以将其差额侵吞为己有的一种作弊方法。

应对这种作弊手法的对策有下列几种。

① 鉴别发票的真实性,看其数字有无涂改痕迹。

② 了解市场价格,看其货物价格是否合理。

③ 向供应商调查查证货物价格。

资料来源:http://www.telewiki.cn/myweb/baike/WordContent.aspx?id=m381028330.

技能训练②

改进企业商品采购绩效

1. 目的

(1) 明确采购绩效评估与改进对企业采购管理的重要性。

(2) 掌握企业采购绩效评估的指标和标准。

(3) 能够提出改进采购绩效的方法。

2. 方式

(1) 将教学班按 5 人一组成立项目学习小组,实地调查、搜集当地某企业是如何进行采购绩效评估的。

(2) 各项目小组相互交流,选出代表进行成果展示。

3. 要求

(1) 正确描述所调查企业采购绩效评估的指标和标准。

(2) 分析所调查企业采购绩效评估中是否存在问题,并提出改进建议。

案例分析②

海尔的采购管理

海尔采取的采购策略是利用全球化网络集中购买,以规模优势降低采购成本,同时精简供应商队伍。据统计,海尔的全球供应商数量由原先的 2 336 家降至 840 家,其中国际化供应商的比例达到了 71%,目前世界前 500 强中有 44 家是海尔的供应商。对于供应商关系的管理,海尔采用的是 SBD 模式,即共同发展供应业务。海尔有很多产品的设计方案直接交给厂商来做,很多零部件是由供应商提供未来 2 个月市场的产品预测并将待开发的产品形成图纸,这样一来,供应商就真正成为了海尔的设计部和工厂,加快了开发速度。许多供应商的厂房和海尔的仓库之间甚至不需要汽车运输,工厂的叉车直接开到海尔的仓库,大大节约了运输成本。海尔本身则侧重于核心的买卖和结算业务。这与传统的企业与供应商关系的不同在于,它从供需双方简单的买卖关系成功转型为战略合作伙伴关系,是一种共同发展的双赢策略。

1999 年,海尔的采购成本为 5 亿元,由于业务的发展,到 2000 年,采购成本为 7 亿元,但通过对供应链管理优化整合,2002 年海尔的采购成本控制在 4 亿元左右。可见,利益的获得是一切企业行为的原动力,成本降低,与供应商双赢关系的稳定发展带来的经济效益,促使众多企业以积极的态度引进和探索先进、合理的采购管理方式。

由于企业内部尤其是大集团企业内部采购权的集中,使海尔在进行采购环节的革新时,也遇到了涉及"人"的观念转变和既得利益调整的问题。然而海尔在管理中已经建立起适应现代采购和物流需求的扁平化模式,在市场竞争的自我施压过程中,海尔已经有足够的能力去解决有关人的 2 个基本问题:一是企业首席执行官对现代采购观念的接受和推行力度;二是示范模式的层层贯彻与执行,彻底清除采购过程中的"暗箱"。

资料来源:http://www.560531.com/shownews.asp?id=2927.

问题:

1. 海尔提高采购绩效的措施是什么?
2. 海尔是如何清除采购中的"暗箱"的?

自我测试②

一、选择题

1. 企业物资采购外因型风险包括(   )。
   A. 意外风险   B. 价格风险   C. 计划风险   D. 技术进步风险
2. 企业物资采购内因型风险包括(   )。
   A. 合同欺诈风险   B. 验收风险   C. 存量风险   D. 计划风险
3. 可以用来作为采购绩效评估指标的是(   )。
   A. 计划绩效指标   B. 价格与成本指标 C. 时间绩效指标   D. 采购效率指标
4. 采购绩效评估应坚持的原则有(   )。
   A. 持续性   B. 整体性   C. 开放性   D. 效率性
5. 采购绩效评估方法包括(   )。
   A. 排序法   B. 对比法   C. 两两比较法   D. 等级分配法
6. 采购人员索取回扣的方式有(   )。
   A. 差价法   B. 技术限制法   C. 提成法   D. 拖延货款法
7. 可以成为采购绩效评估的人员有(   )。
   A. 采购部门主管   B. 会计部门或财务部门
   C. 工程部门或生产部门主管   D. 供应商
8. 采购人员工作绩效的评估方式有(   )。
   A. 定期方式   B. 集中方式   C. 不定期方式   D. 分散方式

9. 企业采购绩效改进途径有(　　　　　　)。
　　A. 策略采购的大力运用　　　　　　B. 加大对供应商的压价
　　C. 跨部门、跨企业采购团队的运用　　D. 与供应商建立长期伙伴关系
10. 采购的价格与成本指标包括(　　　　　　)。
　　A. 参考性指标　　　　　　　　　　B. 控制性指标。
　　C. 停工待料损失指标　　　　　　　D. 紧急采购费用指标

二、判断题

1. 采购风险通常是指采购过程中可能出现的一些意外情况,包括人为风险、经济风险和自然风险。(　　)

2. 合同欺诈风险属于企业物资采购内因型风险。(　　)

3. 差价法是采购人员最常用、最简单的回扣索取方式。(　　)

4. 采购回扣是指供应商非法支付给采购方或采购人员的贿赂金。(　　)

5. 企业价格的波动是产生采购风险的原因之一。(　　)

6. 企业要降低质量、交货日期、价格、售后服务和财务等方面的采购风险,最关键的是与供应商建立并保持良好的合作关系。(　　)

7. 采购效率指标主要是衡量采购人员处理订单的效率,以及对于供应商交货时间上延迟交货或提早交货所造成的缺货或库存费用的增加。(　　)

8. 等级分配法是按绩效表现从好到坏的顺序一次给员工排序,这种绩效表现既可以是整体,也可以是某项特定工作的绩效。(　　)

9. 让回扣合法化也是杜绝采购回扣的一个好方法。(　　)

10. 采购绩效领先的公司更注重建立与供应商的关系,从长期及帮助供应商成长角度去降低成本。(　　)

在线测试

参 考 文 献

[1] 温卫娟,郑秀恋. 采购管理[M]. 北京:清华大学出版社,2013.

[2] 傅莉萍,姜斌远. 采购管理[M]. 北京:北京大学出版社,2015.

[3] 梁军,王刚. 采购管理[M]. 3版. 北京:电子工业出版社,2015.

[4] 李恒兴,鲍钰. 采购管理[M]. 2版. 北京:北京理工大学出版社,2011.

[5] 周跃进. 采购管理[M]. 北京:机械工业出版社,2015.

[6] 张浩. 采购管理与库存控制[M]. 北京:北京大学出版社,2010.

[7] 钱芝网. 采购管理实务[M]. 北京:机械工业出版社,2013.

[8] 王远炼. 采购管理精益实战手册(图解版)[M]. 北京:人民邮电出版社,2015.

[9] 杨吉华. 采购管理简单讲(实战精华版)[M]. 广州:广东经济出版社有限公司. 2012.

[10] 王槐林,刘昌华. 采购管理与库存控制[M]. 4版. 中国财富出版社,2013.

[11] 戴小廷. 物流采购管理[M]. 北京:机械工业出版社,2016.

[12] 肖书和. 采购管理业务规范化操作全案[M]. 北京:机械工业出版社,2015.

[13] 徐杰,鞠颂东. 采购管理[M]. 3版. 北京:机械工业出版社,2014.

[14] 曾益坤. 采购管理[M]. 北京:中国人民大学出版社,2014.

[15] 梁军,王刚. 采购管理[M]. 2版. 北京:电子工业出版社,2010.

[16] 金燕波,陈宁,李巍,等. 采购管理[M]. 北京:清华大学出版社,2016.

[17] 杨军,赵继新. 采购管理[M]. 3版. 北京:高等教育出版社,2015.

[18] 张碧君,张向阳. 采购管理[M]. 上海:格致出版社,2014.

[19] 蔡焕中,鲁杰. 连锁企业商品采购管理[M]. 北京:科学出版社,2008.

[20] 蔡改成,李虹. 采购管理实务[M]. 北京:人民交通出版社,2008.

[21] 刘雪琴. 采购管理实务[M]. 北京:电子工业出版社,2009.

[22] 王槐林. 采购管理与库存控制[M]. 北京:中国物资出版社,2008.

[23] 郑光时,皇甫梅风. 连锁企业采购管理[M]. 北京:电子工业出版社,2008.

[24] 裴凤萍. 采购管理与库存控制[M]. 大连:大连理工大学出版社,2007.

[25] 王炬香,等. 采购管理实务[M]. 北京:电子工业出版社,2007.

[26] 伏建全. 怎样成为采购业中的王牌[M]. 北京:中国工商联合出版社,2007.

[27] 陈文汉. 商务谈判实务[M]. 北京:电子工业出版社,2009.

[28] 杨国才,王红. 现代物流采购管理. 合肥:安徽大学出版社,2009.

[29] 张旭凤. 采购与仓储管理[M]. 北京:中国财政经济出版社,2007.

[30] 潘波,田建军. 现代物流采购[M]. 北京:机械工业出版社,2008.

[31] 刘丽文. 生产与运作管理[M]. 3版. 北京:清华大学出版社,2006.

[32] 陈广. 家乐福:标准化运营管理手法[M]. 北京:经济科学出版社,2006.

[33] 侯方森. 供应链管理[M]. 北京:对外经济贸易大学出版社,2004.

[34] 胡军. 采购与供应概论[M]. 北京:中国物资出版社,2008.

[35] 杨赞,蹇令香. 采购与库存管理[M]. 大连:东北财经大学出版社,2008.

[36] 郝渊晓. 采购物流学[M]. 广州:中山大学出版社,2007.

[37] 吴生福. 从三个案例看如何建立适宜的供应商管理战略[EB/OL]. (2006-08-01) [2016-11-10]. http://archive.esmchina.com/www.esmchina.com/ART_8800070133_1100 _0_0_4200_f01bc450.htm.

[38] 刘宝红. 一味压低采购价格,问题随之而来[EB/OL]. (2008-08-01)[2016-11-10]. http://www.esmchina.com/ART_8800092242_1100_0_0_4200_dc046959.htm.

尊敬的老师：

　　您好。

　　请您认真、完全地填写以下表格的内容(务必填写每一项)，索取相关图书的教学资源。

教学资源索取表

书　名			作 者 名	
姓　名		所在学校		
职　称		职　务	讲授课程	
联系方式 电话：		E-mail：		微信号：
地 址 (含 邮 编)				
贵校已购本教材的数量(本)				
所 需 教 学 资 源				
系／院主任姓名				

系／院主任：＿＿＿＿＿＿＿＿＿＿＿（签字）

（系／院办公室公章）

20＿＿＿年＿＿月＿＿日

注意：

① 本配套教学资源仅向购买了相关教材的学校老师免费提供。

② 请任课老师认真填写以上信息，并**请系／院加盖公章**，然后传真到(010)80115555转735253索取配套教学资源。也可将加盖公章的文件扫描后，发送到 presshelp@126.com 索取教学资源。

南 京 大 学 出 版 社

http://www.NjupCo.com